Bienvenido, ESPÍRITU SANTO

BENNY HINN

GRUPO NELSON
Una división de Thomas Nelson Publishers
Desde 1798

NASHVILLE   DALLAS   MÉXICO DF.   RÍO DE JANEIRO

© 1995 EDITORIAL CARIBE
P.O. Box 141000
Nashville, TN 37214-1000

Título del original en inglés: *Welcome, Holy Spirit*
©1995 por *Benny Hinn*
Publicado por *Thomas Nelson Publishers, Inc.*

Traductores: *Eugenio Orellana, Ricardo Acosta,
Guillermo Vázquez, y Javier Quiñones-Ortiz.*

ISBN: 0-88113-153-9
ISBN 978-0-88113-153-6

Impreso en EE.UU.
Printed in U.S.A.

E-mail: caribe@editorialcaribe.com
41ª Impresión, 03/2011
www.caribebetania.com
HB 03.21.2024

Dedicatoria

Dedicado a mi preciosa hija,

ELEASA,

cuyo dulce espíritu me produce tanto gozo.

Oro que experimente el glorioso toque

del Espíritu Santo sobre su vida en su temprana edad,

y que Jesucristo siempre se magnifique

en ella y a través de ella para llevar a otros

a la cruz del Calvario.

Reconocimientos

Mis agradecimientos a Rick Nash y Sheryl Palmquist por su ayuda como editores en el desarrollo de este manuscrito, y a mis amigos, asociados y miembros de mi equipo por su respaldo y aliento en este proyecto.

Contenido

Amanece un nuevo día

ATLANTA ES UNA CIUDAD hermosa, el corazón y la perla del sur; pero no se equivoque, ¡en agosto hace calor y hay humedad! Y cuando uno se encuentra en la Carretera Interestatal 75 en medio de un tránsito congestionado, con automóviles delante, detrás y a cada lado, con el sol de la tarde resplandeciendo sobre la cabeza, ¡en verdad hace calor!

Así estábamos nosotros: en Atlanta, en agosto, rodeados de vehículos de todos tamaños y formas, avanzando con lentitud por la Interestatal 75. Debido a la humedad, nuestro microbús parecía un baño sauna sobre ruedas. Y para empeorar aún más la situación: *Voy a llegar tarde a mi cruzada.*

—¿Por qué no nos movemos, Gene? —pregunté—. ¿A dónde va toda esta gente?

Mientras nos movíamos poco a poco, Gene Polino, mi administrador y mano derecha, me informó que debido a la cruzada de milagros y a un partido de fútbol pretemporada, las vías del centro de Atlanta tenían el tránsito paralizado por completo.

Nos dirigimos hacia el Coliseo Omni en el centro de Atlanta, donde nuestra cruzada de milagros estaba programada para comenzar a las siete de la noche. Aunque la capacidad del Omni es de 18,500 personas sentadas, toda la información indica un lleno completo esta noche. Según las reservaciones que se hicieron para ómnibus y grupos, junto con el coro, participantes, ujieres, invitados y cálculos sobre el público en general que asistirá, necesitaríamos todos los asientos y más. Y por el tránsito que nos rodea se ve que muchos más de los que habíamos pensado se dirigen hacia el coliseo.

—¿Cuánto falta, Gene? —pregunté.

—Es difícil saberlo, pero el tránsito se mueve un poco mejor ahora —contestó.

—Ojalá. Se está haciendo tarde.

Gene notó que estaba sumido en mis pensamientos y, como lo hace a menudo, se adelantó a lo que estaba pensando:

—Pastor, Charlie dijo que el jefe de bomberos está trabajando con nosotros para ayudarnos a acomodar a tantas personas como sea posible. Hemos hecho todo lo necesario a fin de prepararnos para esta noche multitudinaria.

Mientras continuábamos por la congestionada autopista en el vehículo que parecía un horno, sonó el teléfono celular; era Charlie McCuen, mi coordinador de cruzadas.

—Hola, Charlie. ¿Qué pasa en el Omni? —pregunté.

—Pastor, ¡ya están ocurriendo milagros! El lugar está atestado y el poder está dondequiera! ¡Las personas se levantan de las sillas de ruedas y la atmósfera de adentro y de afuera está cargada del poder de Dios! ¡Nunca hemos visto algo así! El Espíritu Santo ya está en acción, ¡aun antes de comenzar el culto! ¡Dios está haciendo algo aquí que supera a lo que habíamos pedido en oración! ¡Hay una gran emoción en el ambiente, Pastor! ¡El culto de esta noche va a ser extraordinario!

—Que toda la gloria sea para Dios, Charlie. Estaremos allí en pocos minutos. Te veré pronto.

Cuando colgué el teléfono y pensé en lo que Charlie me dijo, el Señor me recordó un pasaje de la Biblia: «Y a Aquel que es poderoso para hacer todas las cosas mucho más abundantemente de lo que pedimos o entendemos, según el poder que actúa en nosotros, a Él sea gloria en la iglesia por Cristo Jesús por todas las edades, por los siglos de los siglos. Amén» (Efesios 3.20-21).

Elevé en silencio una oración de agradecimiento al Señor por su fidelidad. «Gracias Señor por lo que estás haciendo. Es evidente que se trata de tu obra, no la mía. Señor, eres maravilloso y te amo mucho». Reflexioné en todo lo que Charlie me dijo y nuevamente me llené de asombro y admiración por la gracia y la misericordia de Dios.

(Mientras lea este libro, querido lector, mi oración es que descubra que: «No con ejército, ni con fuerza, sino con mi Espíritu, ha dicho Jehová de los ejércitos». Si tiene hambre del poder de Dios, continúe leyendo este libro porque en él le contaré todo lo que he aprendido del Espíritu Santo respecto a su maravilloso poder hacedor de milagros, disponible para usted y para mí.)

Gene interrumpió mis pensamientos y dijo:

—Ya estamos llegando, Pastor. Puedo ver el Omni desde aquí.

Nos dirigimos a la entrada posterior del coliseo y nos detuvimos. Cuando la inmensa puerta se cerró a nuestras espaldas, salí de la microbús y me dirigí al cuarto que me habían preparado. El monitor de televisión ya estaba listo cuando entré en la habitación. Me dirigí al monitor para alzar el volumen. ¡La gente aplaudía y gritaba por todas partes! ¡Y había gran conmoción en la sección de sillas de ruedas! ¡Sucedían milagros! ¡Podía verlos por el monitor! Y pude sentir la presencia de Dios de una manera muy fuerte allí mismo en mi vestidor. ¡Era glorioso!

Mis ojos se clavaron en el monitor. Estaba asombrado por el poder de Dios que se desplegaba aun antes de comenzar el culto... Ahora alguien corría de atrás hacia adelante a lo largo del auditorio...

¡Era emocionante! Sucedían milagros delante de mis ojos. «Qué Dios tan grandioso tenemos», pensé. Mientras miraba el monitor comencé a llorar. Estaba abrumado por el amor y la fidelidad de Dios.

¡Estaba sorprendido de lo que sucedía! La cámara enfocó más de cerca a diferentes secciones del coliseo, permitiéndome mirar los rostros de las personas. Observé una variedad de emociones en ellos, desde risa y alegría hasta lágrimas de gozo y adoración; pero la emoción más común que vi retratada delante de mí era hambre, hambre de experimentar el toque glorioso del Maestro.

Mientras miraba fijamente al monitor, pensé: «Ahora sé mejor que nadie que no vienen a ver a Benny Hinn. Porque yo mismo no iría a escucharlo. Ni cruzaría la calle para oírme predicando. Sabía más que ningún otro esa noche que estas personas no vienen porque yo estoy aquí; ¡vienen porque el Señor Jesús está aquí!»

Rápidamente vino a mi mente un pasaje de Isaías donde Dios dice: «Y mi honra no la daré a otro» (Isaías 48.11). A través de los años he aprendido que eso es algo que Dios no comparte.

Algunos quizás pregunten: «¿Qué motiva a alguien a

hacer un largo viaje y venir a una cruzada con horas de antelación?»

Para mí la respuesta es fácil, porque no hace mucho también estuve esperando para entrar a un culto de Kathryn Kuhlman, creyendo y esperando recibir de Dios. Era el hambre lo que me llevaba, un hambre que aún siento hoy en día, y un anhelo de experimentar el toque glorioso de su presencia. Ahora estoy más hambriento que nunca. Además, el hambre y el anhelo de conocerlo y la gloria de su presencia solamente se intensifican. Mientras más lo conozco, más quiero saber de Él.

Sí, me identifico con estas maravillosas personas que asisten a nuestras cruzadas, porque, al igual que ellos, estaba tan hambriento espiritualmente que no pensé en que tenía que viajar tanto o llegar horas antes de que la reunión comenzara para experimentar una visitación de la presencia de Dios una vez más.

Los miles que llenan estos auditorios y estadios alrededor del mundo vienen de diferentes estratos sociales y tienen diferentes necesidades, pero llegan unidos por algo: un deseo profundo de adentrarse en el poder y la maravilla de la obra del Espíritu Santo.

Solamente ayer Parece que fue ayer cuando también estaba parado detrás de las puertas de la Primera Iglesia Presbiteriana en Pittsburgh, Pensilvania, a las seis de la mañana de un día de diciembre de 1973, esperando que estas se abrieran para un culto que cambiaría mi vida completamente.

Si usted ha leído *Buenos días, Espíritu Santo*, ya sabe algo de mi historia. Un amigo mío llamado Jim Poynter me invitó a viajar con él en ómnibus desde nuestra casa en Toronto hasta Pittsburgh, a un culto dirigido por la famosa evangelista de sanidad, Kathryn Kuhlman, y allí fuimos esa fría mañana en Pittsburgh.

La imagen de ese día está indeleblemente grabada en mi mente. El aire era tan cortante y helado... tan helado de verdad, que casi dolía respirar. Las personas a mi alrededor vestían sus ropas más abrigadas, protegiendo las cabezas con sombreros y los pies con largas botas. Con nuestros pies dábamos enérgicamente contra el suelo, nos frotábamos las manos y apretábamos los brazos fuertemente contra nuestros cuerpos para protegernos del viento frío y cortante que soplaba, incluso amontonándonos en grupos, todo en un inútil intento por calentarnos un poco.

Con mucho desgano la noche se rindió a un amanecer gris como el hierro, que asomaba amenazadoramente sobre la ciudad de acero. La luz iluminó los grandes edificios, los techos negros y el concreto que rodeaban a la iglesia por todos lados, parecía que la ciudad misma hubiera crecido alrededor de la iglesia como crece un maizal alrededor de una casa de hacienda en Indiana. A veces parecía una catedral y en otras una fortaleza, con sus espirales ascendentes, su edificio labrado y sus puertas imponentes. La piedra ligeramente coloreada de la iglesia estaba manchada por la contaminación y el tiempo, dándole un aspecto austero.

Jim Poynter me contó algo de Kathryn y su ministerio, lo suficiente como para convencerme de ir, pero no tanto como para que esperara que sucediera mucho en su reunión.

No obstante, buscaba algo. Tenía hambre en mi corazón, anhelo de algo más; y cuánto lo necesitaba en aquellos años.

Tradición y transición Como ve, nací y pasé mi infancia en la ciudad costanera de Jaffa, Israel, donde las escabrosas orillas de la Tierra Santa se encuentran con el Mediterráneo color turquesa, bajo un cielo límpido y un sol cálido.

Junto con mis cinco hermanos y dos hermanas, crecimos como parte de una familia internacional; tuvimos una niñez multicultural en esta ciudad cosmopolita. Eso era estimulante y a veces confuso. Mi madre, Clemence, era de ascendencia armenia. Mi padre, Costandi, procedía de una familia griega. Me inicié en el cristianismo en la Iglesia Ortodoxa Griega, pero asistí a una escuela primaria católica. Hablaba francés en la escuela, árabe en casa y hebreo en la comunidad.

Pero no hablaba bien. Desde temprana edad, aun la más pequeña presión social o tensión emocional me producía un serio tartamudeo.

Los demás niños se burlaban de mí. Mis maestros creían que era un caso sin remedio. Peor todavía, como hijo mayor, sentía que era una gran decepción para toda mi familia.

Inclusive, aunque mi padre era un buen hombre que me amaba, me decía cosas que herían mi corazón.

—De todos mis hijos —acostumbraba decir—, eres el único que nunca te valdrás por ti mismo.

Ahora, por favor, no me malentienda, mi padre era un hombre *maravilloso*, amable y generoso, y lo amaba; pero eso es lo que me decía, ¡y lo peor de todo era que le creía!

¿Se imagina cómo me hería eso? A medida que decaía mi autoestima, me apartaba del mundo y de los que me rodeaban. Del modo en que me fuera posible, evitaba que los niños me rechazaran en la escuela. Todavía tengo vívidos recuerdos de estar escondido en un rincón del patio día tras día mientras los demás niños jugaban. Hice todo lo que pude para evitar el rechazo.

Aunque era muy joven, me sumergí en la devoción religiosa de la fe católica como lo único que me brindaba algún solaz. Fueron muchas las horas que pasé arrodillado sobre el conocido piso de piedra, rezando el Ave María, el Credo de los Apóstoles o la Oración del Señor. Me entregué a la oración, al estudio y a convertirme en un buen estudiante. Todo lo que tenía que ver con mi educación católica era mi prioridad. Pasé tanto tiempo en el convento de la escuela a la que asistía que prácticamente vivía allí. Pero esto no me quitó la sensación de vacío y soledad; sólo la camufló, pero no por mucho tiempo.

Durante mi infancia en Israel la amenaza de la guerra era constante. Recuerdo vagamente que a veces mis padres hablaban de eso. Pero en 1967 se hizo realidad con la «Guerra de los Seis Días». No crea que debido a su brevedad esos días fueron fáciles de vivir; le aseguro que no. Recuerdo cómo corrí hasta la escuela el día en que las noticias anunciaron que la guerra había comenzado. Ahora, viendo al pasado, me doy cuenta de que la guerra fue rápida y decisiva, pero su preparación larga, amarga y llena de ansiedad. Los vecinos de Israel se unieron contra ese país, expulsaron a las Fuerzas de Paz de las Naciones Unidas y movilizaron tropas, particularmente en el Sinaí. Se empleó la diplomacia pública y privada, sin ningún resultado. Toda la experiencia fue aterradora.

Un nuevo comienzo   El año siguiente, 1968, emigramos a Canadá. Hasta ese entonces había conocido la vida sólo en el cálido y soleado Israel, y me sentía seguro en el ambiente religioso de las escuelas católicas. Sin embargo, de repente me arrancaron mi manera de vivir, en cierto modo previsible, y me lanzaron a un mundo desconocido. Tuve que adaptarme a algo para lo cual no estaba acostumbrado ni preparado. Me mudé a un nuevo país, sin saber lo que me esperaba.

El traslado no pudo haber sido más difícil para mí, ya que al mudarme a Toronto tenía que adaptarme a un nuevo continente, a un nuevo país, a una nueva cultura y a un nuevo clima. De pronto me encontré con un nuevo idioma, con un nuevo ambiente, con una nueva casa y con diferente vestimenta para soportar los meses de nieve y frío. Me enfrenté a una nueva escuela y a todos los cursos asociados con mi nueva cultura. Tenía que estudiar una nueva forma de gobierno y aprender acerca de nuevos días de fiesta y tradiciones de una nueva sociedad. ¡*Todo* era muy distinto!

No es necesario decir que el traslado a Toronto únicamente aumentó mi sentimiento de soledad y enajenación. Pero Dios tenía para mí un futuro mucho mejor que el pasado, mucho mejor de lo que había esperado, porque fue en Canadá donde nací de nuevo. Fue en este nuevo país donde tuve una relación con Jesucristo. Como dijo Pablo: «Estimo todo como pérdida por la excelencia del conocimiento de Cristo Jesús». Dios me llevó a Toronto para que pudiera conocer a su Hijo y cambiar mi vida para siempre.

El cambio definitivo   Fue en febrero de 1972 cuando unos estudiantes de la Secundaria Georges Vanier me invitaron a una reunión de oración matutina. Por primera vez vi a las personas orando y alabando a Dios con verdadero poder y gozo. Comencé a tener la misma sensación que experimenté cuando era un niño de once años y vi al Señor Jesús en una visión. Ese día todavía está muy vívido en mi mente... aún recuerdo que sentí una poderosa corriente como electricidad que recorría todo mi cuerpo.

Todavía recuerdo con toda claridad la majestuosa apariencia del Maestro en la visión de aquella noche, vistiendo una túnica tan blanca que resplandecía y un manto rojo carmesí que lo cubría. Recuerdo sus ojos, que parecían traspasarme llenándome con un amor indescriptible, y una sonrisa que nunca olvidaré. Y mientras Él permanecía allí mirándome con sus brazos extendidos hacia mí, vi las huellas de los clavos en sus manos y supe que era el Señor. Fue en esa experiencia que supe que había un plan para mi vida.

Y ese día de 1972, mientras miraba a aquellos estudiantes con las manos levantadas orando y alabando a Dios, sin entender todo lo que veía, sin embargo, tuve la misma sensación, el mismo gozo y el mismo amor que sentí aquella noche en que vi al Señor. Las únicas palabras que logré murmurar fueron: «Ven, Señor Jesús, ven, Señor Jesús».

Nueva esperanza para mí   Ser un cristiano «renacido» trajo nueva esperanza a mi vida, pero no me hizo las cosas más fáciles en mi hogar. Casi de inmediato mi familia comenzó a ridiculizarme y a mofarse de mí. Para los del Medio Oriente romper la tradición es casi un pecado imperdonable y ellos sentían que mi conversión había traído vergüenza a toda la familia.

Una vez en que testificaba a mi familia, mi padre me dio una bofetada y me dijo:

—Vuelves a mencionar el nombre del Señor Jesús una vez más y desearás no haberlo hecho.

Durante casi dos años, después de eso, mi padre y yo casi

no hablábamos. Incluso, no me tomaba en cuenta en la mesa del comedor y aunque su aprobación era importante para mí, no teníamos una verdadera relación.

A los veintiún años mi vida era un total desastre. Tenía muy pocos amigos, y mi relación con mi familia era tensa hasta el punto del rompimiento. No tenía ninguna carrera en mente ni ningún propósito ni proyecto para mi vida.

Pero tenía al Señor, una fe firme en el poder sobrenatural de Dios y un anhelo desesperado de experimentar su toque milagroso sobre mi vida destrozada.

El poder y la presencia

¿Sería la invitación de Jim Poynter para asistir a un culto de Kathryn Kuhlman esa oportunidad? Su invitación no pudo venir en un mejor momento.

Nuestro viaje a Pittsburgh fue difícil. Una tormenta de nieve convirtió las siete horas en ómnibus desde Toronto hasta Pittsburgh en un viaje doblemente largo. Pero la demora fue providencial. Durante ese largo trayecto, Jim y los demás que iban en el ómnibus me inspiraron contándome historias de milagros sucedidos en algunos de los cultos anteriores de la señorita Kuhlman. Una sensación de emoción y entusiasmo comenzó a bullir dentro de mí. Cuando llegamos a nuestro hotel era la una de la mañana.

—No tenemos mucho tiempo para dormir —dijo Jim—. Debemos estar en la iglesia alrededor de las seis de la mañana si queremos conseguir un buen puesto.

¡Esta evangelista debe ser algo especial, pensé, *si la gente se levanta antes del amanecer y espera en el frío para entrar a sus reuniones!*

Cuando llegamos a la Primera Iglesia Presbiteriana, cientos de personas esperaban ya en la oscuridad. Incluso, algunos habían traído sus sacos de dormir para acostarse sobre los escalones delanteros. Yo era lo suficientemente pequeño como para deslizarme entre la multitud a fin de acercarme a las puertas de la iglesia, tirando a Jim tras de mí.

Mientras esperábamos en el frío, algo comenzó a suceder dentro de mí. Las historias que Jim me contó durante el viaje, la emoción de la creciente multitud, los increíbles testimonios que logré oír de la gente que me rodeaba; todo, fue creando una sensación de expectativa en mi corazón. Me di cuenta que temblaba, pero no quise pensar en eso porque sentía mucho frío esperando bajo el aire invernal.

Con cada conversación, mi fe se fortalecía. *Ahora*, pensé, *al otro lado de esas puertas encontraré a Dios.* La expectativa era casi insoportable.

Alrededor de una hora antes del culto, la multitud había crecido tanto que casi no teníamos espacio para respirar.

—Benny —dijo Jim—, cuando esas puertas se abran, corre tan rápido como te sea posible.

—¿Por qué? —pregunté, todavía temblando.

—Porque te arrollarán —replicó.

Cuando llegó el momento, me lancé por el pasillo hacia el frente de la iglesia, con la multitud pisándome los talones. La primera banca estaba reservada, pero Jim y yo encontramos excelentes puestos en la tercera fila.

Cuando me senté, todavía mi cuerpo temblaba. Para ese entonces había estado temblando dos horas mientras esperaba afuera. Me sentí contento de estar dentro del abrigado santuario. Pero mientras esperaba el inicio del culto, aunque estaba tibio y cómodo, continuaba temblando. Al principio esa experiencia me asustó, pero mientras más se prolongaba, más agradable se volvía. *¿Qué me está ocurriendo?*, pensé. *¿Es este el poder de Dios?* Una hora más tarde, como saliendo de la nada, una radiante pelirroja que llevaba un lindo vestido amarillo apareció en la plataforma. Era Kathryn Kuhlman, desplegando la más amplia sonrisa que jamás había visto.

Lleno hasta desbordar Desde el momento en que dio la bienvenida al Espíritu Santo, una atmósfera de puro gozo y emoción inundó el auditorio. Mientras dirigía a la gente a la adoración, cantando «Cuán grande es Él», entramos en la misma presencia de Dios y comenzamos a cantar desde lo más profundo de nuestras almas:

Mi corazón entona la canción,
Cuán grande es Él, cuán grande es Él.
Mi corazón entona la canción,
Cuán grande es Él, cuán grande es Él.

Mientras continuábamos, la señorita Kuhlman nos dirigió en otros himnos de adoración. Mis manos se elevaron al cielo, lágrimas bañaban mis mejillas, adoraba a Dios desde el fondo de mi ser, algo que nunca antes había experimentado como cristiano.

Fue en ese momento en que tomé conciencia de mis pecados y mis fracasos, y me sentí totalmente indigno de la bendición de Dios. «Amado Señor Jesús», oré. «Por favor, ten misericordia de mí».

Entonces, con una voz tan clara como nunca antes había escuchado, lo oí decirme estas palabras al corazón: «Mi misericordia es abundante para contigo». En ese momento experimenté tal cercanía con el Señor, mucho más allá de cualquier cosa que hubiera conocido antes, una experiencia que continúa hasta este mismo día influyendo en mi vida.

La reunión continuó más de tres horas, nunca había visto tales milagros. Los tumores y la artritis desaparecían. Los sordos recuperaban el oído. Las personas dejaban sus sillas de ruedas y muletas. Cientos y cientos pasaban a la plataforma para contar cómo el Maestro había tocado sus vidas.

Sentado allí, con mi rostro bañado en lágrimas, supe que el Maestro me había tocado también. Había venido a la reunión sicológicamente marcado y emocionalmente inválido. Pero ahora me sentía transformado por su Espíritu, lleno de una paz y un gozo que sobrepasaban todo entendimiento.

La clave del poder

Aquel día en Pittsburgh, un joven sediento fue lleno hasta desbordar con el espíritu de vida. En un momento fui transformado por su toque para nunca ser el mismo otra vez.

Veo esa misma sed y ese mismo anhelo en los ojos de las personas que asisten a nuestras cruzadas.

Una pasión por su poder

Ese anhelo es *muy* importante. En realidad, es la primera clave para experimentar la obra del Espíritu Santo: *Usted debe tener una pasión por su poder*. Debe sentir tal hambre en su corazón que le obligue a buscar y a buscar hasta experimentar en su vida los milagros que aparecen en la Biblia, los mismos que suceden hoy en día.

Cuando abrimos nuestros corazones al Espíritu Santo, Él derrama su presencia en nuestras almas sedientas como lluvias torrenciales cayendo sobre la tierra árida. Su presencia llega a ser muy real y tangible. Por ella las vidas rotas se curan y cambian para siempre.

Esta es una de las más poderosas lecciones que he aprendido sobre la obra del Espíritu Santo: Él manifiesta su presencia y poder a quienes ansían su toque en sus vidas. La sed espiritual trae su unción como un sifón que lleva el líquido de un recipiente lleno a otro vacío.

Eso es lo que el Señor prometió a través del profeta Isaías cuando dijo: «Porque yo derramaré agua sobre el *sequedal*, y ríos sobre la tierra árida; mi Espíritu derramaré sobre tu generación, y mi bendición sobre tus renuevos» (Isaías 44.3, énfasis añadido).

Muchos están espiritualmente vacíos, sus vidas áridas y secas. Pero sólo los que en verdad estén sedientos de su presencia se llenarán hasta desbordar. Sólo quienes anhelen conocer al Señor y se rindan a Él en fe experimentarán su poder y obra en sus vidas.

Un entendimiento de su persona

La segunda clave para experimentar la obra del Espíritu Santo de muchas maneras es aún más importante: *Debe entender que el Espíritu Santo es una persona.* No es una fuerza ni es una influencia. Es una persona, y sólo cuando lo entendamos podremos apropiarnos de su obra.

Aunque las Escrituras simplemente nos enseñan que el Espíritu Santo es una verdadera persona con intelecto, emociones y voluntad, muchos cristianos viven como si Él fuera una fuerza y no una persona. Nunca avanzarán más allá de cierto nivel en su vida cristiana, hasta que en realidad comprendan la verdad de que el Espíritu Santo piensa, siente, comunica, percibe y responde. Da y recibe amor. Y se contrista cuando se le hiere.

El Espíritu Santo es inmensamente hermoso, precioso, tierno y amante. Pero no fue sino hasta esa memorable reunión en Pittsburgh que en realidad me di cuenta de que Él es una *persona* que quiere relacionarse *conmigo*.

La persona más maravillosa

A mediados del servicio de ese año de 1973, Kathryn Kuhlman dejó de hablar y un gran silencio cayó sobre el auditorio.

Con la cabeza inclinada, comenzó a llorar. Durante varios minutos, el único sonido en el edificio era el de su profundo llanto. (Años más tarde, su personal me dijo que nunca había pasado tal cosa en sus reuniones, ni antes ni después del servicio.) Mientras lloraba, no quitaba mis ojos de cada uno de sus movimientos, tenía las manos asidas fuertemente a la banca frente a mí.

Cuando levantó la cabeza pude ver el fuego en sus ojos. «*Por favor*, no contristen al Espíritu Santo», suplicó con voz temblorosa de emoción. «No lastimen al que amo. Él es más real que cualquier cosa en este mundo. Para mí es más real que ustedes».

Entonces la señorita Kuhlman describió la extraordinaria relación que se había desarrollado entre el Espíritu Santo y ella. Era su íntimo amigo y su permanente compañero, tanto como la fuente del poder de Dios en su vida.

Nunca había oído hablar de esa manera acerca del Espíritu Santo. Como cristiano nuevo, tenía una imagen confusa y borrosa del Espíritu Santo. Sabía y conocía sus *dones*, pero a *Él* no lo conocía.

Hasta que asistí a esa reunión en Pittsburgh, nadie me había explicado jamás que el Espíritu Santo era una persona a la que podía conocer. Nunca había oído a nadie describirlo como a un compañero íntimo y amado.

Mientras la señorita Kuhlman hablaba sobre el Espíritu Santo, un inexplicable anhelo aprisionaba mi corazón. ¡Eso era!

Ese era el secreto, tenía que conocer a la persona. *Tengo que conocerlo*, lloraba.

De regreso a Toronto, en el ómnibus alquilado, todavía me abrumaba la experiencia. Me daba muy poca cuenta de lo que había reservado para mí de regreso a casa.

¿Puedo conocerte?

Físicamente, estaba exhausto cuando llegué a casa, pero aún tan emocionado que casi no pude dormir. Acostado en mi lecho, sentía como que alguien me tiraba del colchón para caer de rodillas.

Arrodillado en la oscuridad, dije las palabras que inquietaron mi corazón todo el día. «Espíritu Santo», dije, «Kathryn Kuhlman dice que tú eres su compañero. No creo conocerte. Antes pensaba que sí, pero después de la reunión de esta mañana me doy cuenta de que realmente no te conozco.

Como un niño dije: «Precioso Espíritu Santo, quiero conocerte. ¿Puedo conocerte? ¿Puedo en verdad conocerte?» Sabía que por fe había encontrado a Dios en el Señor Jesús y que Él había cambiado mi vida. Pero, ¿podría en verdad conocer al Espíritu Santo al igual que Kathryn Kuhlman?

Nada sucedió durante diez largos minutos. Ni ángeles, ni trompetas, ni voces majestuosas. Desilusionado, comencé a subir a mi cama para dormir.

De repente, cada partícula de mi ser comenzó a temblar y sentí un maravilloso calor abrazando todo mi cuerpo como si alguien me hubiera envuelto en una manta gruesa. Una increíble sensación de éxtasis me inundó. Un amor por completo indescriptible comenzó a fluir en mi alma. No entendía lo que me acontecía, no obstante, sabía muy dentro de mí que el plan de Dios para mi vida había comenzado a mostrarse.

La experiencia fue tan gloriosa que no tenía la seguridad de si estaba en el cielo, en Pittsburgh o en Toronto. Cuando al fin abrí los ojos, aún sintiendo el poder de Dios, miré alrededor y descubrí que todavía estaba en mi dormitorio, en Toronto.

A la mañana siguiente las primeras palabras que pronuncié, sin saber por qué, fueron: «Buenos días, Espíritu Santo».

Al instante, su presencia inundó mi habitación, envolviéndome en un calor celestial una vez más. Durante las ocho horas siguientes, con mi Biblia abierta, el Espíritu Santo me enseñó acerca de Él mismo en la Palabra de Dios.

Cuando pregunté por qué había venido, me condujo a las palabras de Pablo: «Y nosotros no hemos recibido el espíritu del mundo, sino el Espíritu que proviene de Dios, para que sepamos lo que Dios nos ha concedido» (1 Corintios 2.12).

También me mostró por qué no podría jamás entender los asuntos profundos de Dios sin su ayuda: «Cosas que ojo no vio, ni oído oyó, ni han subido en corazón de hombre, son las que Dios ha preparado para los que le aman. Pero Dios nos las reveló a nosotros por el Espíritu; porque el Espíritu todo lo escudriña aun lo profundo de Dios» (1 Corintios 2.9-10).

Esa mañana el Espíritu Santo fue tan real para mí como nadie a quien haya conocido jamás. A partir de ese día, al romper el alba, tan pronto le decía: «Buenos días», Él estaba allí a mi lado ayudándome a entender la Biblia, ayudándome a orar y capacitándome para llevarme más cerca de mi precioso Salvador y de mi maravilloso Padre celestial.

Sentía su presencia adondequiera que iba, pero mi dormitorio era nuestro lugar especial de reunión. Llegaría corriendo a casa después del trabajo y me lanzaría escaleras arriba para pasar de nuevo un buen tiempo a solas con Él.

Había veces que aquel compañerismo era tan grande que el Espíritu Santo me decía: «Por favor, no te vayas, quédate conmigo aunque sea cinco minutos más».

No mucho después comencé a predicar el evangelio y recibí sanidad completa de mi tartamudez, todo debido a la presencia y al poder del Espíritu Santo. Uno a uno los miembros de mi familia entregaron sus corazones al Señor mientras veían las maravillas que Dios hacía en mi vida.

Desde ese día el Espíritu Santo ha sido mi permanente compañero y mi poderoso ayudador. No hay un solo momento en que suba a la plataforma para ministrar a los miles que asisten a las cruzadas, que no susurre: «Espíritu Santo, camina conmigo. Es tu reunión, no la mía».

Cuando el Espíritu viene

Sin discusión, los muchos y maravillosos milagros que ocurren en estas grandes cruzadas se debe a la obra del Espíritu Santo, y usted entiende su obra sólo cuando comienza a entender su personalidad.

El Espíritu Santo desea ungirle con su poder para darle victoria sobre la tentación, instruirle en la Palabra de Dios, llenarle de sabiduría y revelación, y equiparle para el ministerio. *Pero por sobre todo, ansía tener compañerismo con usted y llevarle a la misma presencia del Dios todopoderoso.*

Y es el Espíritu Santo el que hace al Padre y al Hijo, el

Señor Jesús, inmensamente reales en nuestros corazones y nuestras vidas. Por eso el apóstol Pablo deseaba con tanto fervor que los creyentes experimentaran «el compañerismo del Espíritu Santo» (2 Corintios 13.14). Mientras más le conocemos, más conocemos al Padre y al Hijo. Y el Espíritu Santo nunca se exalta a sí mismo sino que siempre glorifica y magnifica al Señor Jesús.

El Señor Jesús dijo del Espíritu Santo: «Él me glorificará, porque tomará de lo mío, y os lo hará saber» (Juan 16.14). El Espíritu Santo no busca su gloria, ni tampoco quiere llamar la atención hacia Él mismo, sino hacia Jesús.

¡Cuán ricas son estas verdades! ¡Cuán maravilloso es el ministerio de la Trinidad! Cuando hablo de estas cosas, mi mente se remonta instantáneamente al antiguo Credo Niceno que aprendí cuando niño en el Collège de Frère en Jaffa, Israel. Majestuosamente resumía así mi comprensión de la Trinidad:

Creo en Dios, Padre todopoderoso, creador del cielo y de la tierra, y de todas las cosas visibles e invisibles;

Y en un solo Señor Jesús, el Hijo de Dios, el Unigénito, engendrado del Padre antes de que los mundos fuesen, Luz de luces, Dios verdadero de Dios verdadero, engendrado, no hecho; de una esencia con el Padre; por quien todas las cosas fueron hechas: Quien para nosotros los hombres y para nuestra salvación bajó del cielo y se encarnó del Espíritu Santo y de la virgen María, y se hizo hombre; y fue crucificado, muerto y sepultado en tiempos de Poncio Pilato; al tercer día resucitó, conforme a las Escrituras; y ascendió a los cielos; y está sentado a la diestra del Padre; y vendrá otra vez con gloria para juzgar a los vivos y a los muertos; cuyo reino no tendrá fin.

Creo en el Espíritu Santo, el Señor y Dador de la vida, Quien procede del Padre, Quien juntamente con el Padre y con el Hijo es adorado y glorificado, Quien habló por los profetas.

Creo en una Santa Iglesia Católica y Apostólica.

Reconozco un bautismo para la remisión de pecados.

Espero la resurrección de los muertos y la vida perdurable. Amén.

El mismo Espíritu Santo anhela revelar a Jesús en su vida y capacitarle para que le ame de todo corazón, alma y fuerza. Pero para que eso suceda, debe darle una bienvenida en su vida.

Ríndase al bendito Espíritu Santo

No hay una manera más grande para expresar nuestro amor al Señor, que rendirse a su Santo Espíritu todos los días. En efecto, es absolutamente *esencial* si usted quiere conocer de manera íntima a la persona del Espíritu Santo y experimentar profundamente su obra. Pero rendirse es posible sólo mediante la oración y el quebrantamiento delante del Señor.

A menudo las personas me preguntan: «¿Pueden todos experimentar al Espíritu Santo como usted? ¿Pueden todos ver al Espíritu Santo hacer las cosas que usted ha visto? ¡La respuesta es absolutamente *sí*! No hay ningún don especial involucrado, sólo quebrantamiento y rendición. De manera que la pregunta no es: «¿Tengo el don?», sino: «¿Puedo rendirme por completo a Él?»

Aquí es donde comienza el proceso. En el momento que conoce al Señor es cuando Él comienza a manifestarse y a mostrar su amor. Así da inicio un compañerismo que se intensifica hasta que usted llega al punto en que dice: «Señor Jesús, te doy mi vida, mi mente, mi corazón, mis sueños, mis emociones, mis pensamientos; te lo doy todo. Te rindo mi espíritu, alma y cuerpo. Haz conmigo conforme a tu voluntad».

Mientras se rinde a Él, el Espíritu Santo comienza a enseñarle, no acerca de usted mismo, sino sobre todo lo que el Padre le tiene reservado (Juan 14.26).

Es entonces cuando Él le imparte su fuerza y su fe viva. Como declara Isaías: «En quietud y en confianza será vuestra fortaleza» (Isaías 30.15).

Ahora, todo lo relacionado con la Palabra de Dios es más fuerte y todo lo relacionado con la oración es más deleitoso. Un pasaje de la Biblia que ha leído diez mil veces llega a ser más poderoso que nunca por la presencia del Espíritu Santo. Su comunión con Dios es más rica de lo que jamás haya conocido, todo debido a la presencia del Espíritu Santo. La paz y la tranquilidad vendrán a su vida, y por primera vez entenderá lo que el Señor Jesús quiso decir cuando dijo: «Mi paz os doy». Todo eso es para usted por el Espíritu Santo.

Un invitado bienvenido   Dennis Bennett, el sacerdote episcopal que ayudó a introducir la renovación carismática en las principales denominaciones, a menudo compara al Espíritu Santo a un invitado que llega a su casa:

Mientras usted prepara refrescos en la cocina, dice Bennett, su invitado se sienta tranquilamente en la sala esperando a que venga para hablar con Él. No entra en su cocina para decirle: «Estoy esperándote». En lugar de eso podrá esperar durante horas hasta que usted se siente a conversar con Él. Es un verdadero caballero y no obliga a nadie. El Espíritu Santo es exactamente como un caballero. No se inmiscuirá en nuestras vidas, ni forzará su presencia ante nosotros. *Pero estará siempre muy cerca de los que desean su compañía.*

Debemos dar la bienvenida al Espíritu Santo a cada una de las áreas de nuestras vidas, permitiéndole hacer su obra en nosotros y mediante nosotros, en el hogar, en el trabajo, en la escuela, en la iglesia, dondequiera que estemos diariamente. Su maravillosa presencia traerá gracia a nuestras reuniones de oración, a nuestros estudios bíblicos, a nuestra adoración y a nuestras relaciones con otras personas.

Él anhela ser *su* más íntimo compañero y ayudador. Pero es asunto suyo extenderle la invitación. Él está esperando que le diga: «Bienvenido, Espíritu Santo».

Ven a viajar conmigo Desde los primeros días de mi ministerio he soñado con colocar este libro en sus manos.

Buenos días, Espíritu Santo le presentó a la *persona* del Espíritu Santo. Ahora va a descubrir la notable *obra* del Espíritu Santo.

Lo que una persona *hace* fluye de ella y refleja lo que *es*. En realidad, no apreciamos como es debido el trabajo de una persona hasta que entendamos quién es. Asimismo sucede con el Espíritu Santo. Mientras mejor entienda quién es como persona, más podrá entender, experimentar y apropiarse de su obra.

Aquí es donde vamos a comenzar. Veamos lo que Él es, qué ha hecho en la historia y qué desea hacer hoy en día.

Este libro va a ayudarle a entender su persona y a apropiarse del poder de Él. Oro para que mientras lea las siguientes páginas, Él le llene con el poder de su presencia y se le revele: «No es con fuerza ni con poder, sino con mi Espíritu». Y cuando haya leído la última página de este libro, dirá: «Bienvenido, Espíritu Santo».

La persona divina y única del Espíritu Santo

erca de setecientas personas llenaban la Iglesia Ortodoxa Griega en Toronto durante el otoño de 1982. Era un hermoso santuario, ricamente adornado con iconos de colores y arte sagrado.

El sacerdote de esta hermosa iglesia personificaba de una forma magnífica a esta gran tradición religiosa, mostrando su larga barba y su manto suelto y ornamentado. De su cuello colgaban tres cruces enjoyadas.

Lucía muy digno... y *muy nervioso*.

Sentada en la primera banca de la iglesia estaba toda la familia Hinn: mi madre, mis hermanos y hermanas, tías, tíos y una gran cantidad de primos, junto con unos cuantos amigos cercanos.

Delante de nosotros estaba el féretro de mi padre, Costandi.

Con sólo cincuenta y ocho años de edad había muerto de cáncer en el pulmón. Papá fue fumador desde que era un muchacho. Aun después de entregar su vida a Cristo, varios años antes, era un hábito contra el que luchaba.

Puesto que mis padres se criaron en la Iglesia Ortodoxa,

mi madre insistió en que el servicio funeral se realizara en esa tradición particular. Al hacer los arreglos le dijo al sacerdote:

—Sólo tengo una petición. Deseo que mi hijo, Benny, dirija el servicio.

—No —le dijo el sacerdote dando muestras de su extrema incomodidad—. No puede ser.

Ella lo miró y le dijo seriamente:

—Este es nuestro funeral y usted hará lo que le digamos.

—Sí, señora Hinn. ¿Qué quiere que haga? —respondió, sorprendido de su firmeza y aceptando de mala gana.

—Bueno, usted simplemente comience el servicio —le dijo ella—. Haga lo que tenga que hacer y luego deje que mi hijo se haga cargo.

Cuando el servicio comenzó, miré alrededor y observé que la iglesia estaba llena de personas que conocían a nuestra familia, pero que nunca habían experimentado una relación personal con el Señor Jesús.

El sacerdote caminaba de lado a lado, echando incienso del incensario: un recipiente ornamental suspendido de una pequeña cadena en su mano. El féretro, que había estado abierto poco antes, ahora estaba cerrado.

La atmósfera era de gran tristeza. Las personas lloraban abiertamente por la pérdida de su amigo y pariente. Luego de dirigir unos pocos ritos ceremoniales, el sacerdote se dirigió hacia su silla especial y me indicó que continuara.

«¡Él no está aquí!» Me dirigí al féretro y permanecí allí en silencio por un momento. Cuando miré al sacerdote, vi que tenía la cabeza inclinada. No sé si oraba o trataba de evitar ver a otro dirigir un servicio funeral en su iglesia.

Como un relámpago vino a mi mente ese pasaje que dice: «Tampoco queremos, hermanos, que ignoréis acerca de los que duermen, para que no os entristezcáis como los otros que no tienen esperanza» (1 Tesalonicenses 4.13).

Frente a una asombrada audiencia comencé a golpear el féretro con el puño. Luego agarré el ataúd con las dos manos y literalmente lo sacudí. «¡Él no está aquí!», grité. «Mi papá no está allí dentro».

Cuando golpeaba ese ataúd pude captar una mirada del sacerdote. Sus ojos estaban ahora inmensamente abiertos. Se hallaba en el extremo de su silla transfigurado. Toda la audiencia volvió a la vida cuando continué: «¡Él no está allí dentro! Mi padre nació de nuevo y la Biblia dice que estar ausente del cuerpo es estar presente con el Señor».

Comencé a predicar el evangelio. En vez de hablar acerca de mi padre lo hice sobre el Señor Jesús: cómo vino, cómo murió, cómo se levantó de los muertos y cómo los que creen en Él vivirán para siempre con Él por el poder del Espíritu Santo. Pablo dice: «*Y si el Espíritu de aquel que levantó de los muertos a Jesús mora en vosotros, el que levantó de los muertos a Cristo Jesús vivificará también vuestros cuerpos mortales por su Espíritu que mora en vosotros*» (Romanos 8.11, énfasis añadido).

Cuando terminé el mensaje de treinta minutos invité a mi madre, a mis hermanos y a mis hermanas para que se unieran a mí junto al ataúd. Todos habían aceptado a Cristo como Salvador y tres de mis hermanos estaban en el ministerio. Mi esposa, Suzanne, se nos unió e hicimos un círculo alrededor del féretro y comenzamos a cantar:

Es Señor, es Señor,
De los muertos resucitó y es Señor

Todos adorarán y confesarán
Que Jesús es el Señor.

Levantamos nuestras manos hacia el cielo y repetimos el coro. Luego con gran gozo nos unimos en alabanza: «Mi corazón entona la canción, cuán grande es Él, cuán grande es Él».

Hubiera querido que usted hubiera estado allí. No había músicos. El único sonido en el edificio era el que producía una solitaria familia que conocía al Señor Jesús. Permanecimos allí parados con los ojos cerrados, alabando al Señor.

Poco después, mientras seguíamos cantando, miré a la audiencia y noté que varias personas lloraban. Inmediatamente hice una invitación para que aceptaran a Cristo como su Salvador.

La primera persona que pasó al frente fue uno de mis primos. Tomó mi mano y me dijo: «Quiero lo mismo que tú tienes». Como resultado, almas nacieron para el reino de Dios.

Me era imposible mirar ese ataúd y decir: «Mi padre está allí». No era cierto. Había sólo un cuerpo; solamente un cascarón. Era como si una mano se sacara de un guante. No podemos decir: «Mira lo que el guante puede hacer». Es algo inerte. Está muerto. Mi padre no estaba en ese ataúd. Pero un día por el poder del Espíritu Santo va a resucitar de ese cascarón. Los muertos en Cristo resucitarán. Lo mortal se vestirá de inmortalidad.

Su amigo más íntimo La resurrección de Cristo y la promesa de la resurrección de los muertos son el fundamento de la vida cristiana. Sin esto nuestra fe es vana, nuestro perdón de pecados es una ilusión y nuestra esperanza de reunirnos con los «muertos en Cristo» es una fantasía. En resumen, seríamos «los más dignos de conmiseración de todos los hombres» (1 Corintios 15.12-19). Pero debido a la esperanza segura y cierta que cada creyente tiene de la resurrección, nuestra fe es segura, nuestro perdón es verdadero y nuestra esperanza de reunirnos con los que se han ido antes que nosotros se cumplirá.

La certidumbre de nuestra resurrección se basa en la certidumbre de la resurrección del Señor Jesús: «Pero cada uno en su debido orden: Cristo, las primicias; luego los que son de Cristo, en su venida» (1 Corintios 15.23). ¿Y cómo ocurrirán esas resurrecciones? Pablo dice: «*Y si el Espíritu de aquel que levantó de los muertos a Jesús* mora en vosotros, el que levantó de los muertos a Cristo Jesús vivificará también nuestros cuerpos mortales por su Espíritu que mora en vosotros» (Romanos 8.11, énfasis añadido).

El Espíritu Santo, entonces, es la clave para conquistar ese implacable enemigo de la humanidad llamado muerte. Pero, ¿es el Espíritu del Señor una *fuerza* o un *Amigo*? ¿Es el Espíritu Santo un *poder* o una *persona*? La respuesta a esta pregunta marca la diferencia en el mundo.

El Espíritu Santo es mucho más que una fuerza o un poder. En mi temprana vida cristiana, no pensé mucho en el Espíritu Santo de una u otra forma. No fue sino hasta esa maravillosa mañana en Pittsburgh cuando Kathryn Kuhlman miró a todos los que estábamos sentados en el auditorio en su reunión de sanidad y dijo del Espíritu Santo: «Para mí Él es más real que ustedes».

La afirmación de Kathryn me detuvo en mi camino. No se refería a algo remoto, a una fuerza impersonal flotante ni a alguna nube mística que quería que concediera sus deseos;

se refería a una *Persona* y a un *Amigo* al que conocía de un modo profundamente personal. Cuando me aferré a la persona del Espíritu Santo, le dije que quería también conocerlo como amigo. Fue ese acercamiento que me condujo no sólo al poder en mi ministerio, sino también a una floreciente amistad con la persona más dulce y maravillosa que conozco sobre la tierra: el Espíritu Santo. No se equivoque en esto, ¡es glorioso lograr aferrarse a la persona del Espíritu Santo!

Puedo decirle, en base a mi experiencia personal, que cuando deje de aprender *acerca* del Espíritu Santo y comience a *conocerlo* como una persona, su vida nunca será igual. En lugar de tratar de añadir su poder a su vida, se rendirá a Él, a su amor, a su voluntad y a su dirección.

Yonggi Cho, pastor de la iglesia más grande del mundo en Seúl, Korea, escribe acerca de esta misma experiencia en su libro *Successful Home Cell Groups* [Grupos exitosos de células de hogar], donde dice: «Cuando comienzo a predicar, digo en mi corazón: "Querido Espíritu Santo, ahora estoy comenzando, ¡vamos! Suple todo el conocimiento, sabiduría y discernimiento, y lo daré a la gente"». Luego añade: «Después de terminar el sermón, me siento y digo: "Querido Espíritu Santo, hicimos un buen trabajo juntos, ¿no es verdad? ¡Gloria a Dios!"».[1]

Como ve, la diferencia entre el Espíritu Santo como poder o como persona no podría ser más profunda:

- Si el Espíritu Santo es *poder*, anhelaremos agarrarnos de Él. Si el Espíritu Santo es una *Persona* divina, desearemos que Él nos agarre a nosotros.
- Si el Espíritu Santo es un *poder*, anhelaremos hacer nuestra voluntad y nuestros caprichos. Si es una *Per-*

sona divina, desearemos rendirnos más a Él en reverencia y admiración.

- Si el Espíritu Santo es un *poder*, nos sentiremos orgullosos de tenerlo y nos sentiremos superiores para con quienes no lo tienen. Si es una *Persona* divina, nos sentiremos humillados de que en su gran amor la misma tercera persona de la Trinidad haya decidido morar en nosotros.[2]

Por desgracia, sin embargo, millones de personas ven al Espíritu Santo sólo como un poder o una influencia celestial. Lo consideran al máximo y hablan de Él con mucha reverencia, pero no saben de su comunión y su compañerismo. Esto es doblemente triste porque *primero*, es inútil por completo intentar entender la obra del Espíritu Santo sin antes conocerlo como una persona; y *segundo*, no se tiene la ventaja del maravilloso compañerismo del Espíritu Santo.

Como Cristo, la *Persona* del Espíritu Santo es eterna y viva. Cuando me refiero a que el Espíritu Santo es una persona, *no* quiero decir que tiene un cuerpo como usted y yo lo conocemos. No obstante, no es amorfo. En cierto modo, llegamos a ser su cuerpo cuando Él vive en nosotros.

Como usted, como yo y como muchos otros, Él tiene intelecto, voluntad y emociones. Mi amigo Rodman Williams resume muy bien la teología: «Que el Espíritu Santo es el único Dios, que Él es una persona y que su persona es una realidad distinta, todo lo cual trasciende la comprensión intelectual, es la afirmación universal de los que hemos experimentado el misterio de su envío y su llegada. Sabemos que es totalmente Dios y que es profundamente personal. No es el Padre ni el Hijo, pero se experimenta con profundidad por su actividad. Él es, para estar seguros, el Espíritu de ambos (eso se ha confirmado una y otra vez); sin embargo, no es idéntico a ninguno. Así que la fe cristiana puede regocijarse cantando la doxología: "¡Gloria demos al Padre, al Hijo y al Santo Espíritu!"».[3]

Cómo sabemos que el Espíritu Santo es una persona

El mismo Señor Jesús puso un signo de admiración en la persona del Espíritu Santo cuando rehusó hablar del Consolador (el bendito Espíritu Santo) como un «esto». La palabra para «espíritu» en griego (*pneuma*) tomaría normalmente el pronombre «este», pero en cambio Jesús mostró al Espíritu Santo hablando de «Él»: «Pero cuando venga el espíritu de verdad, *Él* os guiará a toda la verdad» (Juan 16.13, énfasis añadido).

Así como usted tiene una personalidad única, la tiene también el Espíritu Santo. En efecto, hay características que se le adjudican que sólo una persona (es decir, un ser con intelecto, emoción y voluntad) puede poseer. No sólo que posee la capacidad de pensar, de comunicar y de expresar su amor; sino que también lo hieren nuestras palabras y acciones.

He aquí algunas de las maneras específicas en que conocemos al Espíritu Santo como persona.

1. Tiene un intelecto

¿Puede pensar el Espíritu Santo? ¿Puede razonar y recordar? Según la Palabra de Dios, Él tiene esas capacidades porque como Persona tiene un intelecto.

Sólo alguien con intelecto tiene la capacidad de explorar, examinar y buscar. Pero eso es lo que el Espíritu del Señor puede hacer. Por ejemplo, no podemos saber las cosas que Dios ha preparado para nuestro futuro: «Pero Dios nos las reveló a nosotros por el Espíritu; porque *el Espíritu* todo *lo escudriña*, aun lo profundo de Dios» (1 Corintios 2.10, énfasis añadido).

El Espíritu de Dios tiene todo conocimiento, pero aun así escudriña la profundidad y la magnitud de los planes del Padre. Y nos da ese conocimiento a nosotros. «Porque ¿quién de los hombres sabe las cosas del hombre, sino el espíritu del hombre que está en él? Así tampoco nadie conoció las cosas de Dios, sino el Espíritu de Dios» (v. 11). De este pasaje se desprende claramente que Él no es sólo un Revelador de la verdad, sino que es un ser que *conoce* la verdad.

La Biblia misma declara que el Espíritu Santo tiene una mente: «Y de igual manera el Espíritu nos ayuda en nuestra debilidad; pues qué hemos de pedir como conviene, no lo sabemos, pero el Espíritu mismo intercede por nosotros con gemidos indecibles. Mas el que escudriña los corazones sabe cuál es *la intención del Espíritu*, porque conforme a la voluntad de Dios intercede por los santos» (Romanos 8.26-27, énfasis añadido).

Note tres cosas en este pasaje: *Primero*, el Espíritu Santo *ora* por nosotros. *Segundo, escudriña* los corazones. *Tercero*, tiene una mente («la mente del Espíritu»). La palabra «mente» aquí es una palabra global que abarca las ideas de pensamiento, sentimiento y propósito».[4]

El Espíritu Santo obra a nuestro favor. El Señor Jesús lo aclaró cuando prometió que el Espíritu Santo os *«enseñará* todas las cosas, y *os recordará* todo lo que os he dicho» (Juan 14.26, énfasis añadido). Asimismo el Espíritu Santo hizo esto por la nación de Israel: «Y enviaste tu buen Espíritu para *enseñarles*, y no retiraste tu maná de su boca, y agua les diste para su sed» (Nehemías 9.20). Estos versículos destacan el papel activo de enseñanza del Espíritu Santo, una acción únicamente posible para un ser con intelecto.

En Juan 15.26 aprendemos que Él no sólo *enseña*, también *testifica*: «Pero cuando venga el Consolador, a quien yo os enviaré del Padre, el Espíritu de verdad, el cual procede del Padre, Él dará testimonio acerca de mí» (énfasis añadido). No sólo nos ayuda a testificar, Él mismo testifica, una acción que requiere intelecto.

En Juan 16.12-15, el Salvador se refiere al Espíritu Santo como a nuestro *guía*. ¿Cómo guía? «Tomará de lo mío, y os lo hará saber» (v. 15). Este no es un impartir místico de conocimiento; es «oír» las cosas de Dios y «hablar» de ellas a los creyentes (v. 13). Esta acción de oír y repetir requiere claramente un intelecto.

2. Tiene voluntad

Cuando Cristo volvió al cielo, puso a la Iglesia a cargo del Espíritu Santo. Este actúa según su voluntad y tiene la responsabilidad de tomar decisiones en la tierra.

La variedad de dones espirituales al alcance de los creyentes no se da al azar. Pablo dijo: «Pero todas estas cosas las hace uno y el mismo Espíritu, repartiendo a cada uno en particular *como Él quiere*» (1 Corintios 12.11, énfasis añadido).

Quienes trabajan en el reino de Dios también están sujetos a la dirección del Espíritu del Señor. Pablo dijo a los ancianos de la iglesia en Éfeso: «El Espíritu Santo os ha *puesto* como obispos» (Hechos 20.28, énfasis añadido).

Aun Cristo, después de amonestar a las siete iglesias en Apocalipsis, dijo: «El que tiene oído oiga lo que *el Espíritu dice* a las iglesias» (Apocalipsis 2.7, énfasis añadido).

Es vital que estemos sintonizados con la dirección del Espíritu Santo.

3. Tiene emociones

El Espíritu Santo no es una entidad sin emociones, incapaz de sentir compasión o preocupación. Es una persona con sentimientos y corazón. He aquí dos maneras en que se expresan sus emociones.

Primero, el Espíritu Santo puede amar.

El amor es más que una característica del Espíritu Santo, *es* su carácter.

Uno de mis pasajes favoritos en la Biblia lo escribió el apóstol Pablo: «Pero os ruego, hermanos, por nuestro Señor Jesucristo y por el amor del Espíritu, que me ayudéis orando por mí a Dios» (Romanos 15.30).

Ese versículo es muy especial para mí porque he conocido personalmente el amor del Espíritu Santo. Él se ha preocupado por mí de una manera muy especial.

Permítame contarle la más grande historia de amor que conozco. *Dios me amó tanto* que envió a su Hijo. *Su Hijo me amó tanto* que murió por mí. Y *el Espíritu Santo me amó tanto* que vino para revelarme al Señor Jesús. El mismo Espíritu Santo continúa amándome y ayudándome a ser más y más como el Señor Jesús.

Segundo, el Espíritu Santo puede ser contristado.

El Espíritu de Dios es tan tierno y amoroso que se le ha comparado con una paloma. Sufre fácilmente. Así como el Señor Jesús fue «*entristecido* por la dureza de sus corazones» (Marcos 3.5, énfasis añadido), el Espíritu Santo también puede entristecerse por nuestras acciones y actitudes equivocadas.

Pablo no hablaba al mundo sino a la Iglesia cuando hizo esta severa advertencia: «Y no contristéis al Espíritu Santo de Dios, con el cual fuisteis sellados para el día de la redención» (Efesios 4.30).

La palabra «entristecer» significa «atormentar, causar pesar, vejar, ofender, insultar o causar dolor». El Espíritu Santo tiene un corazón tierno que fácilmente llora por ti y por mí. Le causamos dolor y aun reproche cuando no vivimos la vida cristiana como deberíamos.

Precisamente antes de la advertencia de no contristar al Espíritu Santo se nos dice:

- No deis lugar al diablo (Efesios 4.27).
- No tomes lo que no es tuyo (v. 28).
- No pronuncies palabras corruptas (v. 29).

Luego Pablo sigue diciéndonos cómo *agradarle* en lugar de contristarle. «Quítese de vosotros toda amargura, enojo, ira, gritería y maledicencia, y toda malicia. Antes sed benignos unos con otros, misericordiosos, perdonándoos unos a otros, como Dios también os perdonó a vosotros en Cristo» (Efesios 4.31-32).

El Espíritu del Señor conoce nuestros corazones, y cuando los mantenemos puros y justos no lo contristamos.

4. Puede hablar

Poco después de que comencé a conocer al Espíritu Santo leí el pasaje de la Biblia que dice: «Y por cuanto sois hijos, Dios envió a vuestros corazones el Espíritu de su Hijo, el cual *clama*: ¡Abba Padre!» (Gálatas 4.6, énfasis añadido).

Cuando me di cuenta de que el Espíritu Santo nos llena y nos capacita para hablar en intimidad con el Padre, clamé: «Señor, lléname y capacítame para hablar al Padre; capacítame para orar de la manera que le agrada». Y de pronto, desde la misma profundidad de mi alma, todo mi ser clamaba: «Padre, Padre».

Mientras los creyentes en Antioquía adoraban al Señor, «*el Espíritu Santo dijo*: Apartadme a Bernabé y a Saulo para la obra a que los he llamado» (Hechos 13.2, énfasis añadido). Es la adoración la que invita a su presencia, la adoración prepara el escenario para que Él nos hable *a* nosotros y *a través* de nosotros.

Timoteo escribió: «*El Espíritu dice claramente* que en los postreros tiempos algunos apostatarán de la fe» (1 Timoteo 4.1, énfasis añadido).

El Espíritu Santo no sólo habla directamente, también lo hace *a través* de su pueblo. David afirmó: «*El Espíritu de Jehová ha* hablado por mí, y su Palabra ha estado en mi lengua» (2 Samuel 23.2, énfasis añadido).

Recuerde, la voz del Espíritu Santo no se limita a individuos u ocasiones especiales. Él quiere hablarle hoy y cada día. Mi oración por usted es que siempre oiga su voz.

5. Se le puede agraviar

El escritor de Hebreos analiza los peligros de pecar después de recibir el conocimiento de la verdad. Recuerda que cualquiera que rechazaba la Ley de Moisés moría *sin misericordia* por el testimonio de dos o de tres testigos.

Luego preguntó: «¿Cuánto mayor castigo pensáis que merecerá el que pisoteare al Hijo de Dios, y tuviere por inmunda la sangre del pacto en la cual fue santificado, e *hiciere afrenta al Espíritu de gracia*? (Hebreos 10.29, énfasis añadido). La palabra «afrenta» lleva aquí la idea de «tratar con total desprecio o arrogancia insultante».

Cuando no apreciamos el significado de la muerte de Cristo por nosotros en la cruz, *agraviamos* al Espíritu Santo.

Me quedé horrorizado cuando hace poco un clérigo

anunció: «No vamos a cantar más himnos sobre la sangre. Esto trastorna a demasiadas personas».

¡Qué insulto al Espíritu Santo!

Es peligroso quitar la sangre o disminuir la importancia del sacrificio de Cristo por nosotros y en nuestro lugar. Cuando eso sucede, usted cierra la puerta al Espíritu Santo y da lugar al diablo. Recuerde, el Espíritu Santo nunca hubiera sido enviado al mundo en el día de Pentecostés si Cristo no hubiera derramado su sangre y regresado al Padre.

Encuentro sorprendente que haya iglesias donde nunca se presenta el mensaje de arrepentimiento ni de salvación. Se habla de Cristo como de una buena persona en lo moral, pero a la gente nunca se le invita a venir a su cruz a fin de ser limpia del pecado.

¿Por qué un asunto tan serio es una ofensa para el Espíritu Santo? Porque ello resultará en la pérdida de su presencia, algo que nunca quisiera experimentar.

La remoción de la unción del Espíritu Santo y del compañerismo divino sería peor que cualquier castigo que pudiera imaginar.

6. Se le puede mentir

Uno de los mandamientos que Dios le dio a Moisés para entregar a Israel fue el de «no mentir» (Levítico 19.11). El decreto tenía como propósito no sólo guiar las relaciones con los hombres, sino también con el Espíritu de Dios.

Después de su maravillosa experiencia en el Aposento Alto, el apóstol Pedro tuvo una relación creciente con el Espíritu Santo. Conocía su tierna y sensible naturaleza y cuán fácilmente se le podía contristar. Fue tal el intenso amor de Pedro por el Espíritu Santo, que en Hechos se menciona que tuvo una santa indignación al descubrir la conspiración de Ananías y Safira para mentir al Espíritu Santo. Tal vez usted conozca la historia, sin embargo, quizás se haya preguntado por qué su castigo fue tan severo.

Habían vendido una heredad y fingieron dar todo el dinero al Señor, cuando en realidad sólo era una parte. Pedro dijo: «Ananías, ¿por qué llenó Satanás tu corazón *para que mintieses al Espíritu Santo,* y sustrajeses del precio de la heredad?» (Hechos 5.3, énfasis añadido). «¿Por qué pusiste esto en tu corazón? *No has mentido a los hombres sino a Dios*» (v. 4, énfasis añadido). Ananías y Safira cayeron muertos después de pecar contra Dios por mentir al Espíritu Santo (vv. 5,9,10).

Puesto que el Espíritu Santo es una persona, se le puede mentir. ¡Los creyentes debemos tener mucho cuidado y no olvidar que Él es *Dios Todopoderoso!*

7. *Se puede blasfemar contra Él*

Se ha discutido mucho acerca del «pecado imperdonable», la blasfemia contra el Espíritu Santo. Jesús se refirió al asunto cuando dijo: «Todo pecado y blasfemia será perdonado a los hombres; *mas la blasfemia contra el Espíritu* no le será perdonada[...] ni en este siglo ni en el venidero» (Mateo 12.31,32, énfasis añadido).

Es muy importante entender el contexto de este pasaje. Jesús sacó demonios de un poseído y en el proceso lo curó, ya que era ciego y mudo (Mateo 12.22). La reacción de la multitud que veía estos milagros fue de sorpresa: «¿Será este aquel Hijo de David?» (v. 23).

Sin embargo, los fariseos tenían reacciones totalmente diferentes. Al ver lo que el Señor Jesús hizo dijeron: «Este no echa fuera los demonios sino por Beelzebú, príncipe de los demonios» (v. 24). Entienda cuán *deliberada* fue su acción. Eran estudiantes de la Ley, gobernaban al pueblo y *testigos oculares* de los milagros de Jesús. En su ira, despecho y mezquindad, *sabiendo exactamente lo que hacían*, atribuyeron los milagros de Cristo a la obra de Satanás. Atribuyeron el poder del Espíritu Santo obrando en Jesús a la llenura del espíritu del maligno.

Este terrible acto es una blasfemia contra el Espíritu Santo, según el Señor explica solemnemente en el relato que Marcos escribió: «Cualquiera que blasfeme contra el Espíritu Santo, no tiene jamás perdón, sino que es reo de juicio eterno» (Marcos 3.29).

Tanto en Mateo como en Marcos el pecado «imperdonable» es atribuir *voluntariamente* a Satanás los milagros realizados por Cristo mediante el poder del Espíritu Santo.[5]

No quisiera estar en el lugar de alguien que voluntariamente señala con el dedo a la obra de Dios y dice: «Eso es del diablo».

Si usted teme cometer el pecado imperdonable, quizás nunca lo cometerá. La blasfemia es un acto *voluntario* y no una equivocación *accidental*.

Por ejemplo, el rechazo de Pablo a Cristo y la persecución de la iglesia fueron *accidentales*, a diferencia de *voluntarios*. Él dijo: «Habiendo yo sido antes *blasfemo*, perseguidor e injuriador; mas fui recibido a misericordia porque lo hice por *ignorancia*, en incredulidad» (1 Timoteo 1.13, énfasis añadido). Recibió perdón absoluto por este pecado involuntario, y se convirtió en uno de los más grandes apóstoles en la historia de la Iglesia.

8. Se le puede resistir

¿Se imagina lo que significa resistir a la Persona más amante de la tierra? Esta es la práctica permanente de los que no la conocen.

Lleno del Espíritu, Esteban se puso de pie ante el sanedrín, la corte suprema de los judíos, y dijo: «¡Duros de cerviz,
e incircuncisos de corazón y de oídos! Vosotros *resistís siempre al Espíritu Santo;* como vuestros padres, así también
vosotros» (Hechos 7.51, énfasis añadido).

No hablaba a los santos de Dios sino a los incrédulos, a
quienes parecían *religiosos* y en verdad eran *rebeldes.*

Aunque estos religiosos estaban físicamente circunci-
dados se comportaban como los paganos de las naciones
incircuncisas que rodeaban a Israel. Odiaban a Cristo y com-
batían todo lo que enseñaba cuando estaba en la tierra.

Ahora, defendiendo su fe frente a la muerte, Esteban
miró a los ojos de sus acusadores y dijo: «Vosotros resistís
siempre al Espíritu Santo».

Rechazar a Dios no era nada nuevo para estos individuos
externamente religiosos. ¿Recuerda lo que hacían los hijos de
Israel mientras Moisés estaba en el monte Sinaí recibiendo la
Ley? Hicieron un becerro de oro, rechazando a Dios y a su
mensajero. Dijeron a Aarón: «Levántate, haznos dioses que
vayan delante de nosotros» (Éxodo 32.1).

La continua resistencia al Espíritu Santo silenciará la voz
de Dios, como declara Zacarías 7.11-13: «Pero no quisieron
escuchar, antes volvieron la espalda, y taparon sus oídos
para no oír; y pusieron su corazón como diamante, para no
oír la ley ni *las palabras que Jehová de los ejércitos enviaba por su
Espíritu,* por medio de los profetas primeros; vino, por tanto,
gran enojo por parte de Jehová de los ejércitos. Y aconteció
que así como Él clamó, y no escucharon, también ellos cla-
maron, y yo no escuché, dice Jehová de los ejércitos» (énfasis
añadido). En vez de prestar atención a las palabras del
Espíritu Santo, Israel, deliberadamente las ignoró. Es *muy*

peligroso negarse a escuchar las palabras del Espíritu Santo, porque tal vez llegue el momento en que Él ignore nuestras palabras si no atendemos a las suyas.

A través de mi ministerio he encontrado personas que han resistido al movimiento del Espíritu Santo, no una, sino docenas de veces. Al hacerlo, apagaron al Espíritu de Dios. Los que resisten al Espíritu Santo deben percatarse de que Dios ha hecho esta solemne advertencia: «No contenderá mi Espíritu con el hombre para siempre» (Génesis 6.3). La Biblia dice que Dios es magnánimo, pero que hay un límite en sus tratos con el hombre. Proverbios 29.1 dice: «El hombre que reprendido endurece la cerviz, de repente será quebrantado, y no habrá para él medicina».

9. Se le puede apagar

El *mundo resiste* al Espíritu Santo; sin embargo, los *creyentes*, en realidad, pueden *apagarlo*. La exhortación de Pablo: «No apaguéis el Espíritu» (1 Tesalonicenses 5.19) es una orden muy clara. La idea que se da es apagar un fuego.

El apóstol no hablaba a pecadores, sino a «hermanos» (v. 12).

¿Cuán importante es esta instrucción? A ella sigue una lista de mandamientos que incluye:

- reconocer a los que están en el ministerio (v. 12),
- vivir en paz los unos con los otros (v. 13),
- amonestar a los ociosos,
- alentar a los de poco ánimo,
- sostener a los débiles,
- ser paciente con todos (v. 14),
- no devolver mal por mal (v. 15),
- seguir lo bueno unos para con otros y para con todos (v. 15),

- regocijarse siempre,
- orar sin cesar,
- dar gracias en todo (vv. 16-18).

Después de presentar esta maravillosa lista como algo que indica estar «en la voluntad de Dios», Pablo dice: «*No apaguéis al Espíritu*» (v. 19, énfasis añadido).

Existe una gran diferencia entre *resistir* y *apagar*. El incrédulo *resiste* al Espíritu al rechazar el mensaje del evangelio y al rehusar permitirle obrar en su vida. Sin embargo, el hijo de Dios *apaga* la llama que ya ha comenzado a arder.

He conocido personas que oran por *algunos* de los dones del Espíritu Santo, mas no por todos. Les encanta el don de la fe, el de la enseñanza o el de dar, pero cuando viene el poder sobrenatural de Dios y los dones de sanidad, toman su extinguidor de fuego espiritual y acaban con la llama.

Recuerde siempre que cuando *apagamos* al Espíritu, le negamos la oportunidad de bendecir y tocar nuestra vida, así como tocar otras vidas a través de nosotros.

El círculo de amor

Parece que todo el cielo se une en su lealtad e inquebrantable amor por el Espíritu Santo. *En el Antiguo Testamento,* vemos que el *Padre* ama tanto al Espíritu Santo, que este lo defendió de todo ataque. Mientras peregrinaban en el desierto, los hijos de Israel «fueron rebeldes, e hicieron enojar su Santo Espíritu; por lo cual se les volvió enemigo y Él mismo peleó contra ellos (Isaías 63.10).

En los Evangelios vemos que el *Hijo* ama tanto al Espíritu Santo, que este solemnemente advierte a los insolentes fariseos que atribuían las obras del Espíritu Santo a Satanás de: «No hablar contra el Espíritu Santo» (Mateo 12.32).

En *Hechos* observamos que *Pedro* ama tanto al Espíritu Santo, que con gran decisión se levanta en su defensa frente a quienes querían mentirle, diciendo en esencia: «No mientan al Espíritu Santo» (Hechos 5.3).

En *Efesios* vemos que Pablo ama tanto al Espíritu Santo, que este advierte a la iglesia de Éfeso: «No contristéis al Espíritu Santo» (Efesios 4.30).

En todo esto veo al Padre, al Hijo y a la Iglesia en defensa continua de Aquel que aman.

Es natural defender sólo a aquellos por quienes tenemos sentimientos profundos. En la divinidad, el Espíritu Santo es aquel de quien se advierte que no se le hiera ni ofenda.

El Señor Jesús dijo: «Pueden hablar contra mí y yo les perdonaré. Pero si hablan contra Él, no les perdonaré».

El Padre no dijo: «Me hicieron enojar a *mí*». Sino que expresó: «Hicieron enojar *su Santo Espíritu*» (Isaías 63.10).

He preguntado a varios teólogos, y he escudriñado cuidadosamente las Escrituras, pero no puedo encontrar la orden: «No contristéis al Padre», o «no contristéis al Hijo». Pero sí leo: «No contristéis al Espíritu».

Un nuevo manto   Quisiera tener palabras para describir mi presentación a la persona del Espíritu durante un año. En todo el 1974, el Dios Todopoderoso me permitió entrar en su más íntimo santuario.

El ministerio que el Señor me confió no nació en debilidad, sino en una visitación del Espíritu Santo que transformó mi vida. No recibí una unción ni un «manto» de Kathryn Kuhlman ni de ningún otro. Lo que me dio el Espíritu del Señor fue fresco y nuevo, y sigue siéndolo hasta hoy.

Noche tras noche me encerraba en mi dormitorio, a veces

hasta las dos o tres de la mañana, conversando y confraternizando con el Espíritu Santo.

El momento en que decía: «Espíritu Santo», Él venía. Mi cuarto se llenaba de una atmósfera tan eléctrica y hermosa que todo mi cuerpo comenzaba a estremecerse. A medida que esa presencia se intensificaba, me sobrevenía un entumecimiento. A veces era tanto, que me sentía débil y no podía moverme.

No podía entender por qué tenía ese sentimiento. Si estaba de pie, caía al piso. Si estaba en la cama, tenía que doblar las piernas bajo mi cuerpo y apoyarme contra la pared.

Durante esos momentos iba a comenzar a conversar con el Espíritu Santo, cada palabra que salía de mi boca parecía firme, muy rica y llena de significado y emoción. Perdía toda noción del tiempo, consciente sólo de la riqueza del compañerismo que disfrutábamos. Muchas veces, durante esas hermosas sesiones amistosas me oía hablar palabras de amor y poesía al Señor Jesús y, literalmente, me escuchaba decirle al Señor, desde lo más íntimo de mi ser, las cosas más increíbles. Cuán dulces eran esos momentos al dirigirme al Señor Jesús con los nombres más hermosos y celestiales.

Conocí íntimamente al Espíritu Santo y entendí su gran amor por el Señor Jesús. Entendí qué quieren decir las Escrituras cuando expresan que el Salvador es «señalado entre diez mil» (Cantares 5.10), y por qué el Espíritu Santo usó tantos títulos maravillosos para describir a Jesucristo, el siempre amado. Un gran punto culminante de amor por Jesús comenzó a surgir en mi corazón. Entraba verdaderamente a la experiencia del compositor, que sumido en alabanza y exaltación, declaró con adoración:

¡Maravilloso Salvador!

¡Señor de las naciones!

Hijo de Dios e Hijo del Hombre!

Gloria y honor,

alabanza, adoración

sean para ti desde ahora y para siempre.[6]

El cambio de Claudio

Es imposible predecir lo que sucede cuando el Espíritu Santo llega a ser verdadero en su vida. Varios meses después de que *Buenos días, Espíritu Santo* se tradujera al español, un ministro de Buenos Aires, Argentina, voló hasta Orlando para verme. Su nombre es Claudio Freidzon,[7] quien es pastor fundador de una iglesia en Buenos Aires, que ha crecido hasta llegar a tres mil personas en tan solo cuatro años. Leyó *Buenos días, Espíritu Santo* y se convenció de que Dios lo dirigía a venir a Orlando para que yo pudiera orar con él. Obedeció al Espíritu Santo, aunque muchos de sus amigos trataron de disuadirlo.

Durante el culto nocturno del domingo puse las manos sobre él y pedí a Dios que hiciera una gran obra en Argentina. No me había dado cuenta de que el mensaje del libro había transformado por completo su vida. El Espíritu Santo había sido muy real para él e iba a ser poderosamente real para multitudes de argentinos.

Cuando Claudio regresó a Argentina comenzamos a escuchar algunos informes *sorprendentes*. Empezó a predicar el mensaje de la realidad del Espíritu Santo y un avivamiento barrió el país. A medida que Claudio dirigía a la gente a una experiencia de oración y alabanza, los misioneros informaban que la gloria del Señor parecía descender en las reuniones. La revista de las Asambleas de Dios, *Mountain Movers* [Movedores de montañas], informa: «En diciembre de 1992, Claudio alquiló el auditorio más grande de Buenos Aires, con capacidad para doce mil personas, a fin de efectuar un culto. Cuando el edificio se llenó y la policía cerró las puertas, veinticinco mil personas estaban aún esperando en fila, cerrando dos avenidas principales. Esperaron tres horas para tener un segundo culto».[8] Lo que comenzó con el deseo de Claudio de seguir al Espíritu Santo, se ha extendido ahora a cientos de pastores e iglesias.

Más de dos mil ministros han volado desde la Argentina a nuestras cruzadas en los Estados Unidos para testificar del poder de Dios en acción, y para regresar a su país con este poder para sus vidas y sus ministerios.

Hace poco, cuando dirigíamos una cruzada en Buenos Aires, más de cien mil personas asistieron al primer culto. Pero todo comenzó con la venida de Claudio Freidzon a Orlando.

Si usted está listo para experimentar la obra del Espíritu Santo permítame invitarlo a que lo conozca primero como Persona. Como dijo R.A. Torrey: «Antes de poder entender correctamente la obra del Espíritu Santo debemos conocer al Espíritu mismo. Una continua fuente de error y fanatismo sobre la obra del Espíritu Santo es el intento de estudiar y entender su obra sin conocerlo primero como persona.[9]

El Espíritu Santo es divino

Sí, Él es una persona, pero también debe entender que es una persona *divina*. Así como el Padre (Juan 6.27; Efesios 4.6) y el Hijo (Hebreos 1.8) son divinos, lo es el Espíritu Santo (Hechos 5.3,4).

Jesús comunicó a plenitud la deidad del Espíritu Santo cuando dijo: «Por tanto, id, y haced discípulos a todas las naciones, bautizándolos en el nombre del Padre, y del Hijo, y del Espíritu Santo» (Mateo 28.19). Si el Espíritu Santo no fuera divino, no lo encontraríamos tan ligado tanto al Padre como al Hijo en las Escrituras.

En Hechos 5.4 Pedro se refiere al Espíritu Santo como «Dios». Cuando Ananías y Safira retuvieron para sí parte del precio de la venta de su heredad y dijeron que habían dado todo el dinero, Pedro preguntó: «Ananías, ¿por qué llenó Satanás tu corazón para que *mintieses al Espíritu Santo*, y sustrajeses del precio de la heredad?» (Hechos 5.3, énfasis añadido). Luego dijo: «No has *mentido* a los hombres sino *a Dios*» (v. 4, énfasis añadido).

No hay diferencia entre mentir al Espíritu Santo o a Dios, porque el Espíritu Santo es divino, es decir, posee plenamente todos los atributos de la deidad.

El Espíritu Santo no sólo es Dios, también es Señor. La Biblia declara: «Porque *el Señor es el Espíritu*; y donde está el Espíritu del Señor, allí hay libertad» (2 Corintios 3.17, énfasis añadido). Y más adelante: «Nosotros[...] somos transformados de gloria en gloria en la misma imagen, como *por el Espíritu del Señor*» (v. 18, énfasis añadido).

El Salmo 95 es una hermosa declaración de alabanza al Señor. El versículo 1 nos invita a cantar «al Señor» y luego continúa alabando lo que Él es y ha hecho. Encontramos esta misma cita en Hebreos 3.7-11, pero donde el Salmo usa la palabra *Señor*, el autor de Hebreos atribuye las mismas palabras *al Espíritu Santo*: «Por lo cual, *como dice el Espíritu Santo:* Si oyeres hoy su voz, no endurezcáis vuestros corazones, como en la provocación, en el día de la tentación en el desierto» (Hebreos 3.7,8, énfasis añadido).

¿Quién habla? El «Espíritu Santo» que habló en Hebreos 3 es el mismo «Señor» que habló en el Salmo 95. El Espíritu Santo es tan Dios como lo son el Padre y el Hijo. Son tres en uno. Él es el Dios de Abraham, Isaac y Jacob. Recuerde siempre que ambos, el Antiguo y el Nuevo Testamentos, reconocen al Espíritu Santo como Dios y Señor.

Amigo mío, nunca comenzará a dar el lugar que le corresponde al Espíritu Santo hasta que no sepa quién es Él. Sin embargo, una vez que sepa *quién es*, puede empezar a apreciar *lo que Él hace*.

Para comprender en su totalidad la obra del Espíritu Santo debemos darnos cuenta de que Él no es simplemente un embajador del Todopoderoso, es un miembro divino del Altísimo. Como dijo Billy Graham: «No hay nada que Dios sea, que el Espíritu Santo no lo sea. Todos los aspectos esenciales de la deidad pertenecen al Espíritu Santo».[10]

Cuando era un joven cristiano, antes de que mi vida cambiara por el encuentro con el Espíritu Santo, no conocía realmente acerca del compañerismo con Él. Para mí era una entidad inescrutable y distante hacia quien tenía más reverencia y temor que amor. No se me había revelado con la luz que lo veo hoy. Ahora lo conozco como el Dios Todopoderoso, igual que al Padre y al Hijo, en majestad, honor y belleza, y he sentido su tierno amor. Además, al igual que los demás miembros de la Trinidad, el Espíritu Santo tiene tres características distintivas.

El Espíritu Santo es Omnipresente

El Espíritu Santo es omnipresente, está presente en todas partes. A menudo, cuando estoy lejos de mi familia en alguna cruzada o hablando en algún lugar, si escucho algo divertido quiero contarlo a mi esposa, pero no puedo porque ella se encuentra en Orlando. O si veo a un niño hacer algo que me recuerda a uno de mis preciosos hijos, en ese instante los extraño terriblemente.

De todas las consideraciones teológicas de la omnipresencia, la que mayor significado tiene para mí es la que indica que la persona más maravillosa y llena de gracia que existe está conmigo a *dondequiera* que voy. No tengo que extrañarla, ni que añorar que esté conmigo, no tengo que dejarla al viajar a ningún lugar.

A dondequiera que vaya Él está allí. Me encanta lo que el salmista escribió:

¿A dónde me iré de tu Espíritu?
¿Y a dónde huiré de tu presencia?
Si subiere a los cielos, allí estás tú;
Y si en el Seol hiciere mi estrado,
he aquí, allí tú estás.
Si tomare las alas del alba
y habitare en el extremo del mar,
aun allí me guiará tu mano,
y me asirá tu diestra (Salmo 139.7-10).

El Espíritu Santo es Omnisciente

La tercera persona de la Trinidad lo conoce todo. Muchos versículos lo aclaran. Por ejemplo, Isaías preguntó: «¿Quién enseñó al Espíritu de Jehová, o le aconsejó enseñándole? ¿A quién pidió consejo para ser avisado? ¿Quién le enseñó el camino del juicio, o le enseñó ciencia, o le mostró la senda de la prudencia?» (Isaías 40.13-14, énfasis añadido). Pablo añade: «Pero Dios nos las reveló a nosotros por el Espíritu; *porque el Espíritu todo lo escudriña*, aun lo profundo de Dios. Porque ¿quién de los hombres sabe las cosas del hombre, sino el espíritu del hombre que está en él? Así tampoco nadie conoció las cosas de Dios, sino el Espíritu de Dios» (1 Corintios 2.10,11, énfasis añadido). Lewis Sperry Chafer dice: «Nadie puede negar eso, si el conocimiento que el Espíritu posee llega a las profundidades de Dios, *comprenderá igualmente todo lo demás.*[11]

No sólo que el Espíritu de Dios conoce lo relacionado a Dios, *conoce todo respecto a usted; en realidad lo conoce mejor de lo que usted mismo se conoce.* Las palabras del salmista acerca de Dios se relacionan por completo al Espíritu Santo: «Oh Jehová, tú me has examinado y conocido. Tú has conocido mi sentarme y mi levantarme; has entendido desde lejos mis pensamientos. Has escudriñado mi andar y mi reposo, y todos mis caminos te son conocidos» (Salmo 139.1-4).

El Espíritu Santo pone este conocimiento a disposición de sus siervos mediante la «palabra de conocimiento», que es una percepción de la condición de la vida de una persona. En mi caso no sólo me revela ciertas enfermedades, me dice también lo que tengo que hacer y a veces me revela *qué es lo que Él está haciendo* en el culto. Así conozco cómo está sanando, qué canciones quiere que cantemos y qué debo hacer después. Obedezco la dirección del Espíritu Santo por su omnisciencia. Confío a plenitud en Él.

El Espíritu Santo es Omnipotente

La *omnipotencia* del Espíritu Santo se demuestra en forma concluyente por tres hechos poderosos:

- *Creación*: hacer el universo de la nada
- *Animación*: dar vida de donde no había
- *Resurrección*: producir vida de la muerte

El Espíritu Santo estaba activamente relacionado en la *creación* del universo: «Se movía sobre la faz de las aguas» (Génesis 1.2). Al comentar este versículo, Allen Ross observa con mucho acierto: «Fue por el Espíritu que el Señor Dios soberanamente creó todo lo que existe» (v. 2b).[12]

El Espíritu Santo estaba también relacionado activamente en la obra de *animación*, es decir, al dar vida. «El Espíritu de Dios me hizo, y el soplo del Omnipotente me dio vida» (Job 33.4).

Llegamos a un punto culminante con el poder del Espíritu Santo en la *resurrección del Señor Jesús*. Puesto que la Biblia dice: «Porque también Cristo padeció una sola vez por los pecados, el justo por los injustos, para llevarnos a Dios, *siendo a la verdad muerto en la carne, pero vivificado en espíritu*» (1 Pedro 3.18, énfasis añadido). Porque con todo el poder que tenemos los humanos gracias a nuestra ingeniosidad y ciencia, ninguno ha podido traer a los muertos de regreso a la vida. ¡Pero el Espíritu Santo sí ha podido y lo hará! Mientras esperamos ese día de la resurrección, no olvidemos que este *poder* todopoderoso de resurrección está a su alcance *hoy mismo*.

Alumbrando los ojos de vuestro entendimiento, para que sepáis cuál es la esperanza a que Él os ha lla-

mado, y cuáles las riquezas de la gloria de su herencia
en los santos, y cuál *la supereminente grandeza de su
poder para con nosotros los que creemos*, según la operación del poder de su fuerza, la cual operó en Cristo, re-
sucitándole de los muertos y sentándole a su diestra
en los lugares celestiales, sobre todo principado y
autoridad y poder y señorío, y sobre todo nombre que
se nombra, no sólo en este siglo, sino también en el
venidero; y sometió todas las cosas bajo sus pies, y lo
dio por cabeza sobre todas las cosas a la iglesia, la
cual es su cuerpo, la plenitud de Aquel que todo lo
llena en todo (Efesios 1.18-23, énfasis añadido).

¡Es tiempo de vivir, de trabajar y de ministrar a otros, no sólo
en nuestra fuerza, sino en el supereminente poder de resurrección del Espíritu Santo!

Cada vez que veo la luz eléctrica me doy cuenta de que
su fuente está oculta. En alguna parte hay un generador
produciendo poder. No siempre lo apreciamos y entendemos, pero disfrutamos de los beneficios. El Espíritu Santo es
nuestro generador oculto de vida abundante. Él es la fuente
de la vida abundante que disfrutamos.

Sí, cuando llegue a conocer al Espíritu Santo encontrará
que es el «poder del Altísimo», aprenderá que nada sucede
en su vida sin su poder y llegará a ser cada vez más dependiente de Él para su vida cristiana, glorificando al Señor Jesús
todos los días. Aprenderá que Él no sólo es poderoso y fuerte,
sino también tierno, sensible y bondadoso. Él *iluminará* su
camino.

El Espíritu Santo es eterno

El escritor de Hebreos declara: «¿Cuánto más la sangre de Cristo, el cual *mediante el Espíritu eterno* se ofreció a sí mismo sin mancha a Dios, limpiará vuestras conciencias de obras muertas para que sirváis al Dios vivo?» (Hebreos 9.14, énfasis añadido).

Él *es* eterno, siempre lo ha sido, es y será. No tiene principio ni fin. El Espíritu Santo no apareció abrupta y repentinamente en escena cuando fue enviado a la tierra para dar poder a los creyentes después de la ascensión de Cristo. Confiable, constante y amoroso, Él nunca lo dejará caer. ¡Él es el mismo ayer, hoy y siempre!

Desde que conocí al Espíritu Santo lo encontré confiable, constante y muy afectuoso. *Nunca* cambia, *nunca* lo defraudará, además, *siempre* es comprensivo y muy paciente. Sinceramente, he comenzado a conocerlo y aún hay mucho que descubrir de Él. ¡Me alegra mucho saber que tendré la eternidad para conocerlo!

«Repentinamente del cielo»

Tío Michael Aún recuerdo el fantástico olor a cuero del Ford modelo T de mi tío Michael. Para cualquier observador parecía un automóvil clásico, pero para mí era la máquina del tiempo, el vehículo que me transportaba a los lugares sobre los que había leído en la Biblia. Como joven que vivía en Israel, a principios de la década de los sesenta, explorar la margen occidental y la vieja ciudad de Jerusalén con el tío Michael y su modelo T era para mí la más grande aventura que jamás había conocido.

—¿Son calaveras *reales*? —pregunté con los ojos abiertos como platos.

Frente a mí se alineaban hileras de pequeños cráneos. El Monasterio Ortodoxo Griego que los guardaba sostenía que eran los cráneos de los preciosos niños asesinados por Herodes en su loco intento de acabar con el Rey de los Judíos que había nacido.

—Claro que sí —replicó el tío Michael y luego me contó la terrible historia de esa oscura noche de matanza, de los gritos de dolor de las desoladas mujeres que gustosamente hubieran dado sus vidas por las de sus hijos. Yo mismo pude verme como uno de esos niños, mi madre sollozante lanzada fuera del camino por los centuriones que venían hacia mí con sus espadas desenvainadas.

—Nunca olvides esto, Benny —me dijo tío Michael— que aunque el hombre hace lo malo, los propósitos de Dios no fallan.

Visitaba a mi tío Michael y al resto de la familia de mi madre sólo unos pocos días cada año. Como ve, vivíamos en Israel, mientras que mi tío Michael y el resto de la familia de mi madre vivía en la margen occidental, en la ciudad de Ramala, que estuvo bajo el gobierno jordano hasta 1967. Mi familia vivía en Israel y aunque nos separaban pocos kilómetros, sólo nos veíamos algunos días en Navidad cuando se permitía viajar a esa región. Dependiendo del día de la semana en que cayera Navidad, siempre teníamos de dos a cuatro días.

Las comunidades armenias, católicas y ortodoxas celebraban la Navidad en diferentes fechas. Me apena contarlo, ¡pero según fuera la fecha que nos diera más tiempo de pasar en Ramala, mi padre (inconverso en ese entonces) decía a los guardias de la frontera que éramos armenios, católicos u ortodoxos! Debo confesar que me alegra que los guardias fronterizos vieran esto de otra manera.

No puedo decirle cuánto disfruté con el tío Michael. Solía soñar con eso meses antes. Incluso ahora puedo describir su automóvil mejor que su casa, porque nuestros viajes a casa de tío Michael eran un permanente andar por las carreteras.

A principios de la década de los sesenta, cuando el programa de televisión «Mission Impossible» [Misión imposible] era popular en Estados Unidos, mi tío Michael tenía su propia «misión imposible» de la vida real: meter tantos parientes como fuera posible en el modelo T (bastantes en ese entonces) y visitar cuantas ciudades de la margen occidental fuera posible durante los pocos días que pasábamos juntos. Tío Michael tomaba muy en serio las dos partes de su misión. Como resultado, en el modelo T íbamos mi tío Michael, mi madre, mis hermanos Chris, Willy y Rose, mis tres primos y yo. Sin cinturones de seguridad, sin bolsas de aire, estrujados, viajando a toda velocidad por las colinas de Judea en espera de un accidente. Cantábamos juntos, chismeábamos (en varios idiomas a la vez), peleábamos por turno, formábamos una arrebatiña de comida y gritábamos instrucciones al tío Michael, todo al mismo tiempo. Era maravilloso.

¡Y los lugares a los que fuimos! Como es de suponer, tío Michael no consultaba una guía de viaje para escoger los lugares que deseábamos visitar; consultaba la Biblia. Fuimos a Jericó, a la tumba de Absalón, a la Iglesia del Santo Sepulcro, al Gólgota (ambos tradicionales), a la vieja ciudad de Jerusalén y a los mercados. En realidad, explorábamos todos los rincones y grietas de la gran ciudad histórica. Visitamos Belén, no sólo el pesebre sino otros lugares que pocos logran ver. Fuimos a todos estos y a otros lugares en un tiempo récord, con mucho amor y cariño. Estos recuerdos son sagrados para mí.

En cada lugar el tío Michael nos contaba las historias de la Biblia que hablaban de ese sitio. Esto añadía mayor profundidad y riqueza a los relatos. Mi sentido del contexto de los relatos de la Biblia no procedían de un libro, un mapa o un plano, venían de lugares que en realidad había visto y experimentado.

A través de tío Michael, los viajes que hacíamos en la escuela y simplemente el vivir en la tierra de la Biblia, podía tener a muy temprana edad un entendimiento de los lugares en donde ocurrieron los hechos registrados en las Escrituras y que aún hoy permanecen grabados en mi memoria.

El collège de Frère   Desde el momento en que mi padre me puso en preescolar, las monjas y monjes me enseñaron lecciones de catecismo de la Iglesia Católica del Nuevo Testamento en francés.

Durante los años del ciclo básico de enseñanza estudié la Ley y los Profetas del Antiguo Testamento en hebreo en el Collège de Frère, en mi pueblo natal de Jaffa, Israel. Por vivir en Israel se nos enseña el Antiguo Testamento como a nuestros niños la historia de Estados Unidos. El Antiguo Testamento contenía la historia de nuestra nación. Esta preparación me dio el marco en el cual podía colgar el gran despliegue del drama de la redención.

La escuela del Espíritu   Después de una década de instrucción bíblica, de un tiempo de vivir en la Tierra Santa y de mis maravillosos viajes con tío Michael, había asimilado más conocimiento de la Palabra de Dios de lo que me daba cuenta. Se podía decir que dominaba la Biblia, pero esta no me había dominado a mí. No fue hasta que nací de nuevo, en Toronto, que todo lo que aprendí tuvo verdadero significado e importancia para mí.

Entonces, cuando el Espíritu Santo entró en escena, la Palabra llegó a ser como un fuego que ardía dentro de mí. De pronto, la Biblia abundó con claridad y convicción, con maravilla y poder. Más que tener hambre de aprender la historia y geografía de los profetas, ansiaba conocer lo que había en el corazón de ellos. Pude finalmente identificarme con el profeta Isaías cuando clamó: «Con mi alma te he deseado en la noche, y en tanto que me dure el espíritu dentro de mí, madrugaré a buscarte» (Isaías 26.9). A medida que el Señor comenzó a revelarme su Palabra, descubrí que del mismo modo que los profetas predijeron la venida de Jesús a la tierra, así fue la venida del Espíritu Santo.

La preparación del camino En el Antiguo Testamento el Espíritu de Dios descansaba sobre individuos específicos que eran nombrados para llevar a cabo la misión especial del Señor. Algunos eran comunes y otros reyes y sacerdotes. Moisés sabía que iba a sentir la presencia de Dios y oró: «Ojalá todo el pueblo de Jehová fuese profeta, y que Jehová pusiera su Espíritu sobre ellos» (Números 11.29).

El grito de su corazón recibiría un día respuesta cuando Dios enviara a su Espíritu Santo sobre su pueblo, lo cual ocurrió en Pentecostés. Dios comenzó a hablar en el Antiguo Testamento por sus siervos los profetas de esta gran visitación que seguramente vendría. El Señor prometió: «Y después de esto *derramaré mi Espíritu* sobre toda carne, y profetizarán vuestros hijos y vuestras hijas, vuestros ancianos soñarán sueños, y vuestros jóvenes verán visiones» (Joel 2.28, énfasis añadido). Entonces dijo Isaías: «Porque yo derramaré aguas sobre el sequedal, y ríos sobre la tierra árida; *mi Espíritu derramaré* sobre tu generación, y mi bendición sobre tus renuevos» (Isaías 44.3, énfasis añadido).

A través del profeta Ezequiel, que ministró más tarde, Dios dijo: «*Y pondré dentro de vosotros mi Espíritu*, y haré que andéis en mis estatutos, y guardéis mis preceptos, y los pongáis por obra» (Ezequiel 36.27, énfasis añadido).

Ezequiel describió una extraña visión. Vio un valle lleno

de huesos secos. El Señor le pidió: «Profetiza sobre estos huesos, y diles: huesos secos, oíd palabra de Jehová» (Ezequiel 37.4).

He aquí lo que Dios prometió. Dijo que pondría aliento en los huesos, y que ellos volverían a vivir. Y sucedió. Mientras Ezequiel profetizaba se oyó el ruido de un temblor. Los huesos se juntaron. Los tendones y la carne aparecieron y se cubrieron de piel. «Y entró espíritu en ellos, y vivieron, y estuvieron sobre sus pies; un ejército grande en extremo» (v. 10).

La visión de Ezequiel pintó un acontecimiento futuro. Dios dijo: «*Y pondré mi Espíritu en vosotros, y viviréis*» (Ezequiel 37.14, énfasis añadido).

El Señor prometió este gran suceso profético en Proverbios 1.23: «He aquí *yo derramaré mi espíritu* sobre vosotros, y os haré saber mis palabras» (énfasis añadido). Note aquí que la palabra hebrea para «espíritu», «ruach» *puede* y en mi opinión *debería* traducirse como «Espíritu».

La poderosa visitación que transformó mi vida también la narraron hace mucho tiempo siervos de Dios en el Antiguo Testamento entre ellos Isaías, Ezequiel y Joel. El Señor dijo a Zacarías: «No con ejército, ni con fuerza, sino con mi Espíritu, ha dicho Jehová de los ejércitos» (Zacarías 4.6).

¿Cómo se cumpliría la palabra de Dios a los profetas? ¿Cuándo enviaría su Espíritu al mundo?

Jesús hizo una promesa En relación con la venida del Espíritu Santo, Jesús en varios momentos clave de su ministerio dijo a sus discípulos que estuvieran listos para un derramamiento de lo alto.

Primero, les dijo que su regreso a los cielos era para su bien. «Os conviene que yo me vaya, porque si no me fuere, el Consolador no vendría a vosotros; pero si me fuere, os lo enviaré» (Juan 16.7).

Hay una gran razón para que el Señor dejara la tierra cuando lo hizo. Como Jesucristo, la segunda persona de la Trinidad, estaba aquí en la carne limitado de esta manera: Sólo unos pocos podrían conocerlo, oírlo y tener compañerismo con Él. Hubo doce apóstoles, pero sólo tres de ellos desarrollaron una relación íntima con Jesús: Pedro, Santiago y Juan. El Señor Jesús estaba limitado por su cuerpo terrenal.

El Salvador también dijo: «Hay mucho más que quiero decirles y mostrarles, pero no puedo». Además, tenía mucho qué enseñarles, pero aparte de la obra del Espíritu Santo para ayudarles a entender y poner en práctica lo que les enseñó, no podrían aprender mucho.

No podrían retener todo lo que Él les enseñó mientras estuvo en la tierra (Juan 16.12). Con dulzura declaró: «Pero cuando venga el Espíritu de verdad, Él os guiará a toda la verdad; porque no hablará por su propia cuenta, sino que hablará todo lo que oyere, y os hará saber las cosas que habrán de venir. Él me glorificará; porque tomará de lo mío, y os lo hará saber. Todo lo que tiene el Padre es mío; por eso dije que tomará de lo mío y os lo hará saber» (Juan 16.13-15).

Nada podía reemplazar los maravillosos momentos que los discípulos pasaron con el Señor, viendo los milagros y escuchando la voz del Maestro. Sin embargo, Él dijo: «Es mejor para vosotros que yo me vaya». Entonces hizo esta promesa: «Yo rogaré al Padre, y os dará otro Consolador, para que esté con vosotros para siempre» (Juan 14.16).

Había mucho que el Señor quería trasmitir, pero ellos todavía no estaban listos para recibirlo, por eso dijo: «Aún tengo muchas cosas que deciros, pero ahora no las podéis sobrellevar» (Juan 16.12).

Me alegra que el Señor añadiera la palabra «ahora». Esto encierra la gran promesa de que vendría el momento en que podrían entender las verdades transformadoras que Él quería comunicarles, lo cual ocurriría después que el Espíritu Santo viniera en Pentecostés.

Habla al «hombre interior»

Los seguidores de Jesús no captaron por completo mucho de lo que Él enseñó cuando estaba en la tierra. A veces tuvo que reprender a los que lo oían: «¿Por qué tienen tan poca fe? ¿No pueden verlo? ¿No pueden entenderlo?»

A la mente natural le es muy difícil recibir las cosas de Dios. Esa es una de las razones para que Jesús hablara a menudo en parábolas.

Él sabía que cuando el Espíritu Santo hiciera su aparición los discípulos descubrirían más del Maestro que cuando caminaba con ellos en la tierra. El Espíritu Santo revelaría al Señor Jesús en sus corazones. Como resultado, al fin podrían recibir la verdad, retenerla y disfrutar la vida abundante que el Salvador tenía para ellos.

Nuestro Señor Jesucristo hizo esta promesa: «Cuando venga el Espíritu de verdad, Él os guiará a toda la verdad; porque no hablará por su propia cuenta, sino que hablará todo lo que oyere, y os hará saber las cosas que habrán de venir» (Juan 16.13).

Ahora que el Espíritu Santo ha venido, usted y yo podemos recibir la verdad que tan diligentemente se buscó en los tiempos antiguos y no se encontró. Sin embargo, por la venida del Espíritu Santo la verdad de Dios está disponible para cualquier creyente hambriento que la esté buscando; verdad esta que llenará nuestros corazones, no sólo nuestras mentes.

¡Usted ha sido adoptado!

Cuando me convertí en cristiano, mi padre terrenal y yo nos distanciamos. En ese tiempo él no pudo ni siquiera comprender, sólo perdonó mi fe.

Durante esos años de conflicto en nuestro hogar tenía sólo un lugar a donde ir. Por la maravillosa obra del Espíritu Santo el Padre celestial fue real para mí, proveyéndome abundantemente el amor y la intimidad que tanta falta me hacían en el hogar. Muchas veces comenzaba a llorar en el momento en que pronunciaba la palabra «Padre». A través del Espíritu Santo tenía un compañerismo cada vez más creciente con el Padre, ¡y qué consuelo me daba esto!

Algo aún más importante, fui *adoptado* en la familia de Dios. Comencé a entender lo que Jesús quiso decir cuando manifestó: «No os dejaré huérfanos; vendré a vosotros» (Juan 14.18).

Es el Espíritu Santo el que cambia nuestra condición de huérfanos a hijos de Dios con todos sus derechos y privilegios. Cuando Él viene, empezamos a entender su amor y su gracia. Pablo dijo: «Pues no habéis recibido el espíritu de esclavitud para estar otra vez en temor, sino que habéis recibido el espíritu de adopción, por el cual clamamos: ¡Abba, Padre!» (Romanos 8.15).

Nuestra adopción comienza en la salvación. «Mas a todos los que le recibieron, a los que creen en su nombre, les dio potestad de ser hechos hijos de Dios; los cuales no son engendrados de sangre, ni de voluntad de carne, ni de voluntad de varón, sino de Dios» (Juan 1.12). Como hijo de Dios me regocijo todos los días por mi perdón, por la reconciliación y por ser uno de los suyos, porque la Biblia dice: «*Habiéndonos predestinado para ser adoptados hijos suyos* por medio de Jesucristo, según el puro afecto de su voluntad» (Efesios 1.5, énfasis añadido).

Recuerde, es el Espíritu Santo el que hace posible que cada creyente sea bienvenido a la familia de Dios.

«¡Lo quiero!» Es imposible glorificar a Jesucristo a menos que el Espíritu Santo imparta verdad. La Biblia dice: «Él me glorificará; porque tomará de lo mío, y os lo hará saber» (Juan 16.14). Ensalzar el nombre del Señor Jesús no sólo es decir: «Te glorifico» o «te alabo». Es más que eso. Es con nuestras acciones, con cada palabra y con cada gesto que vivimos el resto de nuestra vida en el poder del Espíritu Santo, viviendo cada día en su verdad. Cuando eso ocurre, el mundo es entonces reprobado de pecado y las personas caen bajo el poder convincente del Espíritu Santo por la manera en que viven.

Jesús también dijo que cuando viniera el Espíritu Santo «convencerá al mundo de pecado, de justicia y de juicio» (Juan 16.8).

Mi amigo Jim Poynter me hablaba de los grandes evangelistas del pasado reciente, John Wesley, Charles Finney y Dwight L. Moody. Llevaban la presencia del Señor con ellos de tal manera que se decía que en muchas ocasiones estos hombres simplemente caminaban, subían a la plataforma y la audiencia sentía el poder penetrante del Espíritu Santo.

Cuando Johnatan Edwards predicó su famoso sermón: «Pecadores en manos de un Dios enojado», los que escuchaban imploraron: «¡Dios mío, líbrame!» Virtualmente caían de rodillas rogando por misericordia.[1]

Una llama Usted se puede sentir como una insignificante **encendida** vela en un mundo gigantesco. Pero mientras más oscuro sea el mundo, más brillante parecerá su luz taladrando la noche con la verdad del Espíritu de Dios. Juan 1.15 dice: «La luz en las tinieblas resplandece, y las tinieblas no *prevalecieron* contra ella» (énfasis añadido). Ahora bien, la palabra original en griego para prevalecer significa «agarrar, asir, dominar, captar con la mente, entender». La idea que tomamos de esto es que las tinieblas no pueden ni *entender* la luz, ni *apagarla*.[2] Quienes le rodean y se encuentran en tinieblas no lo entenderán, pero sus tinieblas «nunca» podrán apagar su luz. La luz tiene poder y usted tiene la luz.

No se desanime y sea valiente. Si usted es la única luz, la gente lo seguirá y le suplicará: «Muéstrame la salida». Usted puede dirigirlos con autoridad diciéndoles: «Su nombre es Jesús».

Recuerde que no *lleva* una vela. Usted *es* la vela. Jesús vive *en* usted y mediante el Espíritu Santo hay un brillo *emanando* de usted.

Según mi medidor de luz, el mundo se hace más oscuro mientras nosotros más brillantes, y el Espíritu Santo es el poder que mantiene nuestra llama encendida.

Hay quienes pueden acercársele y decirle: «Usted tiene algo que yo no tengo. ¡Y sea lo que sea, lo quiero!»

¡Alégrese, la verdad es que tiene a *alguien*, no *algo*! Ese es el poder del Espíritu Santo en acción.

Todo lo que el Padre tiene lo ha dado a Jesús y el Señor

quiere que tenga todo lo que Él tiene. La única manera en que lo recibirá es a través del Espíritu Santo. El Señor Jesucristo dijo: «Todo lo que tiene el Padre es mío; por eso dije que tomará de lo mío y os lo hará saber» (Juan 16.15).

El Señor Jesucristo nos dice en este versículo que no podríamos recibir nada de Él sin que el Espíritu Santo nos capacite.

Es por eso que de la tercera persona de la Trinidad podemos orar: «Espíritu Santo, dime más del Señor Jesús, muéstrame más. Comunícame lo que todavía no conozco».

La gente a menudo se pregunta: «¿Qué es lo que hace tan emocionante a la vida cristiana?» Creo que es porque el Espíritu Santo está siempre revelando algo único y original. En verdad nunca es aburrido o monótono.

Cuando el Señor Jesucristo iba a regresar al Padre, dijo a los discípulos que no se entristecieran porque habría beneficios maravillosos de la vida llena del Espíritu que iban a recibir. «Antes, porque os he dicho estas cosas, tristeza ha llenado vuestro corazón. Pero yo os digo la verdad: Os conviene que yo me vaya; porque si no me fuese, el Consolador no vendría a vosotros; mas si me fuere, os lo enviaré» (Juan 16.6,7).

El día del Espíritu llegó

Después de la dramática ascensión de Jesucristo a los cielos, ciento veinte de sus seguidores se reunieron en el aposento alto (Hechos 1.15).

Obedecían las palabras de Jesús cuando les ordenó que «no se fueran de Jerusalén, sino que esperasen la promesa del Padre» (Hechos 1.4).

¿Quiénes eran estos creyentes? La Biblia enumera algunos de sus nombres en Hechos 1.14:

- María, la madre de Jesús, estaba allí. Sintió fluir el poder de Dios cuando Jesús fue concebido, pero ahora iba a experimentar al Espíritu Santo de forma diferente.
- Los hermanos de Jesucristo, quienes ahora creían en Él, también estaban allí.
- Simón Pedro, quien negó tres veces al Señor, estaba allí e iba a recibir la promesa del Padre.
- Juan, el hijo del trueno, el apóstol amado, estaba allí.
- Mateo, el cobrador de impuestos que dejó su trabajo para seguir a Jesús, también estaba allí.

¿Quiénes eran los otros en ese ferviente grupo de ciento veinte? La Biblia no lo dice, pero creo que ciertas personas pueden muy bien haber estado allí:

- ¿Cómo podía Jairo permanecer lejos? Su hija se había levantado de los muertos (Lucas 8.41-56).
- ¿Y qué decir de Zaqueo, el publicano con quien el Señor Jesús se había hospedado en Jericó (Lucas 19.1-10)?
- María Magdalena, que fue liberada del poder demoníaco (Lucas 8.1-3).
- Bartimeo, cuyos ojos ciegos se abrieron. ¿Cómo podía haber permanecido lejos?
- Y muchos otros a quienes el Maestro tocó y curó. ¿Cómo podían permanecer lejos?

Durante diez días esperaron y oraron por la promesa.

Entonces, mientras estaban en el lugar de común acuerdo, el Espíritu Santo hizo su entrada. Fue imponente y poderoso. «Y de repente vino del cielo un estruendo como de un viento recio que soplaba, el cual llenó toda la casa donde estaban sentados» (Hechos 2.2). Debe haber sido un momento extraordinario.

Viento y fuego Inmediatamente apareció allí algo así como lenguas de fuego asentándose sobre cada uno (Hechos 2.3). «Y fueron todos llenos del Espíritu Santo, y comenzaron a hablar en otras lenguas, según el Espíritu les daba que hablasen» (v. 4).

El Espíritu del Señor se derramó por entero ese día. Sopló en medio de esa habitación como un huracán, no para destruir sino para construir. El «fuego» que descendió sobre ese círculo de viento cayó sobre las cabezas de cada uno y fueron llenos del Espíritu Santo.

Dios unió el viento y el fuego, lo invisible y lo visible, tal como lo prometió. El Señor describió al Espíritu Santo como viento (Juan 3.8), y dijo que el que vendría después de Él «os bautizará en Espíritu Santo y fuego» (Mateo 3.11).

Cómo hubiera querido estar allí para ver las expresiones de los rostros de Santiago, Andrés, Felipe y Tomás cuando ese viento poderoso sopló, y el fuego descendió sobre sus cabezas. Sólo puedo imaginar cómo deben haberse sentido cuando sus vidas se transformaron por la visitación del Espíritu Santo ese día.

Cuando reflexiono en la primera vez en que fui tocado por la presencia del Espíritu Santo, me lleno de emoción recordando esas preciosas horas en que cambió mi destino. Debió ser una experiencia increíble haber estado en el aposento alto junto a los ciento veinte cuando el viento del Espíritu Santo sopló y todos fueron bautizados con fuego en el Espíritu.

El escritor John Rea afirma: «Pentecostés marcó de dos maneras un nuevo comienzo en la obra del Espíritu Santo: su venida fue universal y permanente».[3]

El poder de la resurrección empezó a fluir como un río

del interior de las vidas. Elevaron las manos y las voces a Dios, y comenzaron a alabarlo en otras lenguas. Era tan grande y poderoso el sonido de ese viento que todo Jerusalén lo oyó (Hechos 2.5-6).

¿Qué pasa? Pentecostés sucedió durante la Fiesta de las Semanas, el último de los cuatro grandes festivales que se realizaban anualmente en Jerusalén (después de la Pascua, de los Panes sin Levadura y de los Primeros Frutos). Los historiadores nos cuentan que a menudo estos importantes acontecimientos atraían a más de ciento cincuenta mil personas de todo el mundo conocido. Había allí «de todas las naciones bajo el cielo», unidos por su fe en el Dios de Abraham, Isaac y Jacob (Hechos 2.5).[4]

Se piensa que al menos ciento veinte mil eran peregrinos que hablaban otros idiomas como lengua nativa.[5] «¿Qué pasa?» Se preguntaban todos mientras corrían hacia donde se oía el ruido. Se sorprendieron cuando oyeron a los creyentes llenos del Espíritu Santo «hablar en su[s] propia[s] lengua[s]» (v. 6).

Los de Partia decían: «Están hablando en lengua parta». Los de Panfilia decían: «Están hablando en nuestro idioma». Los de Roma decían: «Están hablando latín».

Hasta ese momento glorioso muchos de los seguidores cristianos habían pagado un terrible precio por su compromiso. Su líder fue crucificado, y tanto el gobierno civil de Roma como el religioso de los judíos los consideraba disidentes. Los expulsaron de las sinagogas, los miembros de sus familias los negaron, y estaban llenos de temor y ansiedad. Pero cuando salieron del aposento alto estaban transformados. Comenzaron a predicar el evangelio con poder, un poder que estremeció al mundo.

Pedro levantó la voz y se dirigió a la multitud: «Porque éstos no están ebrios, como vosotros suponéis, puesto que es la hora tercera del día. Mas esto es lo dicho por el profeta Joel» (Hechos 2.15-16).

Citó al profeta del Antiguo Testamento: «Y en los postreros días, dice Dios, derramaré de mi Espíritu sobre toda carne, y vuestros hijos y vuestras hijas profetizarán; vuestros jóvenes verán visiones, y vuestros ancianos soñarán sueños; y de cierto sobre mis siervos y sobre mis siervas en aquellos días derramaré de mi Espíritu, y profetizarán» (Hechos 2.17-18).

Pentecostés no sólo vino después de la ascensión, ¡dependiendo del Espíritu Santo no podía venir hasta que el Señor Jesucristo hubiera ascendido a la diestra del Padre en los cielos!

No cabe duda de que los seguidores de Cristo lo echaron mucho de menos después de su ascensión, pero el Espíritu Santo era todo lo que el Señor Jesús les había prometido que sería. Como dice el connotado líder cristiano A.J. Gordon: «Todo el reconocimiento y el honor que los discípulos dieron a su Señor ahora lo dan al Espíritu Santo, su verdadero representante, su invisible persona presente en el cuerpo de creyentes».[6]

¿Obras mayores?

Una de las promesas que hizo el Señor fue notable en especial. Él dijo un día: «De cierto, de cierto os digo; el que en mí cree, las obras que yo hago, él las hará también; y aun mayores hará, porque yo voy al Padre» (Juan 14.12).

Cuando el Señor dice: «De cierto, de cierto» sabemos que quiere decir: «Presten especial atención. Esto es de suma importancia».

El *primer* asunto de máxima importancia es que el ministerio de los creyentes iba a ser como el del Señor Jesús. Él dijo: «Las obras que yo hago él [el creyente] las hará también». El Señor Jesús era un hombre de acción. *Hizo* tantas cosas como las que enseñó. La Palabra registra: «Todas las cosas que Jesús comenzó a *hacer* y a *enseñar*» (Hechos 1.1).

El Señor Jesús enseñó y luego demostró su autoridad como Maestro mediante los milagros que realizaba. Me llama la atención que los líderes religiosos de los días de Jesús aceptaban su poder para curar, pero lo rechazaban para perdonar pecados. Ahora es precisamente lo opuesto: muchos creyentes no tienen ningún problema en creer que Jesús perdona los pecados, pero son por completo resistentes a la idea de que Él quiere sanar a su pueblo. Sin embargo, la Biblia dice que Jesucristo es «el mismo ayer, hoy y por los siglos» (Hebreos 13.8). Y puesto que Él no cambia nunca, todavía salva, sana y libera a su pueblo. Porque Él es el Dios de los milagros; no *era* el Dios de los milagros, Él todavía *es*, y porque Él *es*, los milagros todavía suceden.

El *segundo* asunto de máxima importancia es que como resultado del regreso del Señor Jesús al Padre y el envío del Espíritu Santo, los creyentes podemos hacer obras *mayores*: «El que en mí cree, las obras que yo hago él las hará también; y aun mayores hará porque yo voy al Padre» (Juan 14.12, énfasis añadido).

Cuando algunos leen: «mayores obras hará» tienen la idea equivocada de que Dios les transfiere su poder espiritual. Pero nosotros no tenemos el poder de salvar, sanar o liberar. En vez de eso, somos instrumentos en las manos del Todopoderoso y Él es quien realiza los milagros.

¿Puedo decirle algo que me ofende y lastima profundamente? Me disgusta en gran manera cuando las personas me llaman «sanador de fe» o «sanador». Quiero ser muy claro en este punto. Hay sólo un «sanador» y su nombre no es Benny Hinn; es el Señor Jesús. Independientemente de lo que suceda en una cruzada, en un servicio, en televisión, en un hospital o incluso mientras se lee este libro, no se enfoque en mí. ¡El Señor Jesús es el único que sana!

¿Qué «obras» hizo Jesús que podrían superarlas sus seguidores? Sin duda que no pueden ser salvación, sanidad, liberación y poder para libertar a los cautivos. ¿Cómo sería posible realizar estos asuntos más grande que Jesús?

Como el Señor Jesús levantó a los muertos, echó fuera demonios, calmó una tormenta, ¿qué es lo que Jesucristo no pudo hacer que nosotros sí podemos? Él no pudo pararse frente a una multitud y decir: «Una vez estaba perdido y ahora he sido hallado. Antes era ciego y ahora puedo ver».

Algo que Él no puede hacer

¿Conoce algo que sea más grande que la curación del cáncer? ¿O más grande que la limpieza de un leproso? ¿O más grande que mandar al viento que se calme? El milagro principal en el reino de Dios es el de la salvación. Podemos decirle al mundo: «La sangre de Cristo ha cubierto mis pecados. Estoy libre». Cuando Pedro predicó este mensaje en el día de Pentecostés «se añadieron aquel día como tres mil personas» a la iglesia (Hechos 2.41).

Jesús no podía dar testimonio de su salvación, porque no se salvó; Él es el Salvador. No obstante, usted sí puede testificar acerca de su salvación. Se puede poner de pie y decir: «Una vez pertenecía a Satanás, pero ahora pertenezco a Dios el Padre y a su Hijo Jesucristo».

- Jesús no estuvo perdido, Él era el Camino.
- No estuvo ciego, Él era la luz.
- No estuvo atado, libertó a los cautivos.
- No perteneció a Satanás, lo derrotó, porque la Biblia declara: «Para esto apareció el Hijo de Dios, para deshacer las obras del diablo» (1 Juan 3.8).[7]

Jesús no escogió a los ángeles para predicar el evangelio; lo escogió a usted. Por su decisión soberana de obrar a través de los creyentes, Dios *no lo hará* sin nosotros y nosotros *no podemos* hacerlo sin Él.

El anuncio Por el relato de Pentecostés sabemos que cuando el Espíritu Santo llega, anuncia su entrada. Sin embargo, recordemos: *Él nunca anuncia su partida.*

- Sansón tuvo gran fortaleza cuando fue ungido. Pero desobedeció y «no sabía que Jehová ya se había apartado de él» (Jueces 16.20). Perdió el poder de Dios.
- Cuando el Señor rechazó a Saúl como rey, «el Espíritu de Jehová se apartó de Saúl» y le atormentaba un espíritu malo de parte de Jehová (1 Samuel 16.14).
- David pecó con Betsabé y sabía las consecuencias. Por eso oró: «No me eches de delante de ti, y no quites de mí tu santo espíritu» (Salmo 51.11).

La Biblia dice que Dios no desea quitar su Espíritu Santo de nosotros. Su deseo es que su Espíritu llegue a ser parte permanente de nuestra vida. Así como transformó a los ciento veinte creyentes de Jerusalén, está listo para hacer una gran obra en usted.

CAPÍTULO

4

Parte 1

Nombres y títulos del Espíritu Santo

«EN EL NOMBRE DEL PADRE , Y DEL HIJO,
Y DEL ESPÍRITU SANTO»

¿Qué hay en un nombre? Pocos días después de mi nacimiento, según la costumbre, mis padres me llevaron a la Iglesia Ortodoxa Griega para ser cristianizado. Por la prominente posición de mi padre, tanto en la vida política de Israel como en la comunidad, el patriarca ortodoxo griego de Jerusalén estaba presente para cristianizarme.

Por supuesto, no recuerdo nada de la ceremonia y aunque aún quedan por allí algunas fotografías un poco borrosas, mis padres me dijeron muchas veces cómo fue ese día. También he tenido la oportunidad de ver el lugar y asistir a la cristianización de otros miembros de la familia cuando era niño.

Decían que la iglesia era hermosa a la manera ortodoxa griega: madera ornamental labrada, piedras majestuosas, iluminación indirecta, iconos por todas partes con deslumbrante apariencia de ensueño. Había olor a moho y el acre aroma del incienso prevalecía en el aire. De acuerdo con la ocasión de cristianizar a uno de sus primeros hijos, mis padres vestían sus mejores galas.

Me contaron entonces que cuando el patriarca apareció con sus asistentes: aun antes de verlos, se podía oír el suave ruido de sus vestimentas. El patriarca mismo era una visión admirable, con un largo manto refulgente lleno de piedras semipreciosas que colgaba de sus hombros; sobre su cabeza llevaba una mitra que le daba cierta gracia y majestad. Su rostro lo adornaba una majestuosa barba blanca y sus ojos podían atravesarte con su mirada.

Mis padres me dijeron que el patriarca presidió esta antigua ceremonia y luego llegó el momento en el cual debía cristianizarme poniéndome mi nombre «cristiano». Por supuesto, mis padres no tenían idea de qué nombre escogería y por tanto hubo una emoción apenas disimulada cuando llegamos al momento de la ceremonia en la cual el patriarca declaró mi nombre. Observándome con gran cariño y con algo de añoranza me dio el nombre de Benedictus, su propio nombre.

La palabra «Benedictus» viene de dos palabras latinas: «Bene» que significa «bueno» y «dictus» que significa «hablar». Este era entonces mi derecho inalienable, mi comisión.

Poner el nombre a un niño en el Medio Oriente ha sido siempre significativo. En realidad es tan importante, que muchos judíos creían que antes de que pudieran confiar en una persona debían antes conocer el significado de su nombre. Los nombres describían lo que eran las personas, o lo que se esperaba que fueran.

A menudo los padres tenían la esperanza de que el

significado que había detrás del nombre de un niño fuera el cumplimiento de una profecía. Por ejemplo, el nombre Gedeón significa «gran guerrero», y eso fue lo que llegó a ser. El nombre «Juan» se deriva y significa: «Jehová es misericordioso», y por supuesto el ministerio de Juan fue preparar el camino para Jesús, la expresión final de la misericordia de Jehová.

La Biblia también da ejemplos de nombres que Dios cambió para que se ajustaran a las nuevas circunstancias. Abram «padre exaltado» se convirtió en Abraham «padre de multitudes». Dios dijo a Abraham: «Haré de ti una nación grande, y te bendeciré, y engrandeceré tu nombre, y serás bendición» (Génesis 12.2). El apóstol «Pablo» (*pequeño*) fue conocido originalmente como «Saulo» (*pedido de Dios*). Saulo es llamado Pablo en Hechos debido a que ahora entra a la fase de su ministerio a los gentiles.[1]

En algunos casos las personas usaban un nombre nuevo para reflejar las circunstancias de su vida. Por ejemplo en el libro de Rut, Noemí dijo: «No me llaméis Noemí (*placentera*), sino llamadme Mara (*amarga*); porque en grande amargura me ha puesto el Todopoderoso» (Rut 1.20).

El Señor Jesucristo cambió el nombre de Simón a Pedro, que significaba *roca*. Él dijo: «Bienaventurado eres, Simón, hijo de Jonás, porque no te lo reveló carne ni sangre, sino mi Padre que está en los cielos. Yo también te digo, que tú eres Pedro, y sobre esta roca edificaré mi iglesia; y las puertas del Hades no prevalecerá contra ella» (Mateo 16.17-18).

¿Benedictus? En mi caso, el nombre «Benedictus» era cruelmente irónico hasta que el Espíritu Santo vino a mi vida. Como usted sabe, en vez de ser un «buen orador»

(Benedictus), era un infeliz tartamudo. Esto creaba una barrera entre los demás y yo, tanto por mi vergüenza como por sus burlas e ironías.

Pero entonces el Espíritu Santo me salvó y transformó. El cambio comenzó con sueños y visiones en las que predicaba. Por un lado parecía una fantasía total; sin embargo, por otro lado sencillamente no las podía rechazar. Cuando me invitaron a predicar por primera vez sabía que tenía que aceptar y sabía que Dios iba a hacer algo maravilloso a pesar de mi debilidad.

Si usted ha leído mi libro *Buenos días Espíritu Santo*, o me ha oído predicar alguna vez, sabe el milagro que el Espíritu Santo hizo. En el momento en que abrí la boca para predicar esa noche el Espíritu Santo sanó total y completamente mi tartamudez.

Nombre sobre todo nombre

En los próximos dos capítulos veremos los nombres y títulos del Espíritu Santo y lo que podemos aprender acerca de *Él* mediante esos nombres. En este capítulo veremos los nombres y títulos que *lo* relacionan con los demás miembros de la Trinidad. En el capítulo siguiente veremos los nombres y títulos del Espíritu Santo que nos dan una percepción de su carácter y obra.

Una gran variedad de nombres se atribuyen al Padre, al Hijo y al Espíritu Santo. No son para causar confusión, sino lo opuesto. Cuando se entienden bien, aumentan enormemente nuestra comprensión de la naturaleza y carácter de nuestro Trino Dios.

Dios, el gran «YO SOY» (Éxodo 3.14) tiene muchos nombres, desde «el Altísimo» (Salmo 91.9) hasta «el Señor de los ejércitos» (Isaías 54.5).

El nombre del Señor *Jesús* es la forma griega del nombre hebreo «Joshua», que significa «Jehová salva», y eso es exactamente lo que hizo Jehová mediante la sangre de Jesucristo. A través de las páginas de la Biblia vemos otros títulos y nombres usados para el Señor Jesús, desde «Príncipe de paz» (Isaías 9.6) hasta «el Buen Pastor» (Juan 10.11).

Los nombres del Espíritu Santo que aparecen en la Biblia no son sólo sinónimos sin significado para la tercera persona de la Trinidad. Al entenderse con corrección, estos nombres proveen una tremenda comprensión de la voluntad, métodos y obra del Espíritu Santo.

El Espíritu Santo

El «Espíritu Santo» es tanto el nombre predominante que usamos para la tercera persona de la Trinidad, como un resumen poderoso de lo que lo que Él es. Es espíritu, lo opuesto a la carne, sin cuerpo; y Él es santo, lo opuesto a común o corrupto.

Me es difícil describir mis sentimientos cuando estoy en la presencia del Espíritu Santo. Él puede convertir un cuarto ordinario de hotel en una catedral sagrada. Puede tomar un estadio o coliseo construidos para eventos deportivos y transformarlos en el mismo Lugar Santísimo.

Cuando el Espíritu del Señor desciende en mi devocional privado o en mi ministerio público, recuerdo a Moisés cuando miraba la zarza ardiente. Se quitó los zapatos porque Dios dijo: «El lugar en que tú estás, tierra santa es» (Éxodo 3.5). Al Espíritu Santo se califica de *Santo* porque «es santo en sí mismo, separado de todo mal».[2]

A través de las Escrituras se llama a la tercera persona de la Trinidad *el Espíritu Santo*.

- El salmista oró: «No quites de mí tu *Santo Espíritu*» (Salmo 51.11, énfasis añadido).
- María quedó embarazada porque «había concebido del *Espíritu Santo*» (Mateo 1.18, énfasis añadido).
- Jesucristo dijo: «Si vosotros, siendo malos, sabéis dar buenas dádivas a vuestros hijos, ¿cuánto más vuestro Padre celestial dará *el Espíritu Santo* a los que se lo pidan?» (Lucas 11.13, énfasis añadido).
- Juan dijo: «Él os bautizará en *Espíritu Santo* y fuego» (Mateo 3.11, énfasis añadido).
- Los apóstoles escribieron: «Porque ha parecido bien al *Espíritu Santo*, y a nosotros» (Hechos 15.28, énfasis añadido).

Romanos 1.4 también declara que Él es «el Espíritu de santidad» en un pasaje referente al papel del Espíritu Santo en la resurrección del Salvador.

Títulos que relacionan al Espíritu Santo con el Padre

Existen al menos dieciséis títulos para el Espíritu Santo que arrojan luz sobre su relación con las otras personas de la Trinidad. Once de ellos se relacionan específicamente con el Padre. «Aun cuando hay alguna diferencia en el significado de varios títulos, el significado principal es resaltar la relación del Espíritu Santo como la tercera persona de la Trinidad, afirmando en todos su deidad y procedencia.[3]

Espíritu de Dios

El Espíritu de Dios es el nombre del Espíritu Santo asociado con *poder, profecía y guía*.

En la creación fue «el Espíritu de Dios» el que «se movía sobre la faz de las aguas» (Génesis 1.2).

Más tarde, el mismo «Espíritu de Dios» vino sobre Saúl e hizo que profetizara (1 Samuel 10.10). Vino sobre Zacarías y lo capacitó para proclamar la Palabra del Señor (2 Crónicas 24.20). La visión de Ezequiel por la restauración de Israel fue dada «por el Espíritu de Dios» (Ezequiel 11.24). Pero el Espíritu Santo no está sólo asociado con *profecía*, sino también con *poder*.

Hay un relato muy importante en el Nuevo Testamento de lo que ocurrió cuando Jesús sanó a un endemoniado que era ciego y mudo. Los fariseos lo acusaron de usar el poder de Satanás para realizar tal milagro.

El Señor Jesús, que sabía sus pensamientos, les dijo que Él *por el Espíritu de Dios* echó fuera los demonios (Mateo 12.28).

El Espíritu de Dios es el Espíritu de *profecía*, es el Espíritu de *poder* y es también el Espíritu de *guía*, puesto que la Biblia dice: «Todos los que son guiados por el *Espíritu de Dios*, éstos son hijos de Dios» (Romanos 8.14, énfasis añadido).

Piense tan solo en las implicaciones del hecho de que el Espíritu Santo que creó el universo, que inspiró la profecía y que echó fuera demonios mora en usted, poniendo a su alcance el poder de la resurrección momento a momento. Aleluya por el Espíritu de Dios y aleluya de que «el Espíritu de Dios *mora en vosotros*» (1 Corintios 3.16, énfasis añadido).

Espíritu del Señor

Debemos reconocer que el Espíritu Santo es más que un representante del Ser Supremo, es el Espíritu de Jehová al que adoramos. El Espíritu de «YO SOY». Este título para el

Espíritu Santo se usa mucho tanto en el Antiguo como en el Nuevo Testamentos.

Me encanta la historia de Gedeón. Después de años de opresión por los madianitas, Gedeón respondió al llamamiento de Dios a favor de los israelitas. Las Escrituras nos dicen que «el Espíritu del Señor vino sobre Gedeón» y él reunió a sus ejércitos (Jueces 6.34). Treinta y dos mil hombres se presentaron. Dios le dijo que el ejército era demasiado grande y que Israel podría vanagloriarse en el futuro diciendo: «Mi mano me ha salvado» (Jueces 7.2).

Así que Dios le dijo que redujera el ejército a trescientos hombres cuyas únicas armas fueran una antorcha y una trompeta. Cuando rodearon a los grandes ejércitos de Madián y tocaron sus trompetas, el enemigo huyó. Fue «el Espíritu del Señor» el que condujo a Gedeón a tan gloriosa victoria.

Isaías dijo: «Vendrá el enemigo como río, mas *el Espíritu de Jehová* levantará bandera contra él» (Isaías 59.19, énfasis añadido).

Cuando Jesús comenzó su ministerio se puso de pie en la sinagoga y citó a Isaías, diciendo: «*El Espíritu del Señor* está sobre mí» (Lucas 4.18, énfasis añadido).

Pablo usó el mismo título para explicar las obras del poderoso y victorioso Espíritu del Señor, que con su poder nos libera: «Porque el Señor es el Espíritu; y donde está el *Espíritu del Señor*, allí hay libertad» (2 Corintios 3.17, énfasis añadido).

Mi Espíritu

Cuando Dios se dirige al Espíritu Santo, lo hace de una manera muy personal. Se refiere a Él como «mi Espíritu», demostrando claramente el misterio de la Trinidad. Ellos son Uno, sin embargo, son Tres.

- Dios declaró a través del profeta Joel que en los postreros días «derramaré *mi Espíritu* sobre toda carne» (Joel 2.28, énfasis añadido).
- En Génesis 6.3, Dios también advirtió a la humanidad a obedecer al Espíritu Santo: «*Mi Espíritu* no contenderá con el hombre para siempre» (énfasis añadido).
- Zacarías nos recuerda que no es con fuerza ni con ejército, sino «con mi Espíritu», dice el Señor de los ejércitos (4.6).

Espíritu del Dios viviente

Me encanta la obra del Espíritu Santo. Hace muy real la Palabra de Dios para *nosotros* y *en* nosotros. La Biblia usa el título «Espíritu del Dios viviente» en asociación con la obra del Espíritu Santo al hacer viva su Palabra y al hacer a sus hijos «cartas vivas» (2 Corintios 3.3).

En vez de concentrarse en las «cartas vivas» y dar la gloria al Señor, desgraciadamente es verdad que en muchas ocasiones algunos ministros tratan de establecer su importancia hablando del número de personas que hay en su iglesia, del tamaño de su edificio, del número y magnitud de sus cruzadas, de cuántos televidentes potenciales hay para sus trasmisiones, de cuántas personas dan, etc. Para mí sólo hay una prueba y es sencilla: «¿Hay vidas cambiadas?» ¿Y cómo cambian las vidas? Por el *Espíritu del Dios viviente.*

Lo que importa no son los libros de contabilidad ni las tarjetas de membresía, sino cuando las personas han sido liberadas y viven en abundancia por el Espíritu del Dios *viviente.* Alguien milagrosamente transformado por el Espíritu del Dios viviente es una carta viva, un testimonio andante y viviente del poder del Dios viviente en el mundo actual. Pablo fue muy claro sobre esto cuando algunos de la iglesia de Corinto pusieron en duda su trayectoria. Su respuesta fue sencilla: todos los que estaban en la iglesia de Corinto eran su trayectoria *por el Espíritu del Dios viviente.*

¿Comenzamos otra vez a recomendarnos a nosotros mismos? ¿O tenemos necesidad, como algunos, de cartas de recomendación para vosotros o de recomendación de vosotros? Nuestras cartas sois vosotros, escritas en nuestros corazones, conocidas y leídas por todos los hombres; siendo manifiesto que sois carta de Cristo expedida por nosotros, escrita no con tinta, sino *con el Espíritu del Dios vivo*; no en tablas, sino en tablas de carne del corazón. Y tal confianza tenemos mediante Cristo para con Dios; no que seamos competentes por nosotros mismos para pensar algo como de nosotros mismos, sino que nuestra competencia proviene de Dios, el cual asimismo nos hizo ministros de un nuevo pacto, no de la letra, sino del Espíritu; porque la letra mata, mas el Espíritu vivifica (2 Corintios 3.1-6, énfasis añadido).

Sé que hoy día usted anhela una unción fresca del Espíritu que toque su vida y la de otros mediante su andar con Dios. Créame que no hay nada que anhele más que Dios me use y conocer su presencia en una dimensión mayor que antes. Por eso me gusta cantar desde lo más profundo del corazón:

Espíritu del trino Dios,
ven sobre mí.

Quebrántame, consúmeme,
transformame, ¡y lléname!;
Espíritu del trino Dios,
ven sobre mí.

Poder del Altísimo

Cuando vaya al cielo hay muchas cosas que quiero hacer y muchas personas que quiero conocer. María, la madre de Jesús, es una de ellas. Su encuentro con «el poder del Altísimo» no se ha experimentado antes ni después.

Quiero saber cómo es experimentar el poder de Dios de la manera en que ella lo sintió. Cómo deseo sentarme con los grandes profetas del Antiguo Testamento y descubrir cosas de las que estoy hambriento. Cómo deseo sentarme con Pedro y preguntarle acerca de la experiencia que tuvo cuando su sombra curó al enfermo; o con Pablo, sobre quien descendió la presencia de Dios con tanta fuerza que fue llevado hasta el tercer cielo. Pero la experiencia de María con el Espíritu Santo sigue siendo una de las más grandes de la Biblia.

Como sabemos, una de las principales enseñanzas centrales y proféticas de la Biblia es que el Mesías nacería de una virgen: «Por tanto, el Señor mismo os dará señal: He aquí que la virgen concebirá, y dará a luz un hijo, y llamará su nombre Emanuel» (Isaías 7.14).

Cuando el ángel Gabriel le dijo a María que iba a concebir al Mesías, hizo la pregunta natural: «¿Cómo será esto? Pues no conozco varón» (Lucas 1.34).

La Biblia registra la poderosa respuesta de Gabriel: «El Espíritu Santo vendrá sobre ti, y *el poder del Altísimo* te cubrirá con su sombra; por lo cual también el santo ser que nacerá, será llamado Hijo de Dios» (Lucas 1.35, énfasis añadido).

Por supuesto, eso es *exactamente* lo que sucedió. Lo imposible se hace posible cuando llega «el poder del Altísimo». ¿Ha leído la historia del muchacho que trataba de mover una roca gigantesca? Tiraba y empujaba, forcejando con todas sus fuerzas contra la inmensa roca. Hasta intentó moverla con una palanca, sin ningún resultado.

—Hijo, ¿has utilizado todos tus recursos? —le preguntó su padre.

—Sí, papá —respondió el muchacho—. He intentado todo y no puedo moverla.

—No, tú no has intentado todo —replicó el padre—. Todavía no me has pedido ayuda.[4]

Sé que como me sucede a mí, usted está hambriento de ver el poder transformador de Dios en su vida, sus relaciones y su trabajo. Ríndase al Espíritu Santo y deje que todo el poder del Altísimo se desencadene en su vida.

Títulos que relacionan al Espíritu Santo con Jesucristo el Hijo

Espíritu de Cristo

«¿Qué significan esos diamantes negros?», pregunté a mi amigo cuando íbamos hacia el telesquí en Aspen, Colorado, en mi primer y absolutamente último intento de esquiar. No me gusta el frío ni la nieve, sin embargo, no sé por qué hablé de ir a esquiar. Cuando usted observa esquiar a los demás pareciera que hacen algo sin ningún esfuerzo, muy fácil. No obstante, creo que debe haber una *conspiración* para convencer a los ingenuos como yo, a fin de subir a la pista de esquiar y romperse en ella todos los huesos del cuerpo.

Mi intención era empezar en alguna ladera poco pronunciada, dirigido por un bondadoso instructor, y terminar con un descanso y una taza de chocolate caliente en el albergue de esquiadores. ¡Mi amigo estaba pensando más en las carreras de habilidad y velocidad de descenso del monte Everest de los Juegos Olímpicos de Invierno!

Si usted conoce algo de esquí, sabe que una carrera «diamante negro» es muy peligrosa, y que sólo la deben intentar los expertos. Debido a que sabía muy poco de esquí, no tenía conciencia de esto cuando subí al telesquí.

Nos dirigimos hacia la montaña más alta que había visto en mi vida, a la que Sadam Hussein hubiera llamado «la madre de todas las montañas». «Tranquilo, Benny», dijo mi amigo, «todo saldrá bien». Me preguntaba cuántas personas que yacen en los cementerios podrían testificar que estas fueron las últimas palabras que escucharon: «Tranquilo, todo saldrá bien».

Lo mejor de toda la experiencia fue la ascensión a la cumbre, las hermosas pendientes, declives y laderas cubiertas de nieve se veían tranquilas y tentadoras. No daban indicación alguna de la miseria que almacenaban para mí cuando intenté bajar la cumbre, algo así como la última cena de un condenado a muerte que le brinda el presentimiento de lo que sigue. Descendí la cuesta sano y salvo, fuera de control y sentado sobre los esquís hasta que una bondadosa mujer detuvo mi descenso chocando conmigo. Me quité los esquíes y bajé caminando el resto del camino.

Cuando el telesquí nos subía más y más alto antes del fatídico suceso, resultaba claro que lo que parecía una sola montaña era en realidad una serie de picos separados por valles. Sólo cuando uno se acerca más a los picos se da cuenta de esto.

De manera similar, mucho antes de la venida del Señor

Jesucristo, los profetas predijeron la cima de la majestuosa montaña de salvación que Él traería. Vieron las dos grandes cumbres de la profecía bíblica: la primera venida de Cristo como el Mesías *sufriente* y la segunda venida de Cristo como el Mesías *conquistador*. Pero esos sucesos estaban tan lejanos que las cumbres parecían una montaña para los profetas del Antiguo Testamento. No vieron las dos venidas del Salvador. Por el contrario, vieron sus dos grandes misiones, el sufrimiento por los pecados de la humanidad y la conquista de este mundo caído como algo que iba a ocurrir al mismo tiempo. No fue sino hasta la época del Nuevo Testamento que se hizo claro que las misiones del Salvador ocurrirían, una durante su primera venida y la otra durante la segunda.

Creo que esto fue lo que escribió Pedro cuando declaró: «Los profetas que profetizaron de la gracia destinada a vosotros, inquirieron y diligentemente indagaron acerca de esta salvación, escudriñando qué persona y qué tiempo indicaba el *Espíritu de Cristo* que estaba en ellos, el cual anunciaba de antemano los sufrimientos de Cristo, y las glorias que vendrían tras ellos» (1 Pedro 1.10-11, énfasis añadido). El título es muy interesante en este pasaje profético, porque es un recordatorio de varias cosas.

Primero, que el Espíritu del Señor inspiró a los autores humanos de las Escrituras: «Porque nunca la profecía fue traída por voluntad humana, sino que los santos hombres de Dios hablaron siendo inspirados por el Espíritu Santo» (2 Pedro 1.21). Relacionado con ello encontramos el testimonio claro de la Palabra de que la obra del Espíritu Santo es exaltar a Jesucristo. El Señor dijo: «Él dará testimonio acerca de mí» (Juan 15.26).

Segundo, que las Escrituras señalan al Señor Jesucristo.

«El testimonio de Jesús es el espíritu de la profecía» (Apocalipsis 19.10). Profecía es todo lo que se relaciona con el Señor Jesucristo, así que cuando el Espíritu del Señor se relaciona con profecías y profetas, trabaja para presentar el mensaje acerca de Jesús.

Espíritu de Jesucristo

¡Filipenses es un libro maravilloso! Escribiendo desde una húmeda y malsana celda de una prisión romana, Pablo nos enseña cómo podemos estar alegres a pesar del *lugar* en que nos encontramos, la *gente* con la que estamos y la *persona* que somos. El pensar en esto es algo digno de destacarse. Casi todos los desafíos que afrontamos vienen de estas áreas. ¿Cómo podría estar Pablo tan confiado de una vida de alegría? Después de todo, estaba prisionero, encadenado a un centurión romano veinticuatro horas al día, y en medio de eso su reputación era atacada por sus compañeros creyentes. Él mismo nos da la respuesta: «Porque sé que por vuestra oración y la suministración del *Espíritu de Jesucristo*, esto resultará en mi liberación» (Filipenses 1.19, énfasis añadido).

Parte de la gran obra consoladora del Espíritu Santo es darnos paz y aun gozo en situaciones como esta. En el contexto de esta carta acerca del gozo, tiene sentido que Pablo haya identificado el eslabón que conectaba al gozo como *el Espíritu de Jesucristo*, porque después de todo el Señor Jesús quería que nuestro gozo fuera completo (Juan 16.24), y oró al Padre para que enviara *otro* Consolador a fin de que more entre nosotros y haga que nuestro gozo sea completo. El Espíritu Santo que Jesús oró para que trajera el gozo que quería que cada uno tuviéramos.

Así que el gozo viene del Espíritu de Jesucristo *independientemente* de nuestra condición. El gozo que usted quiere, que busca con tanta diligencia y por el que clama su espíritu, puede venir sólo de una persona: del *Espíritu de Jesucristo.*

Espíritu de su Hijo

«Y por cuanto sois hijos, *Dios envió a vuestros corazones el Espíritu de su Hijo,* el cual clama: ¡Abba, Padre! Así que ya no eres esclavo, sino hijo; y si hijo, también heredero de Dios por medio de Cristo» (Gálatas 4.6-7).

Si ha leído alguno de mis libros anteriores o ha estado presente en alguno de mis cultos, quizás me habrá oído hablar de mi *padre.* El mejor modo que conozco de describir la forma en que nuestro padre dirigió la familia es imaginarme la película *La novicia rebelde.* Con excepción del lugar y de la canción, así era mi hogar. Disciplina estricta; reglas absolutas y bien comprendidas; todo nítido y limpio; y mucho trabajo que realizar. El castigo venía con rapidez y seguro cuando fallábamos en vivir dentro de las reglas. Nuestro hogar se regía por una disciplina casi militar. Mis hermanos y yo vestíamos ropa uniforme.

Mi padre había sido boxeador, tenía 1,88 metros de altura, pesaba 120 kilos y era muy dinámico. Pero eso ni siquiera es el principio de su descripción. Realmente, por su personalidad de mando era más grande que la vida; no había duda de quién era el que tenía el mando.

Nos amaba a su dura manera, aunque hasta el final de su vida nunca lo escuché decirme: «Te amo». Durante casi mis primeros treinta años de vida mi padre terrenal estuvo separado, distante y emocionalmente frío conmigo, no fue intencional, sino que debido a su misma naturaleza era inexpresivo. Cuando niño viví con él, comí pan en su mesa y me proveyó materialmente de todo, pero en verdad no tuve comunión con él. No fue sino hasta que nací de nuevo que experimenté la relación con él, que hubiera deseado tener desde hacía mucho tiempo.

Así que se puede imaginar la alegría que sentí cuando encontré a Jesucristo y al instante experimenté una gran intimidad y afecto con mi Padre celestial. Lo que me llevó treinta años experimentar con mi padre terrenal, me llevó menos de treinta segundos con mi Padre celestial.

Nunca perderé mi reconocimiento por esa relación que el Espíritu Santo me da con el Padre debido al sacrificio del Señor Jesús. Ya no soy más esclavo del pecado y separado del Padre. No estoy en la familia del Padre como un hijastro, emocionalmente distante y nunca aceptado en realidad. He sido adoptado como un hijo completo y heredero, y puedo exclamar: «¡Abba, Padre!» (Gálatas 4.6). «Abba» es el término en arameo que usan los niños pequeños para dirigirse a su padre, y que quiere decir «papito» o «papá». El término es cortés, íntimo e incluso tierno. ¿Cómo podemos tener esta clase de relación con el Padre? «Dios envió a [nuestros] corazones *el Espíritu de su Hijo*, el cual clama: ¡Abba Padre!» (Gálatas 4.6, énfasis añadido).

Parte 2

Nombres y títulos del Espíritu Santo

«EN TU NOMBRE...»

«**B**usca primero en la capilla; quizás está allí orando», eran las palabras del entrenador Denny Duron cuando alguien le preguntaba por Suzanne Harthern (ahora mi esposa, Suzanne Hinn), en la Universidad Evangélica de Missouri, porque Suzanne es una mujer de oración.

Los padres de Suzanne, Pauline y Roy, son maravillosos ministros del evangelio y sus dos abuelos eran evangelistas con un ministerio de sanidad en Inglaterra. Los padres de Suzanne me decían siempre que mi estilo de predicación y de ministerio era muy parecido al de Charles, el abuelo de ella. El renombrado evangelista y ministro de sanidad inglés Smith-Wigglesworth influyó en los abuelos de Suzanne. Se dice que diecinueve personas resucitaron de los muertos a través de su ministerio. Este gran hombre de Dios influyó profundamente en los familiares de Suzanne, quienes legaron esta influencia a ella.

Como evangelista viajero en 1978, había orado durante tres años por una mujer como Suzanne. Pedí al Señor que me la enviara de modo que no tuviera que buscarla. Y eso fue exactamente lo que hizo. En efecto, pedí al Señor por veintiuna cosas en una esposa, y Suzanne las tenía todas y más. Por ejemplo, quería una esposa que fuera una guerrera de oración, y Suzanne lo ha sido desde que la conocí. Las otras veinte son asunto entre ella y yo, pero déjeme contarle más acerca de cómo el Señor nos unió.

En junio de 1978, ministraba en Vallejo, California, para Ronn Haus (ahora mi evangelista asociado) cuando me presentó a Roy Harthern, el padre de Suzanne y pastor en ese tiempo de Calvary Assembly, una gran iglesia en Orlando, Florida. Pocas semanas más tarde me invitó a hablar en su iglesia y tuvimos unas extraordinarias reuniones. El tiempo que pasamos juntos fue el principio de una gran amistad. Pero no conocí a Suzanne en ese entonces. Estaba ausente ese fin de semana.

Un par de meses después, Ron Haus me invitó a Singapur, a fin de asistir a una conferencia llamada «Juan 17.21», conducida por David Duplisse. Cuando llegamos a San Francisco supe que mi vuelo estaba cancelado y que la única manera de ir a Singapur era en un vuelo que iría a través de Tailandia y Hong Kong antes de pasar por Singapur. Eso significaba salir el lunes y no llegar hasta el jueves. Pero tenía que estar de regreso en casa el sábado. Por lo general, no vuelo quince mil kilómetros para estar frente a la audiencia tan solo una noche en una actividad, pero en esta ocasión sentí que el Espíritu Santo me impulsaba a ir, así que fui.

Llegué a tiempo para la reunión de la noche del jueves, pero francamente estaba demasiado cansado para sacar mucho provecho de ella. Cuando regresé al hotel a quien vería en la recepción sería nada menos que a Roy Harthern. Y como con toda seguridad el Señor lo había dispuesto, nos sentamos uno junto al otro durante nuestro vuelo de regreso a los Estados Unidos. El Señor usó este viaje para cimentar una amistad profunda. Fue allí que Roy me habló por primera vez de Suzanne, y durante el mismo viaje el Señor le dijo a Roy que yo era el que me casaría con ella.

Cuando Roy regresó a casa le dijo a Suzanne que había conocido al hombre con el cual se iba a casar. Cuando le dijo que su nombre era Benny Hinn, preguntó: «¿Quién es Benny Hinn?»

Aparte de todo esto, por ese entonces la abuela de Suzanne, Lil Skin, recibió palabra del Señor de que Suzanne se iba a casar con alguien llamado Benny Hinn. Ahora Suzanne estaba realmente asombrada por lo que pasaba y de nuevo preguntó: «*¿Quién es este Benny Hinn?*» Lil no lo sabía.

No sabía nada de esto, pero cuando Roy me invitó a predicar otra vez en su iglesia durante la Navidad de 1978, me sentí de nuevo impulsado a ir. Fue entonces cuando Suzanne y yo nos encontramos por primera vez. El mismo instante en que la vi el Señor me dijo: «Esa es tu esposa». Pocos meses después lo fue.

Qué precioso don de Dios ha sido ella para mí. Ha sido un estímulo para mi fe. Una esposa que alienta mi alma y una compañera para ministrar conmigo el evangelio. Debido a la realidad del Espíritu Santo en su vida, hace todo «de corazón, como para el Señor».

Por ejemplo, cuando tuvimos nuestros hijos, Suzanne dedicó mucho tiempo y esfuerzo a investigar y seleccionar los nombres de cada uno. Tenemos *tres* libros de nombres en casa en los cuales buscó los nombres. Queríamos que tuvieran nombres que no sólo les gustara, sino de los que se sintieran orgullosos, nombres que afectaran sus personalidades e influyeran en su destino.

Enseñamos a nuestros hijos el significado de sus nombres e inevitablemente comenzaron a identificarse no sólo con el nombre sino con su *significado*. Suzanne y yo creemos también que es verdad que los nombres de las personas influyen en cómo se sienten consigo mismas. Nuestros hijos saben que escogimos sus nombres con mucho cuidado porque queríamos que supieran cuánto los amamos.

Hace poco tuve un momento de oración con mi hijo de cuatro años Joshua [Josué]. Le pregunté si sabía lo que significaba su nombre. Por supuesto que no lo sabía. Así que le leí en la Biblia acerca del gran líder que conquistó la tierra para Israel.

—¿Es por eso que me pusiste Joshua? —me preguntó después de mirarme con ojos de inocencia y asombro—. ¿Porque fue un gran hombre de Dios?

—Así es Joshie —respondí.

—Yo quiero ser así —me dijo con la convicción y determinación que sólo los niños de cuatro años pueden tener.

Qué gozo tan grande sentí en mi interior. Fue un momento sagrado.

- Mi primogénita es Jessica Cheri. Su primer nombre significa «riqueza» y el segundo «querida». ¡Y cuánta riqueza nos ha hecho sentir Jessie! Creo que nadie comprende el lugar que los niños tienen en nuestro corazón hasta que tenemos uno. Como primogénita, nos llegó a ser muy querida y aun se quiere más hoy.
- Mi segunda hija es Natasha Pauline. «Natasha» signi-

fica «el regalo de la alegría de Dios», «Pauline» significa «espíritu tierno». El embarazo de Suzanne con nuestra segunda hija fue muy difícil. En el plano natural existía la posibilidad de que hubiera problemas con el nacimiento, pero cuando nació Natasha estaba absolutamente perfecta. Y haciendo honor a su nombre, qué tierno regalo de alegría ha sido para nosotros desde esos meses difíciles. Es tranquila, simpática por naturaleza y siempre sabe cómo hacernos reír. Debido a que le hemos explicado el significado de la herencia de su nombre, se esfuerza alegrar a quienes la rodean.

• Mi tercero y único varón es Joshua Benjamin. «Joshua» quiere decir «Jehová es salvación» y «Benjamin» significa «hijo de mi mano derecha». Mi esposa tuvo una instrucción del Espíritu Santo, muchos años antes de nacer Joshua, de que si tenía un hijo su nombre sería «Joshua». Dos años antes de su nacimiento estábamos cenando con nuestro estimado amigo Reinhart Bonnke y su esposa después de un culto dominical nocturno. Reinhart es uno de los más grandes evangelistas de la actualidad. Nativo de Alemania, Dios lo ha usado de manera poderosa, especialmente en África. Teníamos una velada muy entretenida, cuando de pronto se tornó serio y en calma. Entonces pronunció las palabras que Suzanne y yo nunca olvidaremos: «Dios me dice que les anuncie que su Joshua está en camino». Si teníamos alguna duda acerca de cómo llamar a nuestro hijo, terminó en ese momento. Su segundo nombre es «Benjamin», y mi ruego es que cuando sea viejo él me ayude y se convierta en «el hijo de mi mano derecha». Hoy incluso se lo digo y él le dirá lo mismo a usted.

- Mi cuarta hija es Eleasa. El nombre «Eleasa» tiene para nosotros doble significado. Por un lado significa «Dios es salvación». Por otro, nos lleva a la historia de Elías y su firme decisión de buscar una doble porción de la unción del Espíritu Santo. Aun antes del nacimiento de la preciosa Eleasa, el Señor Jesucristo me reveló que sería una gran guerrera de oración y que Dios iba a derramar una doble porción de su unción en su vida. Cuando comenzó a entender, Suzanne y yo le explicamos el significado de su nombre y la promesa que había en él. Tengo la seguridad de que ella comenzará a buscar con expectación esa doble porción de la presencia de Dios en su vida.

Como puede ver, contrario a muchos padres, los nombres de nuestros hijos no se escogieron al azar, sino con un propósito y una esperanza. No obstante, los nombres y títulos del Espíritu Santo son ricos en significado, y revelan la naturaleza eterna así como el carácter inmutable de nuestro Dios soberano. Ahora, como usted sabe más acerca de nuestra familia por todo lo que he contado en relación con los nombres de mis hijos, tendrá una percepción más dinámica de la persona y obra del Espíritu Santo mientras estudia *sus* nombres y títulos. En efecto, entender estos nombres y los pasajes en los cuales aparecen le permitirá *apreciar* y *apropiarse* de su obra de una manera nueva y más poderosa.

En el último capítulo exploramos los nombres y títulos del Espíritu Santo que lo relacionaban con su interacción tanto con el Padre como con el Hijo. En este capítulo veremos algunos de los nombres y títulos del Espíritu Santo que lo relacionan con su obra en nuestra vida.

Títulos que se relacionan con la obra del Espíritu Santo en nuestra vida

Espíritu de adopción

Algo maravilloso sucede en el momento en que aceptamos a Jesucristo como nuestro Salvador. Somos adoptados en la familia de Dios. Recibimos al instante el poder para convertirnos en «hijos de Dios» (Juan 1.12). Es un cumplimiento del gran plan del Padre. Él nos llamó «para ser adoptados hijos suyos por medio de Jesucristo, según el puro afecto de su voluntad» (Efesios 1.5).

¿Quién dispone nuestra adopción? El Espíritu Santo. Pablo escribe: «Porque todos los que son guiados por el Espíritu de Dios, estos son hijos de Dios. Pues no habéis recibido el espíritu de esclavitud para estar otra vez en temor, sino que habéis recibido *el Espíritu de adopción*» (Romanos 8.14-15, énfasis añadido).

Ahora, el concepto de adopción señala dos grandes verdades, ambas expresadas a través del Espíritu Santo. La primera se mencionó antes: el gran *hecho* de nuestra adopción en la familia de Dios con todos los derechos, privilegios y responsabilidades que tiene un miembro de la familia.

La segunda es el gran *cumplimiento* de la adopción, la transformación de nuestros cuerpos en el Rapto cuando *recibamos* la herencia prometida: «No sólo ella, sino que también nosotros mismos que tenemos las primicias del Espíritu, nosotros también gemimos dentro de nosotros mismos, *esperando la adopción, la redención de nuestro cuerpo*» (Romanos 8.23, énfasis añadido).

El milagro más maravilloso actual no se debe comparar

con el gran milagro del Rapto en que todos cambiaremos nuestros cuerpos mortales por cuerpos inmortales que nunca estarán sujetos a enfermedad, dolencias, ni muerte. No me malinterprete, hasta ese día cada uno debe buscar absolutamente su milagro del Señor. Ahora, ¿cuáles son las primicias o los primeros frutos de este gran milagro venidero? *¡El Espíritu de adopción!* ¿Cuándo culminará nuestra adopción? Cuando nuestros cuerpos sean redimidos en el Rapto. Entonces, ¡ven pronto Señor Jesús!

Espíritu de gloria

Me parece cada vez más evidente que los cristianos estamos bajo ataque en Norteamérica y que estos se intensifican y aumentan. No debemos sentarnos tranquilamente y dejar que esto suceda. Por eso creo en lo que llamo la fe «violenta», la que no es pasiva, que no se anda por las ramas, que no teme a lo que piense la gente ni a las consecuencias.

Pedro escribió en su epístola a los creyentes del Asia Menor que experimentaban las heridas de la persecución. Fuerte y enfáticamente les dijo: «Si sois vituperados por el nombre de Cristo, sois bienaventurados porque el *glorioso Espíritu reposa sobre vosotros*» (1 Pedro 4.14, énfasis añadido).

Hablando a través de Pedro, el Espíritu Santo les dio dos grandes promesas a estos valientes creyentes que sufrían persecución:

Primero, les aseguró que no habían hecho ni creído nada malo. Más bien, la persecución mostraba que el mismo Espíritu del Señor estaba con ellos.

Segundo, les prometió que su gloria descansaría en ellos, la magnífica gloria de Dios que la nación de Israel experimentó en el desierto, la que apareció como una nube durante el día y como un columna de fuego durante la noche, la misma gloria que el sumo sacerdote experimentó en el Lugar Santísimo, la misma gloria que apareció a los pastores que guardaban la vigilia de la noche cuando nació Jesús. La misma gloria que vino sobre los apóstoles en el aposento alto es la misma que será nuestra cuando permitamos que nos fortalezca.

Ahora, créame que no soy extraño a la persecución. Cuando confié en Cristo, toda la familia se volvió en mi contra, me ridiculizó y me abandonó. Pero como me mantenía firme, el Espíritu Santo vino sobre mí con su gloria, dando energía a mi espíritu y fortaleciéndome para continuar. Pronto mi familia llegó a conocer a Jesucristo como Salvador. Si usted enfrenta esa oposición, anímese, el Espíritu Santo glorioso ha prometido descansar sobre *usted* y Él *cumplirá* su promesa.

Espíritu de gracia

¿Ha tenido tiempo últimamente para reflexionar en las maravillas de la salvación? Sin salvación estaríamos aún «sin Cristo, alejados de la ciudadanía de Israel y ajenos a los pactos de la promesa *sin esperanza y sin Dios en el mundo*» (Efesios 2.12, énfasis añadido). Es la gracia de Dios, su bondad y su favor inmerecido lo que nos alcanzó, y aunque éramos sus enemigos nos salvó. Es la que cubrió nuestra culpa con su justicia. Es la que nos guarda, porque somos *salvos por gracia* por medio de la fe, y *mantenidos por gracia* por medio de la fe. Es la que nos trae al pie de la cruz, incapaces de jactarnos, diciendo sólo que nuestras mejores obras eran como trapos de inmundicia a su vista. Es su gracia la que no sólo cubre nuestros fracasos, sino que los transforma en características personales de poder y ministerio.[1] Es por su gracia que Él nos da dones, capacitándonos para experimentar el gozo de servir, la felicidad de trabajar con el Salvador a medida que edifica su Iglesia. Es por su gracia que pone el poder de la resurrección a nuestra disposición, permitiéndonos perseverar y prevalecer. Es por ella que Él nos recompensa, aun en nuestra intimidad. Por ella Él mora en nosotros, permitiéndonos experimentar las riquezas de un compañerismo constante minuto a minuto con el Espíritu del Señor. Es por su gracia que Él vuelve a nosotros para transformarnos y permitirnos experimentar las maravillas de todo lo que ha preparado para nosotros.

Cuando Pablo reflexionaba en esto, no podía sino cantar un himno de alabanza por la gracia de Dios al ejecutar su plan de redención: «¡Oh profundidad de las riquezas de la sabiduría y de la ciencia de Dios! ¡Cuán insondables son sus juicios, e inescrutables sus caminos! Porque ¿quién entendió la mente del Señor? ¿O quién fue su consejero? ¿O quién le dio a Él primero, para que fuese recompensado? Porque de Él, y por Él, y para Él, son todas las cosas. A Él sea la gloria por los siglos. Amén» (Romanos 11.33-36).

Cuán maravillosa es la gracia de Dios. ¿Quién se supone que nos la comunica? *El Espíritu Santo*. Él nos ministra gracia a cada instante.

Sin embargo, es increíble que algunos sientan la tentación de abandonar la causa de Cristo, abandonan las corrientes de agua viva por cisternas sin agua. Una de las razones por las cuales se escribió Hebreos fue para convencer a estas personas de que no la abandonaran. Las Escrituras declaran: «El que viola la ley de Moisés, por el testimonio de dos o de tres testigos muere irremisiblemente. *¿Cuánto mayor castigo* pensáis que merecerá el que pisoteare al Hijo de Dios, y tuviere por inmunda la sangre del pacto en la cual fue santificado, e hiciere afrenta al Espíritu de gracia?» (Hebreos 10.28-29, énfasis añadido).

Si rechazar la Ley de Dios traía rápido juicio en los días del Antiguo Testamento, resistir y contender directamente con el *Hijo de Dios* y su sacrificio, y con el *Espíritu de Dios* y su gracia es demasiado temible de imaginar. El Padre *no* tomará a la ligera el desprecio del Hijo y del Espíritu: «¡Horrenda cosa es caer en manos del Dios vivo!» (Hebreos 10.31).

Espíritu de gracia y de súplica

Hay algunos que minimizan la importancia de la profecía bíblica y se burlan de ella. Mark Twain dijo: «Si el mundo se va a terminar, quiero estar en Cincinnati, allí todo llega veinte años más tarde». Es importante notar que una cuarta parte de la Biblia es de naturaleza profética, una cantidad similar a todo el Nuevo Testamento. ¿Piensa que Dios entregaría veinticinco por ciento de su Palabra a un asunto *sin importancia*? Sin dudas que no.

Estoy velando y esperando el Rapto, lo que da inicio a tantos de los grandes hechos proféticos de las Escrituras. Martín Lutero, el padre de la reforma protestante, dijo que tenía sólo dos días en su calendario: ¡hoy y «ese día!» ¡Así quiero ser yo también! Quiero vivir hoy para «ese día».[2]

Uno de los grandes pasajes proféticos de las Escrituras es Zacarías 12. Describe la reconciliación del pueblo judío con el Salvador que rechazaron. Este gran suceso ocurre en la Segunda Venida de Cristo. Trate de imaginar la emoción de ese momento.

Por un lado está el Señor Jesucristo, el Rey rechazado, regresando ahora como conquistador. El que dijo con gran tristeza: «¡Jerusalén, Jerusalén, que matas a los profetas, y apedreas a los que te son enviados! ¡Cuántas veces quise juntar a tus hijos, como la gallina junta sus polluelos debajo de las alas, *y no quisiste!*» (Mateo 23.37, énfasis añadido).

Por otro lado está la nación judía, que ha vivido los horrores de la tribulación. Ha visto el tremendo poder del Salvador glorificado regresando a la tierra con sus ejércitos para destruir a sus enemigos. Ahora en un instante se percatan de que Aquel que rechazaron con tanta tenacidad es el precioso Hijo de Dios, y se vuelven a Él en fe. ¿Quién preparó el camino para esta reconciliación? *¡El Espíritu Santo!*

Más de quinientos años antes de Cristo, el profeta Zacarías vio esa escena que el Señor describe: «Y derramaré sobre la casa de David, y sobre los moradores de Jerusalén, espíritu de gracia y de oración; y mirarán a mí, a quien traspasaron, y llorarán como se llora por hijo unigénito, afligiéndose por él como quien se aflige por el primogénito» (Zacarías 12.10).

Cuando el Señor derramó su Espíritu sobre su maltratado y abandonado pueblo, rompió su resistencia para que pudieran experimentar el *favor* (gracia) de Dios, y liberar sus corazones para que clamaran en *arrepentimiento*.

«Súplica» como se usa aquí para describir al Espíritu Santo se refiere «no tanto a una súplica formal[...] sino al desahogo de un alma atormentada».[3] Aunque antes se escondían en cuevas y gritaban a las rocas: «Caed sobre nosotros, y escondednos del rostro de Aquel que está sentado sobre el trono, y de la ira del Cordero» (Apocalipsis 6.16), ahora, en cambio, van al Señor en quebrantamiento y amor. Eso es lo que el Espíritu Santo hace, sin importar lo que hayamos hecho, nos ayuda a ir al Padre en libertad y encontrar perdón y misericordia abundante disponible para todos.

Espíritu de sabiduría y entendimiento

Isaías 11 es un pasaje clave de la Biblia, muy poderoso y

motivador. Cuando Isaías describe la venida del Mesías utiliza una serie de tres parejas de versículos para describir la obra del Espíritu en la vida y el ministerio de Jesucristo:

- Espíritu de sabiduría y entendimiento
- Espíritu de consejo y poder
- Espíritu de conocimiento y de temor del Señor (v. 2)

Como parte de la divinidad, uno de los atributos del Espíritu Santo es su inmutabilidad. Por eso podemos esperar que el Espíritu Santo manifestará las mismas cualidades en *nosotros* si le permitimos obrar.

El primer versículo lo describe como «el Espíritu de sabiduría y entendimiento» (Isaías 11.2).

La sabiduría no es más que vivir con habilidad, es la capacidad de aplicar el conocimiento de la Palabra de Dios a la vida diaria; nada más que eso. Supone usar el conocimiento de manera correcta para escoger los fines apropiados y lograrlos adecuadamente. Supone aplicar la verdad de Dios a la experiencia humana. Bien usada puede conducir a una vida feliz y triunfante.

Esta habilidad se manifestó en la vida de Jesús desde su infancia: siendo niño fue «lleno de sabiduría» y «creció en sabiduría» (Lucas 2.40,52).

Eso también fue evidente en su predicación: «Y llegado el día de reposo, comenzó a enseñar en la sinagoga; y muchos, oyéndole, se admiraban, y decían: ¿De dónde tiene este estas cosas? ¿Y qué sabiduría es esta que le es dada, y estos milagros que por sus manos son hechos?» (Marcos 6.2). Se maravillaron de la sabiduría de sus palabras, de la habilidad que sus palabras comunicaban. ¡Se dieron cuenta de la relación que había entre la sabiduría de sus enseñanzas y sus obras poderosas: «sabiduría[...] y estos milagros que por sus manos son hechos»! La sabiduría tenía que ver tanto con las acciones como con las palabras.

Puesto que era muy rara, la sabiduría de las acciones de Jesucristo siempre desconcertaba y enojaba a los que no la tenían: Jesús respondía las palabras de sus críticos: «Vino el Hijo del Hombre, que come y bebe, y dicen: He aquí un hombre comilón, y bebedor de vino, amigo de publicanos y de pecadores. Pero la sabiduría es justificada por sus hijos» (Mateo 11.19). El poderoso crecimiento de la Iglesia, dirigido por el Espíritu Santo en cada continente y en cada país, en cada aldea y en cada pueblo, en cada comunidad y en cada lugar, da amplio testimonio de la sabiduría de la estrategia del Maestro. «Mas la sabiduría *es* justificada por todos sus hijos» (Lucas 7.35, énfasis añadido).

«Entendimiento» es el discernimiento en sabiduría, no la acumulación de verdades. La idea aquí es que una persona con «entendimiento» tiene la percepción para escoger con habilidad entre las opciones que se le presentan. «*Bin* (la palabra hebrea para «entendimiento» en Isaías 11) es el poder de juicio y percepción interior, y se demuestra en la utilización del conocimiento».[4]

Esta clase de percepción viene del Espíritu Santo, y sin embargo debemos buscarla con diligencia: «Hijo mío, si recibieres mis palabras, y mis mandamientos guardares dentro de ti, haciendo estar atento tu oído a la sabiduría; si inclinares tu corazón a la prudencia, si clamares a la inteligencia, y a la prudencia dieres tu voz; si como a la plata la buscares, y la escudriñares como a tesoros, *entonces entenderás el temor de Jehová, y hallarás el conocimiento de Dios*. Porque Jehová da la sabiduría, y de su boca viene el conocimiento y la inteligencia» (Proverbios 2.1-6, énfasis añadido).

Puesto que el entendimiento viene sólo de Dios, los malvados son infames por su falta de capacidad para percibir la sabiduría de Dios: «Conoce el justo la causa de los pobres; mas el impío no entiende la sabiduría» (Proverbios 29.7).

Estas son palabras consoladoras. Hay muchas alternativas y opciones en el mundo. Y a veces es difícil decidirse entre ellas. Gracias a Dios que por medio del Espíritu Santo podemos tener la *habilidad* de vivir y el *discernimiento* para escoger entre las alternativas que se nos presentan.

Espíritu de consejo y poder

En el segundo de estos tres versículos en pareja Isaías describe al Espíritu Santo como «el Espíritu de consejo y poder» (Isaías 11.2).

Con el consejo y el poder del Espíritu Santo controlándonos, nuestra perspectiva es profunda, fresca y nuestra visión es optimista, pero sin eso la existencia quizás sea oscura, melancólica y deprimente. Bertrand Russel, uno de los más destacados ateos de nuestro tiempo describió así su perspectiva: «La vida del hombre es una larga marcha en medio de la noche, rodeado de enemigos invisibles, torturado por el agotamiento y el dolor, hacia una meta que pocos pueden alcanzar y en la que ninguno puede permanecer por mucho tiempo. Uno a uno, mientras marchamos, nuestros compañeros desaparecen de nuestra vista, alcanzados por las órdenes silenciosas de la muerte omnipotente. Breve y sin poder es la vida del hombre. Sobre él y toda su carrera el destino cae lenta, segura, oscura e inexorablemente. Ciego ante la bondad y la maldad, imprudente ante la destrucción, los asuntos omnipotentes lo arrollan de manera inexorable. Para el hombre, condenado ahora a perder lo que más quiere, y mañana a pasar él mismo las puertas de las tinieblas, antes de que desaparezca de un soplo, sólo le queda acariciar los elevados pensamientos que ennoblecen sus pocos días».[5]

Me alegra mucho que el Espíritu Santo como consejero nuestro nos dé significado y satisfacción en la vida, lo cual era obvio que este impío necesitaba. Pero no hay duda de que esto demuestra cómo el impío ve la vida. Para nosotros es una total bancarrota, porque no hay significado en la suya.

Como enfatiza el profeta Isaías: el Espíritu Santo era «el Espíritu de consejo y poder». En Isaías 11.2 profetiza de nuevo acerca de la venida de Jesucristo. Es el consejo y poder del Espíritu Santo en el misterio de la Trinidad lo que permite que se llame a Jesús «Admirable, Consejero» y «Dios fuerte» (Isaías 9.6). «Los atributos del Espíritu Santo caracterizarían al Mesías. Por su sabiduría, entendimiento, consejo y conocimiento Él es el Admirable Consejero» (Isaías 9.6).[6]

Al Espíritu Santo también le agrada aconsejarnos. Deje de tratar de imaginarse, permita que el Espíritu Santo lo aconseje. Deje de tratar de aceptar el poder para digerirlo a su manera. Con el Espíritu Santo su lema será: «No de alguna manera, ¡sino *triunfalmente*!»

Los bisabuelos de un amigo mío fueron de Kentucky, donde ganaban a duras penas su subsistencia, a Oklahoma porque escucharon que esa era la tierra de la oportunidad. La tierra que cultivaban no era muy productiva y, por consiguiente, nunca tuvieron suficiente para vivir. Se ganaban la vida con mucha dificultad. Con el tiempo vendieron la tierra y se trasladaron a otro estado.

La persona que compró la propiedad descubrió petróleo y se hizo millonaria. La tierra no era muy buena porque estaba demasiado saturada de petróleo y nada podía crecer. ¡Imagínese! Por muchos años estas queridas personas vivieron casi al borde de la pobreza cuando a sus pies tenían todo lo que necesitaban, no sólo para sobrevivir, sino para prosperar. Si hubieran cavado un poco más profundo en la tierra hubiera brotado un tremendo chorro de petróleo.

Asimismo tenemos a nuestra disposición los grandes recursos del Espíritu Santo. Sin embargo, algunos vivimos en pobreza espiritual y frustración porque no usamos las riquezas que están a nuestro alcance *inmediato*.

No sólo nos guía, sino que nos da la fuerza y la energía para llevar a cabo sus planes. Recuerde que Jesús dijo: «Recibiréis poder cuando haya venido sobre vosotros el Espíritu Santo» (Hechos 1.8).

Espíritu de conocimiento y de temor del Señor

El tercer versículo en pareja de Isaías 11 describe al Espíritu Santo como el que imparte «el Espíritu de conocimiento y de temor de Jehová».

«Conocimiento» se refiere aquí al que obtenemos con nuestros sentidos, tanto acerca de la manera que obra el mundo, como en relación a la ley moral de Dios. Así el Espíritu Santo nos da la capacidad de mirar al mundo y ver la obra y los propósitos de Dios en él. La Biblia declara que «las cosas invisibles de Él, su eterno poder y deidad, se hacen claramente visibles desde la creación del mundo, siendo entendidas por medio de las cosas hechas, de modo que no tienen excusa» (Romanos 1.20). Cuando estamos sintonizados con la guía del Espíritu Santo obtenemos un entendimiento más completo del mundo que nos rodea, y cada día puede ser asombroso y maravilloso.

Sin embargo, no sólo trae conocimiento, también el Espíritu Santo trae «temor del Señor». Esto es muy importante que lo entendamos. Salomón, bajo la inspiración del Espíritu

Santo, dijo: «El principio de la sabiduría es el temor de Jehová; los insensatos desprecian la sabiduría y la enseñanza» (Proverbios 1.7).

Ahora quiero decir algo que no deseo que se malinterprete. Agradezco el énfasis que se da actualmente a la guerra espiritual. Creo que esto nos hace más sensibles a los conflictos espirituales que hay a nuestro alrededor. Pero temo que un resultado inesperado surja de estas enseñanzas, y es que las personas temen ahora más al enemigo que a Dios. *Tema a Dios y no necesitará temer al maligno.* Estará consciente de su poder y actuará de acuerdo a él, como lo hizo el arcángel Miguel (Judas 8,9), pero no le tema «porque mayor es el que está en vosotros que el que está en el mundo» (1 Juan 4.4).

A propósito, hay una diferencia entre temer al Señor y tener miedo. Éxodo 20 nos lo enseña de manera hermosa. La nación de Israel se reunió en el monte Sinaí para establecer un pacto con Jehová, y recibir sus Diez Mandamientos. El monte Sinaí resplandecía con «el estruendo y los relámpagos, y el sonido de la bocina, y el monte que humeaba; y viéndolo el pueblo, temblaron, y se pusieron de lejos» (v. 18).

En efecto, la nación de Israel dijo a Moisés: «Habla tú con nosotros, y nosotros oiremos; pero no hable Dios con nosotros para que no muramos» (v. 19).

Entonces Moisés pronunció estas inolvidables palabras: «*No temáis*, porque para probaros vino Dios, *y para que su temor esté delante de vosotros*, para que no pequéis» (v. 20, énfasis añadido). Él dijo no *tengáis miedo*, ¡pero *temed*! ¿Ve la diferencia? Temblaban por el poder de Dios. Pero lo que el Padre quería era que tuvieran un respeto saludable de su poder que los llevara a un sentimiento de temor, que a su vez los librara de pecar. Así «el temor del Señor» no significa tener *miedo,* sino *entenderlo* y *respetarlo* de manera que vivamos en obediencia por amor.

¿Quién produce esta capacidad de temer al Señor? *¡El Espíritu Santo!*

Espíritu de vida

Me encantan las palabras de Jesucristo: «He venido para que tengáis vida, y para que la tengáis en abundancia» (Juan 10.10). Hay algo muy convincente acerca de la vida abundante. Algo que dice dentro de nosotros: «Sí, *debo* tenerla». ¿Y quién nos ministra vida abundante? *El Espíritu Santo.* Jesús dijo: «El Espíritu es el que da vida» (Juan 6.63). La vida a la que se refiere es la salvación, pero también es cierto que «lo que Dios promete para la eternidad lo empieza a hacer en esta vida».[7]

Mi querido amigo, cuando el Espíritu del Señor viene, trae *vida,* rompiendo el poder del pecado y de la muerte, como dice el himno. No sólo una vida *eterna,* sino una vida *mejor ahora mismo.* Pablo dice: «Porque la ley del Espíritu de vida en Cristo Jesús me ha librado de la ley del pecado y de la muerte» (Romanos 8.2).

¿Está experimentando toda la vida que el Espíritu Santo tiene para usted? Alguien me dio esta cita, y creo que lo resume de una manera magnífica: «Creo que sólo uno en mil sabe el secreto de vivir verdaderamente en el presente. La mayoría gastamos cincuenta y ocho minutos cada hora, ya sea viviendo en el pasado, lamentándonos por las alegrías perdidas o sintiendo vergüenza por lo que hicimos mal (ambas por completo inútiles y debilitantes); o viviendo en el futuro al que o anhelamos o tememos. La única manera de vivir es aceptar cada minuto como un milagro irrepetible, el cual es exactamente eso: un milagro que no se repite».[8] El

Espíritu del Señor está esperando ahora para *sanarlo* de su pasado, *garantizar* su futuro y *liberarlo* para que experimente la vida abundante *en este momento*.

Espíritu Santo de la promesa

Pablo dice que los que confiaron en Cristo como su Salvador son «sellados con el Espíritu Santo de la promesa, que es las arras de nuestra herencia» (Efesios 1.13,14). Voy a hablar mucho más acerca de este pasaje en el capítulo 9, pero por ahora deseo que note dos aspectos.

Primero, Él es el «Espíritu Santo *de la promesa*». Es decir, «el Espíritu prometido».[9] El Señor Jesús *prometió*, en el mensaje que dio en el aposento alto, que enviaría al Espíritu Santo; sin embargo, hizo la promesa *de acuerdo* con el Padre («a quien el Padre enviará en mi nombre», Juan 14.26; «a quien yo os enviaré del Padre[...] el cual procede del Padre», Juan 15.26). Así que el Espíritu Santo fue también promesa del Padre, y se define en Hechos 1.4 como: «La promesa del Padre». Debido a su fe en la promesa del Padre y del Hijo, los primeros creyentes en Jerusalén pusieron a prueba la Palabra de Dios esperando al Espíritu Santo, y Dios no los defraudó.

No olvide jamás que «Dios no es hombre para que mienta, ni hijo de hombre para que se arrepienta. Él dijo, ¿y no hará? Habló, ¿y no lo ejecutará?» (Números 23.19). Algunos pueden hacerle creer que la Palabra de Dios, la Biblia, no es verdad o que no es completamente cierta. Sin tener en cuenta cómo lo digan, lo que hacen en realidad es llamar mentiroso a cada miembro de la divinidad. Hay un antiguo pero muy verdadero proverbio: «Dios lo dijo. Lo creo. Eso es todo». Yo añadiría: «Voy a vivir de acuerdo a eso». Como los expectantes seguidores en el aposento alto, aprópiese de su Palabra en *todo* lo que Él dice.

Segundo, el Espíritu Santo que mora en nosotros promete que un día recibiremos todo lo que se ha prometido y preparado para nosotros: un *nuevo* cuerpo, una *nueva* naturaleza y un *nuevo* hogar. El Espíritu Santo que vive dentro de nosotros nos muestra minuto a minuto que Dios está presente en nosotros con toda la plenitud de nuestra herencia.

Espíritu de verdad

Uno de los grandes títulos que se dan a la promesa del Padre es «Espíritu de verdad». El Espíritu Santo tiene la tarea específica de Dios de comunicar e impartir lo que es cierto y valedero. El Señor Jesús lo describió como «el Espíritu de verdad, al cual el mundo no puede recibir, porque no le ve, ni le conoce; pero vosotros le conocéis, porque mora con vosotros, y estará en vosotros» (Juan 14.17).

No sólo que enseña la verdad, Él *es* la verdad.

* Él nos enseñará la verdad acerca de *Jesús* (que es el significado directo de Juan 14.17).[10]

* Él nos enseñará acerca de la Biblia. Jesucristo declaró: «Cuando venga el Espíritu de verdad, Él os guiará a toda verdad» (Juan 16.13; 1 Corintios 2.10,11).

* Él nos enseñará la verdad acerca de *nosotros mismos*. David fue auténticamente franco cuando preguntó al Señor: «¿Quién podrá entender sus propios errores? Líbrame de los que me son ocultos» (Salmo 19.12). Nadie puede discernir por completo sus errores, pero cuando escuchamos la voz del Espíritu Santo y seguimos su dirección, los aspectos de nuestra vida que nos son invisibles se refinarán y sublimarán por el Espíritu Santo. «Por tanto, nosotros todos, mirando a cara

descubierta como en un espejo la gloria del Señor, somos transformados de gloria en gloria en la misma imagen, como por el Espíritu del Señor» (2 Corintios 3.18).

Consolador

Profundizaré en este asunto en el capítulo nueve; sin embargo, el significado de esta palabra es tan sólido que quiero presentarla ahora. Si ha tenido que defenderse personalmente en la corte o ante el gobierno, sabe cuán angustiosa puede ser esa experiencia. Aunque nuestro sistema de justicia dice que una persona es inocente hasta que no se pruebe su culpabilidad, no es así precisamente como usted se *siente*. Se siente impotente, solo y herido. Ojalá alguien le ayudara a llevar la carga.

Eso es *exactamente* lo que el Espíritu Santo hace. El Señor dijo: «Yo rogaré al Padre, y os dará otro Consolador, para que esté con vosotros para siempre» (Juan 14.16). La palabra Consolador en el idioma griego es *Paracleto*, que significa «uno llamado a estar al lado para ayudar». Un abogado defensor, un colaborador que nos ayuda a pelear nuestras batallas, un ayudante que es tan bueno en todo lo que hace que calma nuestros temores permanentes.

Simples palabras son insuficientes para expresar el afecto que siento hacia el Espíritu Santo por las muchas formas y momentos en que me ha ayudado. En verdad ha sido mi permanente Ayudador. Cuando me paro delante de la gente a predicar el evangelio, Él está allí ayudándome. Como dijo Pablo: «Y ni mi palabra ni mi predicación fue con palabras persuasivas de humana sabiduría, sino con demostración del Espíritu y de poder». (1 Corintios 2.4).

Gloria a Dios por nuestro *Consolador*.

Espíritu eterno

Como miembro de la divinidad, el Espíritu Santo estaba presente antes del tiempo, y permanecerá después «de que el tiempo ya no sea más».

El escritor de Hebreos reconoció su naturaleza eterna cuando manifestó que si la sangre de becerros y machos cabríos se utilizó una vez como sacrificio, «¿cuánto más la sangre de Cristo, el cual mediante *el Espíritu eterno* se ofreció a sí mismo sin mancha a Dios, limpiará vuestras conciencias de obras muertas para que sirváis al Dios vivo?» (Hebreos 9.14, énfasis añadido).

Así como el sacerdocio melquisediano de Cristo es superior al sacerdocio de la Ley del Antiguo Testamento, la redención efectuada por el Espíritu Eterno es superior a los remedios temporales de la Ley, designados no tanto para redimir al hombre sino para señalar la *necesidad* de redención mediante la fe en Cristo.

Decir que Él es un «Espíritu eterno» es tanto como decir que es un «Espíritu divino». «El término *eterno* que con toda propiedad también se puede asignar a Dios el Padre o a Dios el Hijo, se asigna aquí al Espíritu Santo. Puesto que este atributo sólo se puede adjudicar a Dios, se entiende que el Espíritu es Dios».[11]

El Espíritu

La Palabra de Dios da muchos nombres maravillosos al Espíritu Santo, pero tal vez el menos adornado sea el más profundo. La Biblia se refiere a Él a menudo sencillamente como «el Espíritu».

Ese fue el término que usó Juan el Bautista para describir lo que sucedió en el bautismo de Jesús: «Vi al Espíritu que descendía del cielo como paloma, y permaneció sobre Él»

(Juan 1.32). Usted podría decir: *el* Espíritu, el único Espíritu, el *único y solo* Espíritu, porque al fin y al cabo en la persona, en la obra y en nuestra experiencia personal de su morar en nosotros no hay nadie como Él.

Jesús usó también las mismas palabras. Declaró a Nicodemo: «El que no naciere de agua y *del Espíritu*, no puede entrar en el reino de Dios» (Juan 3.5, énfasis añadido).

Una y otra vez se nos anima a «ser llenos del *Espíritu*» (Hechos 9.17; Efesios 5.18, énfasis añadido).

Los nombres dados al Espíritu Santo son significativos y gloriosos. Pero no se dan simplemente para que sepamos *acerca de* Él. Son nombres que podemos usar todos los días para darle la bienvenida en las diferentes situaciones de la vida.

Sí, Él es el Espíritu del Padre y del Hijo. Pero Él está listo para ser su Paracleto: su Consejero, su Ayudador, su Maestro y su Guía.

El viento del Espíritu

«EL ESPÍRITU SANTO me está diciendo que debes comenzar una iglesia en Orlando y que si no lo haces, algún otro lo hará. Dios tiene un plan para tu vida». No pude impresionarme más cuando mi buen amigo, Kenny Foreman, me dijo eso en 1982 durante el almuerzo después de predicar esa mañana en su iglesia en San José, California.

En realidad, no sólo estaba impresionado, sino también escéptico. Porque, aun cuando ya sabía que Dios quería que comenzara una iglesia, también creía saber con exactitud dónde tendría que ser: Phoenix, Arizona. En ese tiempo era evangelista y mi base de operaciones se hallaba en Orlando. Es más, alquilábamos un lugar para oficinas en la iglesia que mi suegro pastoreaba.

Sabía que el Señor me llamaba para iniciar una iglesia y conocía el único lugar donde no estaría: Orlando, Florida. Es verdad que amaba a la gente de Orlando, pero no mucho más que eso. No me gustaba el clima (y todavía no me gusta la mayor parte del año). Odiaba la humedad, la lluvia y los insectos y los insectos y los insectos... Pero por otro lado

Phoenix, maravillosa Phoenix, era cálida, soleada, seca y (en comparación) no tenía insectos. El clima me recordaba mucho a mi querida tierra natal de Jaffa.

Además, y mucho más doloroso, había llegado a ser difícil para mi esposa y para mí quedarnos en Orlando. Mi suegro había tenido que renunciar a su iglesia y pronto se nos dijo que tendríamos que buscar otro lugar para nuestra oficina. Las emociones asociadas con la renuncia de mi suegro fueron en extremo dolorosas para mi esposa. Empezaba a llorar cada vez que pasábamos por la iglesia. Suzanne no tenía ni el más mínimo interés en quedarse en Orlando y eso me lo confirmaba. Empecé a viajar con más frecuencia a Phoenix, buscando el sentir de la ciudad y explorando posibles ubicaciones.

Luego vino el fatal viaje a San José y las palabras llenas de fe de mi amigo, Kenny Foreman. Realmente, todo el viaje fue bastante fuera de lo común. La primera etapa me llevó a través de Dallas y el Espíritu Santo hizo los arreglos para que me sentara junto a un laico episcopal, ejecutivo del aeropuerto de Orlando. Hace tiempo que olvidé su nombre, pero siempre recordaré su comportamiento y sus palabras. Era brillante, elocuente y digno. La clase de hombres que dejan una impresión permanente adondequiera que van.

Empezamos a conversar y no pasó mucho rato antes que me preguntara qué hacía. Le hablé de mi ministerio y le mostré un ejemplar de nuestra carta de oración, que por aquellos días se llamaba, *Day Spring*.

De inmediato se fijó en mi plan de viajes, que aparecía en la parte de atrás de la carta. Observó el plan y me observó a mí, con la mirada de uno que sabe, ese tipo de mirada que da un veterano en viajes a otro, la mirada de quien sabe por experiencia personal cuán agotador puede ser un plan de viajes como el que aparecía en la carta. Su mirada, en realidad, fue más bien una pregunta:

—¿Viaja realmente tan a menudo?

Aunque por naturaleza soy una persona bastante reservada y hablar con un extraño en un avión quizás sea la última cosa que quisiera hacer, de alguna manera el Espíritu Santo me condujo a abrir mi corazón a este hombre.

—Sí, viajo bastante, y últimamente he estado pensando mucho en salir de Orlando.

¡Fue como si le hubiera dicho que el motor izquierdo estaba envuelto en llamas! De pronto, se puso a la expectativa. Se inclinó hacia mí al igual que un marinero lo hace para enfrentar el furioso viento norte y con verdadero interés me preguntó:

—¿Por qué quiere salir de Orlando?

Le dije algo relacionado con la renuncia de mi suegro y me sorprendí al darme cuenta de que este laico episcopal conocía todo el asunto.

Mirándome con fijeza a los ojos y con un tono de absoluta e inquebrantable confianza, dijo:

—Si yo fuera usted, no lo haría. El día viene cuando Orlando será como Atlanta o Dallas: todo el mundo vendrá a Orlando —luego se tranquilizó y más seriamente agregó—: Usted viaja alrededor del mundo, pero si espera lo suficiente, *el mundo vendrá a usted.*

Me impresionaron aquellas palabras, pero más me impresionaba el clima de Phoenix. Porque a pesar de este caballero y las palabras de sabiduría de Kenny Foreman, seguía siendo una flecha que apuntaba directo a Phoenix.

Dos meses más tarde, me encontraba en Tampa predicando para un hombre a quien no conocía muy bien, ¿y qué creen que ocurrió? El servicio estaba terminando y de repente este hombre empezó a profetizar sobre mí. ¿Se puede imaginar las palabras? «El Espíritu Santo me dice que debe comenzar una iglesia en Orlando y que si no lo hace, algún otro lo hará. Dios tiene un plan para su vida». ¡Bueno. Ahora sí que el Espíritu Santo tenía mi atención! Seguía siendo una flecha apuntada hacia Phoenix, pero ya no tanto.

Poco después prediqué para Tommy Reid, quien pastorea una iglesia muy grande en Buffalo, New York. Ahora Tommy es uno de mi más queridos amigos en el mundo; el hombre a quien considero *mi* pastor.

No había comentado ni una palabra con Tommy acerca de las profecías que pronunciaran respecto a mí, pero después del servicio, se sentó a mi lado y con plena seguridad me dijo: «El Espíritu Santo me está diciendo que debes comenzar una iglesia en Orlando y que si no lo haces, algún otro lo hará. Dios tiene un plan para tu vida». Pero Tommy fue más allá, al decir: «El Espíritu Santo quiere que comiences una iglesia porque hay gente ahogándose y si la comienzas, será como un bote salvavidas que Dios ungirá para rescatar personas».

Ahora sabía que el Espíritu Santo se estaba moviendo y en realidad estaba dispuesto a seguir sus instrucciones, aun cuando fuera permanecer en Orlando. Empecé a visitar San José una vez al mes. Al regresar de uno de esos viajes, el Espíritu Santo habló a mi corazón las mismas palabras que meses antes me dijo a través de otros: «Benny, debes comenzar una iglesia en Orlando y si no lo haces, algún otro lo hará. Tengo un plan para tu vida».

Estaba listo para seguir la dirección del Espíritu Santo,

pero por sobre aquellas palabras había angustia en mi corazón. Mi esposa se había sacrificado mucho debido a mi ministerio y se sentía desdichada en Orlando. ¿Cómo pedirle que se quedara? Entonces le dije al Espíritu Santo que me sentía angustiado por la dirección que me señalaba. «Señor, si eres tú, tendrás que decírselo a mi esposa, porque ella quiere irse de Orlando».

Cuando llegué a Orlando, el viaje en auto desde el aeropuerto a mi casa me pareció el más largo que jamás haya hecho. Conversaciones imaginarias con Suzanne formaban un torbellino en mi mente y una pregunta tras otra embargaban mi corazón: *¿Qué pasaría si no está dispuesta a quedarse en Orlando? ¿Cómo reaccionará cuando le cuente lo que el Señor me ha dicho?* Ah, cómo oré en el camino a casa para que Dios le hablara, porque sabía que Suzanne oiría su voz.

Suzanne me salió a recibir a la puerta. Estaba definitivamente radiante.

—Mi amor, ¡hay algo que tengo que decirte!

—Fabuloso, Suzanne, pero primero tengo algo que decirte.

—No, lo que tengo que decirte es tan grande que lo tuyo tendrá que esperar.

—Bien, Suzanne, lo mío también es grandioso, pero vamos, cuéntame.

—Benny, el Espíritu Santo me dijo que vas a comenzar una iglesia aquí en Orlando y yo también creo que deberías hacerlo.

Quise caer sobre mis rodillas allí mismo en gratitud al Señor. No es un simple decir que «¡cuando Dios guía, Él provee!»

Qué gloriosa experiencia tuve ese día cuando entré a la

presencia del Señor y empecé a darle gracias por la guía y la dirección del Espíritu Santo. Al continuar en comunión con Él mediante la oración, la realidad de lo que se nos avecinaba a Suzanne y a mí fue más evidente. «Señor... ¿Orlando? ¿Estás seguro? Nunca hemos tenido grandes multitudes cuando hemos ministrado en Orlando». Estaba seguro de lo que había oído del Señor y de que el Espíritu Santo me estaba dirigiendo. Sin embargo, a medida que continuaba en oración, dije: «Señor Jesús, si realmente quieres que comience una iglesia en Orlando, confírmamelo una vez más. Permite que alquile el auditorio Tupperware (uno de los más grandes de Orlando en esos tiempos) *y que se llene*». Quería estar seguro y sabía que mi respuesta sólo vendría de una manera sobrenatural.

El Señor fue muy bueno y comprensivo, muy presto en responder, muy sabio al fortalecer mi fe. Reservamos el auditorio y esperamos que llegara el día. Empezó a comentarse de la reunión. Confiaba y al mismo tiempo estaba excitado por ver cómo el Espíritu Santo glorificaría al Señor Jesús en aquella reunión.

Finalmente, el día llegó, el día al cual el Espíritu Santo había ido llevándome a través de todas estas palabras de confirmación y señales. Al caminar hacia la plataforma, mi corazón se henchía con alabanza a Dios ya que las dos mil doscientas sillas estaban ocupadas. El Espíritu Santo *no me defraudó*, ¡sino que hizo «*todas las cosas mucho más abundantemente de lo que pedimos o entendemos*»! (Efesios 3.20, énfasis añadido). Y así, en marzo de 1983 comenzamos el Centro Cristiano de Orlando, una iglesia a la que más de siete mil personas llaman su hogar. *¡A Dios sea la gloria!*

Estoy muy agradecido porque el maravilloso Espíritu del

Señor, «el aliento de Dios», nos guía hoy. Sin la dirección del Espíritu Santo habría estado escribiendo esto desde Phoenix, me habría perdido el gozo de pastorear la gran congregación del Centro Cristiano de Orlando y la emoción de ver al Espíritu Santo levantando un «bote salvavidas» que ha rescatado y redimido a tantas personas preciosas.

Sí, el bendito Espíritu Santo juega un papel vital e indispensable no sólo en guiarnos, sino en muchas otras áreas y desde el mismo principio de todas las cosas. En este capítulo empezaremos a explorar la incomparable obra del Espíritu Santo, tanto en la historia como en la actualidad. Pero prepárese porque una vez que empiece a *apreciar* y a *apropiarse* de la obra del Espíritu Santo, ¡nunca volverá a ser el mismo!

Vea, el aliento del Todopoderoso, el Espíritu Santo, es:

- el «viento» de la *creación*: formando al mundo del caos.
- el «viento» de la *animación*: dando a Adán vida física y espiritual.
- el «viento» de la *percepción*: permitiéndonos oír la suave brisa de la voz de Dios.
- el «viento» de la *dirección*: guiando con dulzura los pasos que vamos dando.
- el «viento» de la *revitalización*: vivificándonos y renovándonos cada día, dándonos fuerza para la jornada.

Millones de personas pueden citar de memoria el primer versículo de la Biblia: «En el principio creó Dios los cielos y la tierra» (Génesis 1.1). El versículo siguiente nos enfrenta al poder detrás de la creación: el Espíritu Santo de Dios. Se nos dice que la tierra no tenía forma y que estaba vacía; y que las tinieblas estaban sobre la faz del abismo: «Y el Espíritu de Dios se movía sobre la faz de las aguas» (v. 2).

En un universo desordenado, algo empezó a moverse. De pronto hubo una chispa de vida. Sobre un planeta vacío y yermo, algo «se suspendió» sobre la superficie de la tierra.

¿Recuerda lo que ocurrió el primer día de la creación? *Dios habló*. La Escritura nos dice: «Y dijo Dios: Sea la luz; y fue la luz» (v. 3).

Es emocionante saber que Dios habló al mundo naciente. Por su Palabra, trajo luz y orden en medio de las tinieblas y el caos. Pero muchos no se dan cuenta que el Espíritu Santo se movía antes de que Dios hablara (v. 2). Así era como estaba en la creación y como está hoy en día: *Antes que Dios hable, el Espíritu siempre se mueve*. El patrón nunca ha cambiado.

Cuando la gente pregunta: «Benny, ¿cómo puedo oír la voz de Dios?» (y por cierto, esta es una gran pregunta), siempre le digo: «Deje que el Espíritu del Señor se mueva primero».

Al encender la Palabra   El Padre, el Hijo y el Espíritu Santo estaban presentes en la creación. Son iguales: tres en uno. El Padre es la Fuente (Juan 5.26), el hijo es el Canal de esa Fuente (Hechos 2.22) y el Espíritu Santo es el Poder que fluye a través del Canal (Hechos 1.8; 2.33). Libera la Fuente e impacta nuestra vida.

El Espíritu del Señor trabaja desde el primer día. Encendió la Palabra hablada de Dios para crear luz en medio de las tinieblas.

Cuando Isaías pensó en lo maravilloso de la creación, preguntó: «¿Quién aconsejó al Espíritu de Jehová, o le aconsejó enseñándole? ¿A quién pidió consejo para ser avisado?

¿Quién le enseñó el camino del juicio, o le enseñó ciencia, o le mostró la senda de la prudencia?» (Isaías 40.13,14).

Nuestro Dios es el único Dios. El Espíritu Santo es una de las tres Personas de la Divinidad, poseyendo absolutamente todos los atributos de la Deidad.

A menudo me encuentro cantando las palabras de una canción que conozco desde hace años: «Se necesitó un milagro para poner las estrellas en su lugar. Se necesitó un milagro para colgar el mundo en el espacio».

La fuente de ese milagro es el Espíritu Santo. Job escribió: «Su Espíritu adornó los cielos; su mano creó la serpiente tortuosa. He aquí, estas cosas son sólo los bordes de sus caminos; ¡y cuán leve es el susurro que hemos oído de Él! Pero el trueno de su poder, ¿quién lo puede comprender?» (Job 26.13-14).

El fuerte aunque quieto Espíritu de Dios estaba involucrado por completo en cada cosa que el Padre diseñó, desde una titilante estrella a una atronadora tormenta. Lo que sabemos, sin embargo, es sólo una fracción de su obra creativa.

Bastó una palabra del Creador y tremendas cosas empezaron a ocurrir.

- Él habló y la tierra seca se separó de las aguas (Génesis 1.9).
- Él habló y la hierba empezó a crecer (v. 11).
- Él habló y hubo luz del día y tinieblas (v. 14).
- Él habló y los peces empezaron a nadar y los pájaros a volar (v. 20).
- Él habló y los animales aparecieron (v. 24).

Ah, el poder de su voz. El salmista declaró:

«Por la palabra de Jehová fueron hechos los cielos, y todo el ejército de ellos por el aliento de su boca» (Salmo 33.6).

«Porque Él dijo, y fue hecho; Él mandó, y existió» (v. 9).

Esa palabra tenía la autoridad de la divinidad completa. ¿Estaba allí el Padre? Sí. ¿Estaba allí el Espíritu Santo? Absolutamente. Y también estaba allí el Hijo de Dios, porque Juan dijo: «En el principio era el Verbo, y el Verbo era con Dios, y el Verbo era Dios. Este era en el principio con Dios. Todas las cosas por Él fueron hechas, y sin Él nada de lo que ha sido hecho, fue hecho» (Juan 1.1-3).

El escritor de Hebreos aclara que Dios habló al mundo «por su Hijo, a quien constituyó heredero de todo, y por quien asimismo hizo el universo» (Hebreos 1.2).

El aliento de vida El hecho que el Padre hablara revela una importante verdad. Así como su aliento lleva su voz, el Espíritu Santo lleva la voz del Padre. Incluso se puede decir que el Espíritu Santo es la «*respiración*» del Padre. Por eso dependo tanto del Espíritu Santo. Sin Él nunca podría oír la voz de Dios (1 Corintios 2.6-16).

La «*aspiración*» del Espíritu Santo llegó a ser el punto focal de lo que ocurrió el sexto día. «Entonces dijo Dios: Hagamos al hombre a nuestra imagen, conforme a nuestra semejanza; y señoree en los peces del mar, en las aves de los cielos, en las bestias, en toda la tierra, y en todo animal que se arrastra sobre la tierra» (Génesis 1.26).

Observe atentamente cómo ocurrió esto. El Señor formó al hombre del polvo de la tierra «y sopló en su nariz aliento de vida, y fue el hombre un ser viviente» (Génesis 2.7).

El distinguido erudito bíblico J. Rodman Williams dice: «El aliento que Dios sopló en la nariz del hombre es más que un aliento físico (aunque también lo es). Asimismo es un aliento espiritual porque Dios es espíritu».[1] Nótese igualmente la asociación entre el Espíritu de Dios y el aliento de Dios en Job 33.4: «El Espíritu de Dios me hizo, y el soplo del Omnipotente me dio vida»; y de nuevo en Juan 20.22: «Y habiendo dicho esto, sopló, y les dijo: Recibid el Espíritu Santo».

¿Se imagina lo que ocurrió cuando Adán fue creado? Al abrir los ojos, de lo primero que se dio cuenta fue del aliento de Dios, el Espíritu Santo todavía moviéndose por él, en él y alrededor de él.

Me gusta pensar en Adán como al primero que le presentaron el Espíritu Santo. Adán fue creado por una «palabra» que Dios habló. Pero a esa palabra le dio vida el Espíritu. Como resultado, se puede decir que Adán experimentó el Espíritu Santo *antes* de conocer al Padre. Todavía sentía al Espíritu Santo en él.

Esto es también lo que le ocurre a usted en la salvación. La primera persona que se da cuenta es el Espíritu Santo. Él lo convence y lo lleva a rendirse. Tal vez no conozca su nombre o quién es, pero usted está bien consciente de una presencia que le lleva hacia el Salvador. Lo percibe. Lo siente.

Cuando era adolescente en Toronto, fue el Espíritu Santo quien me presentó al Señor Jesús y empecé a ser su amigo. Después conocí al Padre. Pero mi primer contacto fue con el Espíritu Santo.

El Señor nos da tanto nuestro aliento (vida) como nuestro espíritu. Se trata del Todopoderoso: «Creador de los cielos, y el que los despliega; el que extiende la tierra y sus productos; el que da aliento al pueblo que mora sobre ella, y espíritu a los que por ella andan» (Isaías 42.5). Él es también el que «forma el espíritu del hombre dentro de él» (Zacarías 12.1). El Espíritu del Señor no sólo estuvo presente y vitalmente enfrascado en la creación de la vida, sino que también tiene otras dos importantes funciones.

1. El Espíritu Santo sustenta la vida

El Espíritu de Dios es la cuerda salvavidas que sustenta al planeta. Así describe el salmista la dependencia en el Espíritu Santo de toda vida. «Escondes tu rostro, se turban; les quitas el hálito, dejan de ser, y vuelven al polvo. Envías tu Espíritu, son creados, y renuevas la faz de la tierra» (Salmo 104.29-30). Sin Él seríamos como un buceador del mar profundo a quien de pronto se le corta el oxígeno. Al Espíritu Santo se le ha dado una tarea imponente: *crear, mantener y renovar* tanto nuestros cuerpos físicos como el mundo material.

El escritor de Hebreos nos dice que la tarea del Hijo incluye también sustentar «todas las cosas con la palabra de su poder» (Hebreos 1.3).

Cuando el Espíritu Santo llega, las cosas son restauradas y renovadas. El salmista dice: «Envías tu Espíritu, son creados, y renuevas la faz de la tierra».

Debido al potente poder sustentador de Dios, pueden vencerse el temor y el desaliento, remplazados por frescura y fortalecimiento, como dice el Señor en Isaías: «No temas, porque yo estoy contigo; no desmayes, porque yo soy tu Dios que te esfuerzo; siempre te ayudaré, siempre te sustentaré con la diestra de mi justicia» (Isaías 41.10).

¿Por qué respiro? ¿Por qué estoy vivo? La Escritura declara que es porque el Espíritu de Dios ha puesto aliento en mis narices (Job 27.3). Me capacita para vivir. No sólo espiritualmente, sino que es la fuente de mi ser físico. La Palabra de Dios afirma que el mismo Espíritu que levantó al Señor Jesús de la muerte reside en usted como creyente y Él vivificará su cuerpo mortal.

La vida sin el Espíritu Santo no es vida. Romanos capítulo 8 es el gran testimonio triunfal de esto. Podría citar todo el capítulo, pero veamos estas preciosas joyas: «Porque el ocuparse de la carne es muerte, pero el ocuparse del Espíritu es vida y paz[...] Porque si vivís conforme a la carne, moriréis; mas si por el Espíritu hacéis morir las obras de la carne, viviréis. Porque todos los que son guiados por el Espíritu de Dios, éstos son hijos de Dios» (Romanos 8.6,13,14).

Agradezco a Dios cada día por enviar al Espíritu Santo a alimentar, nutrir y preservar mi vida. Como Job, sé que «el Espíritu de Dios me hizo, y el soplo del Omnipotente me dio vida» (Job 33.4).

2. El Espíritu Santo imparte orden

Un amigo arquitecto me dijo una vez: «Mi gran aspiración es diseñar un edificio espectacular y cuidar cada paso del proceso de construcción».

Así es como Dios se habrá sentido desde el momento en que su poder empezó a moverse sobre las aguas. Cada día hubo un nuevo acto de creación y el Espíritu de Dios se reveló más plenamente.

Recuerde esto: El pecado no había entrado al mundo durante los seis días en que Dios desarrolló su proyecto de construcción. Y por eso no hubo tiempo de conflicto o alboroto. Después de cada fase de la creación, Él hizo una pausa para decir que «era bueno» (Génesis 1.10,12,18,21,25). Después que el Espíritu Santo alentó vida en Adán y Eva, miró todo lo que había hecho y «he aquí que era bueno en gran manera» (v. 31). Lo que comenzó siendo bueno, continuó siendo mejor.

Quizás soy producto de mi infancia porque soy un perfeccionista. Desde mi ropa hasta mi oficina, quiero que todo esté pulcro y ordenado. Hay un cuadro en mi casa donde aparezco cuando era un niño. Es obvio por el cuadro que, aun entonces, cada cosa tenía que estar en su lugar, desde mi cabello hasta mi ropa y mis zapatos, todo en su lugar.

A menudo, cuando veo ese cuadro, rememoro cosas de aquella época de mi vida. Recuerdo muy vívidamente la escuela a la que asistí en Jaffa. La dirigían monjas católicas, muy exigentes y estrictas. Cada mañana comenzábamos el día con una rigurosa inspección. Revisaban nuestra ropa, nuestras uñas, nuestro cabello e incluso nuestras orejas.

Una monja venía con una vara en la mano. Si mis uñas estaban sucias o cualquiera cosa fuera de su lugar... ¡zaz!, recibía un golpe con la vara.

No dejé mi perfeccionismo en Israel. Después que salimos de Jaffa hacia Toronto, mi padre nos dijo a los niños mayores que tendríamos que trabajar después del horario escolar. Esto era por completo extraño para mí. Conseguí un trabajo en una gasolinera, pero desafortunadamente no duró mucho. Porque cada vez que terminaba de echar gasolina en un automóvil, me dirigía al baño a lavarme las manos. (La fuerza del hábito de mi infancia.) Era una gasolinera muy concurrida de modo que los automóviles hacían fila esperando que regresara.

Me despidieron el mismo día.

En el Antiguo Testamento encontramos que Moisés dirigió al pueblo de Israel según un plan muy ordenado. La forma en que Israel colocaba las tiendas alrededor del tabernáculo era organizada. El viaje hacia la tierra prometida era preciso y específico.

En nuestras campañas actúo con el mismo sentido de orden. Insisto en que el sonido, la iluminación, los arreglos en la plataforma e incluso la temperatura sean perfectos. Y sufro si las cosas no marchan sobre ruedas y si no se realizan de acuerdo al plan.

Creo que Dios honra a las personas cuando son organizadas. Incluso en mis devocionales y lecturas de la Biblia personales uso lápices de siete colores diferentes para destacar pasajes en categorías específicas.

En nuestro ministerio, la organización nos ha permitido alcanzar a un vasto número de personas para el Señor Jesús. Y un buen planeamiento financiero es una de las razones por la cual nuestro ministerio es económicamente sano. El Espíritu Santo lo ha honrado.

Pero permítame agregar esta advertencia. Aun cuando hagamos nuestros planes, nunca debemos intentar organizar al Espíritu Santo. No lo podemos poner en un molde y no lo permitirá. Él debe hacer su perfecta voluntad. *Actúe siempre con sus planes y nunca espere que Él actúe con los suyos.*

Hace algunos años Dios me dijo: «Si organizas un servicio, lo honraré. Pero nunca permitas que tu organización llegue a esclavizarte». Nunca subo a una plataforma sin prepararme, pero no permito que mi preparación esté antes que sus planes.

En 1 Corintios 12 es el Espíritu de poder. En el capítulo 13 es el Espíritu de amor. En el capítulo 14 es el espíritu de orden. Estos tres *siempre* trabajan juntos. Usted nunca va a encontrar orden sin amor ni poder. Ni va a encontrar amor sin poder ni orden.

Aquí viene el viento

Algunos preguntan si en realidad hoy en día se puede sentir físicamente el viento del Espíritu o su movimiento. Si está esperando una respuesta negativa, no soy a quien debe preguntar. Muchas veces he contado la historia de mi primer encuentro con el Espíritu Santo. Como usted quizás recuerde, fue en una reunión dirigida por Kathryn Kuhlman en Pittsburgh. Durante varios minutos, una brisa extraña, más parecida a una onda, se movió sobre mí.

Experimentar un viento tangible producido por el Espíritu no ha sido algo ordinario en mi vida, pero en varios servicios varios cientos de personas junto conmigo, hemos experimentado la manifestación del aliento del Espíritu Santo. Vino sobre nosotros soplando en la forma de un viento inexplicable. Específicamente, esto ocurrió en Atlanta, Georgia; Pretoria, África del Sur; Baltimore, Maryland; y Worcester, Massachusetts.

A través de la Biblia, el viento ha sido un símbolo espiritual. ¿Qué le dijo Jesús a Nicodemo, un miembro de la Corte Suprema judía, cuando este le preguntó acerca de nacer de nuevo? El Señor le dijo: «El viento sopla de donde quiere, y oyes su sonido; mas ni sabes de dónde viene, ni a dónde va; así es todo aquel que es nacido del Espíritu» (Juan 3.8).

Los que reciben la salvación son vasos en las manos de Dios que llevan a otros su Espíritu Santo que da vida. Como el viento, usted empieza a moverse por el Espíritu del Señor.

Después que Cristo ascendió al cielo, el prometido Espíritu Santo descendió el día de Pentecostés en el aposento alto.

Esta vez fue más que el sonido de una brisa. «Y de repente vino del cielo un estruendo como de un viento recio que soplaba, el cual llenó toda la casa donde estaban sentados» (Hechos 2.2). Oyeron el ruido de un poderoso torrente de viento que corría con violencia.

¿Cuál es el pronóstico?

Hace poco, un sincero estudiante de un instituto bíblico me preguntó: «Benny, ¿cómo logra entender tan bien al Espíritu Santo que sabe lo que Él va a hacer en un culto?»

«Joven», le respondí, «¿de dónde sacó esa idea? *Nunca* sé lo que el Espíritu Santo va a hacer en un culto».

La Escritura nos informa: «Como tú no sabes cuál es el camino del viento, o cómo crecen los huesos en el vientre de la mujer encinta, así ignoras la obra de Dios, el cual hace todas las cosas» (Eclesiastés 11.5).

¿Ha visto por la televisión a un reportero rodeado de mapas y de la más alta tecnología computarizada pronosticando lluvia y al día siguiente no se puede ver ni una sola nube en el cielo? Yo sí. El hombre del tiempo se prepara lo mejor que puede y usa todos los recursos de que dispone, pero en el fondo de su mente (y en la nuestra) sabe que le podrían cambiar el tiempo en un minuto. Y eso es lo que he aprendido sobre el Espíritu Santo. Por más que nos esforcemos, casi nunca (o aun a menudo) lograremos predecir lo que va a hacer.

¿Cómo me afecta? Déjeme explicarlo de esta manera. Ya he dicho que el Espíritu Santo es imprevisible. Por consiguiente, cuando siga al Espíritu Santo, como yo me esfuerzo por hacerlo lo mejor que puedo, a veces también puede usted parecer imprevisible. Ahora compárelo con lo que he dicho acerca del orden. Hay una diferencia entre orden y previsibilidad: siempre con orden, no siempre previsible.

Hay una gran diferencia entre ser dirigido por el Espíritu Santo y ser guiado por un «orden del culto» impreso o por un libro de oración. Cuando un siervo del Señor empieza a actuar en el poder del Espíritu Santo, toda la iglesia siente el «viento» de cambio. Hay una diferencia obvia en un culto cuando el Espíritu Santo está presente y tiene el control.

Cuando me paro frente a miles de personas en una campaña de milagros, nunca sé lo que va a ocurrir. Quizás usted pregunte: «Benny, ¿me está diciendo que no lo planea todo para el culto?»

Sí, correcto, porque cuando el Espíritu Santo lo dirige, sólo sus planes cuentan. Pero no me malentienda. *Nunca* voy a un culto sin haberme preparado. Pongo mucha atención a cada detalle: la temperatura en el lugar de reunión, el sonido y la iluminación, incluso los asientos en la plataforma. Sé quién va a dirigir el coro y aun qué van a cantar. Sé quién va a tocar el piano y el órgano y también lo que los músicos cantarán en el culto. Reviso con cuidado una lista de canciones y selecciono las que me parecen más apropiadas. Básicamente, *antes* de subir a la plataforma conozco cada detalle de lo que va a ocurrir. Pero desde el momento en que pongo el pie en la plataforma, nunca sé lo que va a suceder porque en ese punto mis planes dan lugar a sus propósitos.

En algunos casos ni siquiera sé cuál será la próxima palabra que voy a pronunciar. Pero cuando el Espíritu Santo está en control, cada cosa fluye junto a la otra en perfecta armonía y con gran facilidad. Nada distrae o desvía la atención de la adoración al Señor, porque el Espíritu Santo siempre apunta al Señor Jesús.

No es que me oponga a las agendas, planes o preparativos, porque creo que el Señor se merece lo mejor. Hacer planes adecuados es administrar bien el tiempo y los talentos. Pero cuando el Espíritu Santo orquesta el servicio, sus preparativos son más un punto de partida que de destino. Incontables veces los músicos no han cantado lo que han ensayado. En muchas ocasiones no he predicado el mensaje en el que pasé días de preparación. ¿Por qué? Porque el Espíritu Santo guía con perfección, y cuando su presencia adorna un servicio, las agendas pierden su valor a la luz de su gloriosa presencia. Los sedientos beben de un pozo que nunca se seca y los hambrientos son alimentados. De repente, nada importa. Usted sólo quiere glorificar en su maravillosa presencia.

Deje que el viento lo tome

¿Ha observado alguna vez cómo un planeador impulsado por una brisa tibia es llevado con suavidad más y más alto? Sabemos que un avión liviano sin motor navega sin esfuerzo en un océano de aire. Es fascinante observar el vuelo apacible, capturado libremente por una corriente de aire.

Aunque nunca he volado en un planeador, creo entender lo que se siente. Porque en un sentido espiritual sé que he tenido experiencias similares. Recuerdo que muchas veces he estado en la plataforma adorando al Señor con miles, alabándole con canciones y adorándole durante un culto. Quizás hemos comenzado cantando una canción sencilla o un himno conocido. Si el Espíritu de Dios está en la canción, puedo sentirlo y lo cantaremos de nuevo. Al cantarlo por segunda vez, puedo sentir que nos estamos elevando. Lo cantaremos una vez más y subiremos más alto todavía. El aliento del Espíritu empieza a llevar nuestros corazones y voces cada vez más arriba, como el viento eleva al planeador, hasta que somos transportados a la misma presencia del Señor.

¿Qué sucede si una canción no lleva esa unción? La cambio de inmediato. Si un coro no continúa elevándonos a su presencia, lo cantaría sólo una vez. Si la canción siguiente nos lleva a adorar y tiene la unción, la voy a seguir cantando hasta que Dios haya tocado cada corazón en el auditorio. No pongo barreras en el camino donde el Espíritu se mueve. La meta es experimentar ese precioso toque de su presencia y cambiaré la canción las veces que sea necesario hasta que nos transporte a las alturas celestiales.

Quizás pregunte: «Benny, ¿qué hace si el Espíritu Santo no unge la música o la adoración?»

Empiezo a predicar.

Y en la predicación utilizo los mismos principios. Recuerde esto, si alguna vez se para ante una audiencia para proclamar la Palabra de Dios, no memorice sencillamente su mensaje ni se *sobre*prepare. Estudie lo mejor que pueda según su capacidad y organice sus pensamientos, pero esté consciente del todo de la obra del Espíritu Santo.

Si el Señor toca una declaración que hace, dígala de nuevo. Hará que el culto gane altura. En algún momento de su mensaje se sentirá guiado a dejar de predicar y empezar a ministrar como hago yo a menudo. Estoy seguro que conoce la diferencia. La predicación proclama el evangelio. Ministrar es atender las necesidades espirituales de sus oyentes mientras se mueve en el Espíritu de Dios.

Los músicos que son parte de nuestro equipo son tan sensitivos a la unción que todo lo que tengo que hacer es darles una leve señal con el dedo y ya saben que he saboreado la unción del Señor. De inmediato empiezan a tocar suavemente música de adoración y el viento del Espíritu empieza a elevarnos.

¿Qué ocurre después? Dejo que el Espíritu Santo conduzca el servicio y yo *sigo* adonde Él quiera llevarnos.

Si hay algo que he aprendido en más de dos décadas de ministerio es esto: el Espíritu Santo responde al hambre. El anhelo y deseo de su pueblo por Él lo hace acercarse más.

Cuando era niño nos divertía tomar una lata de gasolina o de aceite y trasvasijar el líquido a otra usando sólo una pequeña manguera de goma. Lo llamábamos sifón. A veces teníamos que aspirar a través de la manguera para que el líquido fluyera, pero una vez que lo conseguíamos, el flujo de aquel combustible no se detendría sino hasta llenar la otra lata.

Así ocurre con el Espíritu Santo. En un culto, soy como la manguera (¡y nada más!) que el Espíritu Santo usa para fluir y llenar a cualquiera que esté vacío.

Durante el culto observo constantemente los rostros que fulguran con la unción de Dios. Quizás sea un ministro sentado detrás de mí, un adolescente en la primera fila o un abuelo en el centro del auditorio. Cuando el Espíritu del Señor me dirige para empezar a ministrar, es posible que camine hacia tales personas y les imponga las manos. Es como conectar un cable de poder en un tomacorrientes «vivo» en lugar de en uno muerto.

Basta que una sola persona reciba una unción, esta produce una electricidad que se extiende con rapidez a otros. Y sigue multiplicándose hasta que el Espíritu Santo toca a la gente a través del auditorio.

¿Qué pasa a Benny Hinn en tal situación? La unción en mí se intensifica; se duplica y triplica.

¿Por qué oro con esos que están listos para recibir algo de Dios? Porque crea la atmósfera de unción en el lugar de modo que incluso los que *no* tienen hambre desarrollan un sentido de expectación y de pronto son atraídos al Señor.

Permítame decirle algo sobre el Espíritu Santo según mi propia experiencia. Cuando Él lo usa, un poderoso «conocimiento» se mueve sobre su ser. Él le dice qué hacer, aun cuando no sepa por qué.

- Moisés no sabía exactamente qué iba a ocurrir cuando salió para la tierra prometida.
- El río no se separó para los hijos de Israel sino hasta que los sacerdotes que llevaban el arca del pacto pusieron sus pies en el agua (Josué 3.13-17).
- Los viajes misioneros del apóstol Pablo fueron constantemente redirigidos por los planes del Espíritu Santo.

Cualquier capitán de barco le dirá que es imposible maniobrar una nave gigante a menos que esté en movimiento. La Gran Comisión no dice: «Cuando tus planes estén listos, deberás empezar». Dice: «Id».

Quizás se pregunte: «¿Qué pasa si no sé qué decir cuando testifico?» ¡No se preocupe! Muévase. Hable del evangelio y dependa del Espíritu Santo, porque Dios declara en los Salmos: «Abre tu boca, y yo la llenaré» (Salmo 81.10).

No se equivoque: el Espíritu Santo *ya* está moviéndose, y es mejor que usted también se mueva. Ya no está en una sala de clases esperando que suene el timbre o la campana para hacer el siguiente movimiento del día. Esta es la vida real y el Espíritu del Señor quiere hacer una obra grande a través de usted. Comience a moverse.

Siempre he dicho: «Si el Espíritu Santo puede transformar el barro en un hombre, ¿qué ocurrirá cuando "el aliento del Todopoderoso" lo toque de nuevo?»

El Señor Jesús dijo: «El espíritu es el que da vida; la carne para nada aprovecha; las palabras que yo os he hablado son espíritu y son vida» (Juan 6.63).

¿Quién es Aquel que lo vivifica? El Espíritu Santo. «Y si el Espíritu de aquel que levantó de los muertos a Jesús mora en vosotros, el que levantó de los muertos a Cristo Jesús vivificará también vuestros cuerpos mortales por su Espíritu que mora en vosotros» (Romanos 8.11).

Tal empresa es imposible para la carne. Cuando el hombre permite que la unción del Espíritu Santo lo toque y transforme, su Palabra impartirá vida, no muerte. El apóstol Pablo nos dice que somos «ministros competentes de un nuevo pacto, no de la letra, sino del espíritu; porque la letra mata, mas el espíritu vivifica» (2 Corintios 3.6).

El Espíritu Santo tiene el poder de transformar la muerte en vida. Dios le dijo a Ezequiel: «Profetiza al espíritu, profetiza, hijo de hombre, y di al espíritu: Así ha dicho Jehová el Señor: Espíritu, ven de los cuatro vientos, y sopla sobre estos muertos, y vivirán» (Ezequiel 37.9). Aquí, la palabra hebrea para «espíritu», *ruach*, se traduce como «Espíritu» en el versículo 14, y bien puede ser la mejor traducción de la palabra.[2]

El profeta Isaías oyó una voz que le decía: «Da voces», y él dijo: «¿Qué tengo que decir a voces?» «Que toda carne es hierba, y toda su gloria como flor del campo. La hierba se seca, y la flor se marchita, porque el viento de Jehová sopló en ella; ciertamente como hierba es el pueblo. Sécase la hierba, marchítase la flor; mas la palabra del Dios nuestro permanece para siempre» (Isaías 40.6-8).

He aquí la advertencia del profeta. Todos los hombres son como la hierba y su gloria como una flor. Y el mismo Espíritu Santo que imparte vida puede traer juicio y aun muerte (Hechos 5.1-11). Nunca olvide que el que peca contra el Espíritu está en peligro de perderlo para siempre. El malo no conoce su pavoroso poder para traer juicio y aun quitar la vida.

El aliento del Todopoderoso sobre un creyente lo vivificará. Pero cuando Él sopla sobre un pecador, puede causar la muerte. Por eso debe ser temido.

El Señor quiere que seamos:

> *Como árbol plantado junto a corrientes de agua,*
> *Que da su fruto en su tiempo,*
> *Y su hoja no cae;*
> *Y todo lo que hace, prosperará.*
> *No así los malos,*
> *Que son como el tamo que arrebata el viento*
> (Salmo 1.3-4).

El viento del Espíritu de Dios elimina el tamo, símbolo de iniquidad. Los que resisten al Espíritu Santo son quitados, pero los que se rinden a Él son traídos a su presencia.

Los que creen que pueden esconderse del «Viento» necesitan volver a leer los titulares del Huracán Andrew o del Huracán Hugo. Si el viento natural puede levantar edificios de sus bases, imagínese lo que el Aliento (o Viento) del Todopoderoso puede hacer en la vida del hijo de Dios.

Así es que, con el viento del Espíritu Santo bajo sus alas,

podrá remontar alturas en su vida cristiana que jamás imaginó posibles. Como dijo Dwight L. Moody: «Si has nacido del Espíritu Santo, no *tendrás* que servir a Dios: será la cosa más natural que hagas».[3] Véalo así: ¡lo *sobrenatural* hace que lo *imposible* parezca *natural*!

¿Cómo pudo algo «desordenado y vacío» llegar a ser un mundo de belleza? ¿Cómo pudo Dios siquiera pensar en confiar su mensaje de sanidad y liberación a un cohibido y tartamudeante hijo como yo? Es sólo por el poder del Aliento de Dios.

¿Está listo para que el «viento del Espíritu» sople sobre usted?

La obra del Espíritu en la vida de Cristo

¿**L**E HA PASADO que después de empezar a orar ha encontrado que al hablar con el corazón ha sido como si sus oraciones chocaran contra la pared y rebotaran? Cuando me ocurrió a mí, poco después de ser salvo, no lo entendí. No había vida, ni poder, ni intensidad conectados a mi vida de oración. Pero el día en que realmente me encontré con el Espíritu Santo, todo cambió.

Cuando Kathryn Kuhlman me presentó al Espíritu Santo, quise saber de inmediato más sobre Él. Pero cuando lo conocí, lo que más me maravilló fue que mi hambre por el Señor Jesús se intensificó tanto que quería saber cada vez más sobre Él.

De pronto, me invadió el deseo de conocer al Señor Jesucristo en una forma que nunca antes había experimentado. Comencé a entender que había venido tratando de conocer al Señor por mí mismo. Pero cuando el Espíritu Santo vino de lleno a mi experiencia cristiana, empecé a entender su papel y propósito. Descubrí que conocer al Espíritu Santo es sólo la forma por la cual podemos conocer a Cristo más profundamente.

Cuando intenté conocer al Señor Jesús por mí mismo, fue una lucha. Oraba como cualquier cristiano, pero no pasaba nada. Me esforzaba; pero mis oraciones chocaban contra la pared y volvían a mí. No había vida, ni intensidad, ni hambre. Trataba de crear hambre sin que lo hiciera el Espíritu Santo y no ocurría nada. Intentaba hacer mi propia hambre. Todo era mental, carnal. Pero cuando vino el Espíritu Santo, Dios me dio una hambre que empezó a arder dentro de mi alma y fui cambiado.

La declaración de Pablo Cuando el Espíritu Santo vino, nació una oración debido a su presencia que todavía arde en mí con gran amor y ansiedad. Digo con Pablo: «A fin de conocerle, y el poder de su resurrección, y la participación de sus padecimientos, llegando a ser semejante a Él en su muerte, si en alguna manera llegase a la resurrección de entre los muertos» (Filipenses 3.10-11).

Como puede ver, el Espíritu Santo no vino a promover su agenda. El Señor Jesucristo mismo declaró la misión del Espíritu Santo cuando dijo: «Él me glorificará; porque tomará de lo mío, y os lo hará saber» (Juan 16.14).

Jesucristo es la figura central en la historia del mundo, y es el Espíritu Santo quien lo revela a los corazones humanos.

Hijo del Espíritu Pocos se han detenido a considerar el poderoso papel del Espíritu Santo en el nacimiento del Señor Jesús. María era una virgen de Nazaret que había sido pedida en matrimonio por un hombre llamado José. Ella se sorprendió cuando el ángel

Gabriel se le apareció y le dijo: «Y ahora, concebirás en tu vientre, y darás a luz un hijo, y llamarás su nombre JESÚS» (Lucas 1.31).

Las palabras de Gabriel la turbaron grandemente. «Entonces María dijo al ángel: ¿Cómo será esto? pues no conozco varón» (v. 34). El ángel le respondió: «El Espíritu Santo vendrá sobre ti, y el poder del Altísimo te cubrirá con su sombra; por lo cual también el Santo Ser que nacerá, será llamado Hijo de Dios» (Lucas 1.35).

En aquellos días se acostumbraba que los padres hicieran los arreglos para el matrimonio de sus hijos. Un verdadero contrato matrimonial tenía que negociarse entre los padres de un hombre y una mujer, después de lo cual seguía un período de espera de un año. Aunque tanto el hombre como la mujer continuaban viviendo con sus padres, se les consideraba casados y, por lo tanto, marido y mujer. El período de espera tenía por objeto demostrar la fidelidad de la novia y su pureza virginal. Si no daba a luz un hijo durante el curso de ese año, se le consideraba pura y el contrato se hacía obligatorio, y entonces los esposos empezaban a vivir juntos. Si no, el matrimonio era anulado y la novia podía aun ser apedreada.[1]

Cuando José oyó la historia de que su prometida estaba «esperando un hijo» decidió divorciarse en silencio para evitar la humillación pública y la desgracia (Mateo 1.18-19). Pero en un sueño, un ángel del Señor le dijo que no tuviera miedo de tomar a María por su esposa, «porque lo que en ella es engendrado, del Espíritu Santo es» (v. 20).

¡Qué tremendo milagro divino! Para que Dios enviara a su Hijo, el Espíritu Santo vino sobre María y concibió con ella al propio Hijo del Dios Viviente. Jesús, que es Uno con el

Eterno Dios, se hizo carne y entró al mundo como un pequeño bebé. La Palabra de Dios llegó a ser una semilla en el vientre de María. «Y aquel Verbo fue hecho carne, y habitó entre nosotros» (Juan 1.14). Cuando pienso en Dios haciéndose carne, lo veo sellando con dignidad nuestra carne para siempre.

No fue nada menos que el poder del Espíritu Santo el que trajo al Hijo de Dios en forma de un hombre. A cada momento agradezco a Dios, quien no tiene límites, a quien los cielos no lo pueden contener, que viniera a la tierra en forma de carne para salvarnos a usted y a mí.

La confirma- Ocho días después del nacimiento del Señor
ción Jesús, el Espíritu de Dios estaba de nuevo trabajando. Había en Jerusalén un hombre «justo y devoto» llamado Simeón quien «esperaba la consolación de Israel; y el Espíritu Santo estaba sobre él. Y le había sido revelado por el Espíritu Santo, que no vería la muerte antes que viese al Ungido del Señor» (Lucas 2.25,26).

«Movido por el Espíritu» (v. 27), Simeón se apresuró a ir a los atrios del templo donde el Señor Jesús iba a ser consagrado. Debe de haber ocurrido una impresionante escena cuando Simeón «le tomó en sus brazos, y bendijo a Dios, diciendo: Ahora, Señor, despides a tu siervo en paz, conforme a tu palabra; porque han visto mis ojos tu salvación» (Lucas 2.28-30).

A propósito, Simeón se yergue como un ejemplo de las maravillas que ocurren cuando una persona está en comunión con el Espíritu Santo. Nótese: el Espíritu Santo estaba «sobre él» (v. 25); el Espíritu Santo le reveló la verdad (v. 26); y el Espíritu Santo guió sus pasos (v. 27).

Desde los primeros días de la encarnación, Jesucristo experimentó la operación e instrucción del Espíritu Santo, incluso tal y como Isaías lo predijo (Isaías 11.2).

El Señor no habló con su autoridad, sino que dijo: «El Padre que me envió, Él me dio mandamiento de lo que he de decir, y de lo que he de hablar» (Juan 12.49).

El Señor Jesús estaba completamente consciente de que Él no escogía las palabras que decía, sino que era un mensajero de su Padre, así como Juan escribió de Él: «Porque el que Dios envió, las palabras de Dios habla; pues Dios no da el Espíritu por medida» (Juan 3.34).

Y así como Cristo prometió que el Espíritu Santo «enseñará todas las cosas» (Juan 14.26), Dios le permitió experimentar la misma instrucción. El Señor Jesús dependió de la guía y dirección del Espíritu Santo para cumplir todo lo que el Padre le dijo que hiciera, porque en el antiguo pacto encontramos que las Escrituras dicen que es el Espíritu Santo el que instruye: «Y enviaste tu buen Espíritu para enseñarles» (Nehemías 9.20a).

Dios y Hombre   Cuando el Señor Jesús estuvo en la tierra fue absolutamente Dios y absolutamente hombre. El apóstol Pablo lo llamó: «Jesucristo hombre». Necesitamos recordar que mientras Jesucristo estuvo en la tierra fue Dios y hombre por completo. Fue el Dios-Hombre. Como hombre:

Supo lo que es tener hambre. «Y después de haber ayunado cuarenta días y cuarenta noches, tuvo hambre» (Mateo 4.2).

Experimentó sed. «Después de esto, sabiendo Jesús que ya todo estaba consumado, dijo, para que la Escritura se cumpliese: Tengo sed» (Juan 19.28).

Se cansó al viajar. «Y estaba allí el pozo de Jacob. Entonces Jesús, cansado del camino, se sentó así junto al pozo. Era como la hora sexta» (Juan 4.6).

Sintió pena por la gente. «Entonces, mirándolos alrededor con enojo, entristecido por la dureza de sus corazones, dijo al hombre: Extiende tu mano. Y él la extendió, y la mano le fue restaurada sana» (Marcos 3.5)

Experimentó gozo. «En aquella misma hora Jesús se regocijó en el Espíritu, y dijo: Yo te alabo, oh Padre, Señor del cielo y de la tierra, porque escondiste estas cosas de los sabios y entendidos, y las has revelado a los niños. Sí, Padre, porque así te agradó» (Lucas 10.21).

Tuvo compasión de la gente porque sabía de sus sufrimientos. «Y al ver las multitudes, tuvo compasión de ellas; porque estaban desamparadas y dispersas como ovejas que no tienen pastor» (Mateo 9.36). «Entonces Jesús, compadecido, les tocó los ojos, y en seguida recibieron la vista; y le siguieron» (Mateo 20.34).

En su condición de hombre, Jesús dependió de la dirección vital del Espíritu Santo. El mismo Espíritu Santo que trabajaba en la vida de Cristo es el mismo que quiere obrar en su vida hoy.

«Los cielos abiertos» Juan el Bautista, el primo del Señor Jesús, fue quizás el más solicitado predicador en Israel. Predicó arrepentimiento y Dios lo envió «para preparar al Señor un pueblo bien dispuesto» (Lucas 1.17).

Gente de «Jerusalén, toda Judea, y todas las regiones alrededor del Jordán» venían a él «y eran bautizados por él en el Jordán, confesando sus pecados» (Mateo 3.5,6).

Juan dijo: «Yo a la verdad os bautizo en agua para arrepentimiento; pero el que viene tras mí, cuyo calzado yo no soy digno de llevar, es más poderoso que yo; Él os bautizará en Espíritu Santo y fuego» (Mateo 3.11).

Algún tiempo después, el Señor Jesús se presentó ante Juan, habiendo viajado desde Galilea hasta el río Jordán para ser bautizado. ¿Puede imaginarse cómo se habrá sentido Juan? Por supuesto, Juan trató de desanimar a Jesús, diciendo: «Yo necesito ser bautizado por ti, ¿y tú vienes a mí?» (Mateo 3.14). Pero el Señor lo persuadió que «así conviene que cumplamos toda justicia» (v. 15).

Juan aceptó y «cuando todo el pueblo se bautizaba, también Jesús fue bautizado» (Lucas 3.21).

Aquel día se manifestaron las tres personas de la Trinidad. Ah, cómo me habría gustado estar allí cuando Jesús salió de las aguas. La Biblia declara que «el cielo se abrió, y descendió el Espíritu Santo sobre Él en forma corporal, como paloma, y vino una voz del cielo que decía: Tú eres mi hijo amado; en ti tengo complacencia» (Lucas 3.21-22).

Es extremadamente significativo que el Espíritu Santo apareciera entonces en forma visible porque en el bautismo del Señor Jesús ocurrieron seis importantes cosas:

1. **Marcó el comienzo del ministerio mesiánico de Cristo.** R.A. Torrey dice que «fue en el Jordán en conexión con su bautismo que Jesús fue ungido con el Espíritu Santo y poder, y no comenzó su ministerio público sino hasta que fue bautizado con el Espíritu Santo».[2]

2. **Mostró a la humanidad la importancia del bautismo del Espíritu Santo para ministrar.** El Señor Jesús no emprendería su ministerio público sin el poder espe-

cial del Espíritu Santo en su vida. Esto es un ejemplo para nosotros. Un acicate para buscar el más grande compañerismo con el Espíritu Santo antes de intentar grandes cosas por el Espíritu Santo. R.A. Torrey de nuevo lo puntualiza muy bien: «Si alguien como Él, que nos dejó un ejemplo para seguir sus pasos, no se lanzó a su ministerio para lo cual el Padre lo envió hasta que fue definitivamente bautizado por el Espíritu Santo, ¿cómo nosotros podríamos arriesgarnos a hacerlo?[...] Es evidente que para Cristo el bautismo en el Espíritu Santo es una preparación por completo necesaria para un trabajo efectivo a través de cada línea de servicio».[3]

3. **«Cumpl[ió] toda justicia»** (Mateo 3.15). Y la presencia del Espíritu Santo, cuyo mismísimo nombre es Santo, fue una confirmación manifiesta de la justicia de Cristo. Con su presencia declaró que Jesucristo era toda justicia así como Él se identificó con los pecadores en su bautismo.[4]

4. **Demostró que el Señor Jesús pertenecía a Dios y fue oficialmente aprobado por Él.** Porque el Padre declaró: «Tú eres mi Hijo amado; en ti tengo *complacencia*».

5. **Mostró la aprobación de Dios a la identificación de su Hijo con la humanidad mediante su bautismo.** Como dice Louis Barbieri: «Si el Mesías iba a proveer justicia a los pecadores, debía identificarse con los pecadores. Fue, por lo tanto, la voluntad de Dios de que Juan lo bautizara para identificarse[...] con los pecadores».[5]

6. **Mostró al género humano la importancia del bautismo en agua,** no para *salvación* sino para *identifi-*

cación con el Salvador en su muerte, sepultura y resurrección (Hechos 2.38; 10.48; Mateo 28.19).

Inmediatamente después de su bautismo: «Jesús, lleno del Espíritu Santo, volvió del Jordán, y fue llevado por el Espíritu al desierto» (Lucas 4.1)

Llevado a la tentación

Muchos se sorprenden al leer que después que el Señor Jesús fue tan poderosamente lleno con el Espíritu Santo fue llevado de inmediato por el mismo Espíritu a la más grande tentación de su vida. Marcos incluso dice que el Espíritu Santo lo *impulsó* al desierto (Marcos 1.12). ¡Qué palabra más extraordinaria! John Grassmick lo dice muy bien: «La palabra [impulsar] es de un verbo fuerte *(ekballo)* que significa "obligar a salir, expulsar, enviar fuera"[...] El pensamiento es de una fuerte compulsión moral por la cual el Espíritu llevó a Jesús a tomar la ofensiva contra la tentación en lugar de evitarla».[6] ¿Capta la idea? Cristo vino a romper el poder del pecado y en lugar de esperar que llegara Satanás, el Espíritu Santo llevó a Cristo a una confrontación «cara a cara» en seguida. El Dios-Hombre tenía que destruir el poder del hombre fuerte, ¡ya!

En los siguientes cuarenta días el Señor Jesús estuvo sin comida y Satanás lo tentó. Primero, le dijo: «Si eres Hijo de Dios, di a esta piedra que se convierta en pan» (Lucas 4.3).

El Señor Jesús respondió con la Palabra. Dijo: «Escrito está: No sólo de pan vivirá el hombre, sino de toda palabra de Dios» (v. 4).

Luego, Satanás llevó al Señor Jesús a un lugar alto y le mostró todos los reinos del mundo. El diablo dijo: «A ti te daré toda esta potestad, y la gloria de ellos; porque a mí me ha sido entregada, y a quien quiero la doy. Si tú postrado me adorares, todos serán tuyos» (vv. 6-7).

De nuevo, el Señor contestó con la Palabra. Declaró: «Vete de mí, Satanás, porque escrito está: Al Señor tu Dios adorarás, y a Él solo servirás» (v. 8).

Por último, el diablo llevó al Señor Jesús a Jerusalén y le puso sobre el pináculo del templo y dijo: «Si eres Hijo de Dios, échate de aquí abajo» (v. 9). Satanás citó el Salmo 91.11: «A sus ángeles mandará acerca de ti, que te guarden» (v. 10).

¿Cómo respondió el Señor Jesús? Ya se imagina. Usó la Palabra de Dios y dijo: «Dicho está: No tentarás al Señor tu Dios» (v. 12).

Y la misma Palabra que Cristo Jesús usó entonces está disponible para usted y para mí en el día de hoy. El mensaje es claro. La única forma que tenemos para enfrentar las embestidas furiosas del diablo es mediante una vida llena del Espíritu y centrada en la Palabra. Y la Palabra de Dios promete que usted *puede* vencer a través de Cristo (Judas 9; Romanos 8.31-37).

¿Cree que estoy de algún modo protegido de los ataques de Satanás? ¡Absolutamente no! ¿Pero tengo el poder mediante el Espíritu Santo para ser victorioso? ¡Absolutamente sí! Noche tras noche, cuando el Espíritu del Señor va a hacer una obra poderosa en nuestras campañas, Satanás intenta cada truco imaginable para distraerme. Lo ha intentado todo: desde un apagón de luz hasta una conmoción en la audiencia. Incluso peor, trata de susurrarme al oído: «Benny, el Señor no está aquí esta noche. Nadie se va a salvar. Nadie se va a sanar. No habrá unción». Entonces es cuando clamo para que el Espíritu Santo venga en mi ayuda.

El Señor regresó a Galilea «en el poder del Espíritu» y las noticias sobre Él se extendieron por toda la región (v. 14). Peleó con Satanás y venció. Recuerde, si usted depende del poder del Espíritu Santo como Cristo lo hizo *en medio* de la tentación, saldrá adelante en su poder, maduro y con eficacia para la vida y el ministerio.

Fue con ese poder que el Señor comenzó su ministerio público en la sinagoga de Nazaret, la ciudad donde había crecido. En el día de reposo, como era la costumbre, la gente se ponía de pie y leía de un rollo que se le pasaba. Ese día, le dieron al Señor Jesús los escritos de Isaías. Extendiendo el rollo, localizó la parte donde estaba escrito: (Isaías 61.1-2)

El Espíritu del Señor está sobre mí,
por cuanto me ha ungido para dar
buenas nuevas a los pobres;
me ha enviado a sanar a los quebrantados de corazón;
a pregonar libertad a los cautivos,
y vista a los ciegos;
a poner en libertad a los oprimidos;
a predicar el año agradable del Señor (Lucas 4.18-19).

Antes que Cristo comenzara su ministerio ocurrieron tres cosas muy importantes. Primero, fue bautizado; segundo, fue ungido y capacitado por el Espíritu Santo; y tercero, fue guiado por el Espíritu Santo.[7]

Note cuidadosamente lo que el Señor Jesús hizo *después que el Espíritu Santo vino sobre Él*:

1. Predicó el evangelio.
2. Sanó a los quebrantados de corazón.
3. Predicó liberación a los cautivos.
4. Trajo vista a los que estaban en oscuridad.
5. Trajo libertad a los que estaban heridos, en necesidad de sanidad emocional.

6. Proclamó que la era de la salvación estaba *aquí*.

El punto es muy claro, ¿no le parece? Si el Salvador hizo todas estas cosas después que el Espíritu Santo lo capacitó, ¡cuánto más nosotros!

Cuando el Maestro finalizó la lectura en la sinagoga, enrolló el libro y se lo devolvió al ministro. Luego, mientras todos lo miraban, el Señor dijo: «Hoy se ha cumplido esta Escritura delante de vosotros» (v. 21).

Jesucristo como Dios no necesitaba la unción. Él era, y *es*, la fuente. Pero Cristo el Hombre dependía completamente del poder del Espíritu Santo. Sin ese poder habría sido incapaz e inútil para cumplir su llamado.

Deje que los milagros comiencen

Fue sólo después de que el Espíritu Santo ungió al Señor, de su encuentro con Satanás y de su proclamación en la sinagoga que los milagros empezaron a ocurrir. El Señor fue a Capernaum y echó fuera un demonio de un hombre (Lucas 4.35), sanó a la suegra de Pedro que tenía una fiebre alta (v. 39), y: «Al ponerse el sol, todos los que tenían enfermos de diversas enfermedades los traían a Él; y Él, poniendo las manos sobre cada uno de ellos, los sanaba» (v. 40).

Jesucristo ministró con el poder del Espíritu Santo en cada milagro que ocurrió en su ministerio, desde convertir el agua en vino hasta limpiar a los diez leprosos. Recuerde, no hubo milagros antes que el Espíritu Santo descendiera sobre Él en el río Jordán.

Cuando el Señor Jesús comenzó su ministerio público, grandes multitudes lo seguían, pero «Él les encargaba rigurosamente que no le descubriesen» (Mateo 12.16), para que la profecía de Isaías se cumpliera:

He aquí mi siervo, a quien he escogido;
mi Amado, en quien se agrada mi alma;
pondré mi Espíritu sobre Él;
y a los gentiles anunciará juicio.
No contenderá, ni voceará, ni nadie oirá en las
*   calles su voz.*
La caña cascada no quebrará, y el pábilo que
*   humea no apagará, hasta que*
*   saque a victoria el juicio (vv. 18-20,*
*   la cual cita a Isaías 42.1-3).*

El Señor Jesús, lleno con el Espíritu de Dios, tenía una misión específica que cumplir. En su primera venida, no vino como un rey conquistador, sino como un manso cordero.

Para multiplicar su ministerio y preparar a sus seguidores, envió a setenta de sus discípulos a sanar a los enfermos y a predicar el Reino de Dios. Cuando regresaron e informaron que aun los demonios se les sujetaban en el nombre de Jesús, el Salvador «se regocijó en el Espíritu» (Lucas 10.21). El Señor reveló la fuente y el significado de su extraordinario poder cuando dijo: «Pero si yo por el Espíritu de Dios echo fuera los demonios, *ciertamente ha llegado a vosotros el reino de Dios*» (Mateo 12.28).

Pero el Señor Jesús fue también cuidadoso en poner estos acontecimientos en perspectiva para sus seguidores cuando declaró: «Pero no os regocijéis de que los espíritus se os sujetan, sino regocijaos de que vuestros nombres están escritos en los cielos» (Lucas 10.20).

Siempre estaré agradecido al Dr. Oral Roberts por poner

el fundamento para el ministerio de sanidad en esta generación. La gran lección que he aprendido de él es que el Espíritu
de Dios es *activo* y su poder se libera mediante la fe.

Así como es cierto que Dios es soberano y puede hacer
cuanto Él desea, también es verdad que Dios se deleita cuando nosotros mostramos nuestro amor al confiar lo suficiente
en Él como para hacer cuanto nos dice que hagamos. Y con
esto no quiero dar a entender simplemente de un acuerdo
mental con Dios, sino que hablo de una fe que se automani-
fiesta en acción. Esta es fe real y la respuesta amorosa de Dios
es poner el poder de su poderosa resurrección a nuestra
disposición (Efesios 1.19-23; Hebreos 10.32-35).

A menudo en nuestras cruzadas le digo a la gente que
toque la parte de sus cuerpos que quieren que Dios sane. Los
animo a empezar a mover sus adoloridos brazos o a doblar
sus dañadas piernas. Estas acciones no significan nada en sí
mismas, pero demuestran que la persona tiene fe en el poder
sanador de Dios. Y en las Escrituras usted ve una vez tras
otra que cuando el Señor Jesús sanaba a los enfermos les
pedía que *hicieran* algo *antes* que ocurriera el milagro.

- Al hombre de la mano seca, le dijo: «Extiende tu
  mano» (Mateo 12.13).
- Al paralítico que estuvo postrado treinta y ocho años,
  le dijo: «Levántate, toma tu lecho y anda» (Juan 5.8).
- A los diez leprosos, les dijo: «Id, mostraos a los sacerdotes» (Lucas 17.14).

El apóstol Pedro pagó elocuente tributo a esto cuando
dijo a todo el que le escuchara: «Cómo Dios ungió con el
Espíritu Santo y con poder a Jesús de Nazaret, y cómo este
anduvo haciendo bienes y sanando a todos los oprimidos por
el diablo, porque Dios estaba con Él» (Hechos 10.38).

Vida con victoria Vivir sin pecado parece algo muy atractivo y muy inalcanzable. ¿Es realmente posible llevar una vida sin pecado? El Señor Jesús lo hizo, pero nosotros no podemos, porque nuestros cuerpos de «debilidad» todavía tienen que ser resucitados en «poder» (1 Corintios 15.43). Pero la promesa es que un día nuestra corrupción será puesta en incorrupción y finalmente el pecado será derrotado por completo en nuestras vidas. Mientras tanto, como Juan dice: «Si decimos que no tenemos pecado, nos engañamos a nosotros mismos, y la verdad no está en nosotros. [Mas] Si confesamos nuestros pecados, Él es fiel y justo para perdonar nuestros pecados, y limpiarnos de toda maldad» (1 Juan 1.8-9). Pero debo decir que el poder de vivir en victoria está a nuestra disposición en cada momento por lo que el Señor Jesús hizo en la cruz del Calvario por usted y por mí.

El escritor de Hebreos dice que «no tenemos un sumo sacerdote que no pueda compadecerse de nuestras debilidades, sino uno que fue tentado en todo según nuestra semejanza, pero sin pecado» (Hebreos 4.15). Por eso usted y yo debemos ir continuamente a Él en nuestros momentos de debilidad. Lo encontraremos siempre dispuesto a librarnos desde lo más bajo hasta lo más extremo. Y Hebreos también dice: «Por lo cual puede también salvar perpetuamente a los que por Él se acercan a Dios, viviendo siempre para interceder por ellos» (Hebreos 7.25).

El mismo Espíritu Santo que capacitó a Cristo Jesús para resistir las tentaciones de Satanás, está listo para darnos protección. La Palabra declara: «Pues en cuanto Él mismo padeció siendo tentado, es poderoso para socorrer a los que son tentados» (Hebreos 2.18).

¿Qué deberíamos hacer si tropezamos? La Escritura dice: «Si confesamos nuestros pecados, Él es fiel y justo para perdonar nuestros pecados, y limpiarnos de toda maldad» (1 Juan 1.9). En el griego, la palabra para «confesar» es *homologeo*, que significa «decir la misma cosa, estar de acuerdo, conceder, admitir, confesar».[8] Deje de justificar, calificar y explicar y consienta con Dios que su pecado es precisamente eso, *pecado*. Y si en realidad está de acuerdo con Dios sobre esa conducta, no volverá a lo mismo. Le dará las espaldas al pecado, cambiará su mente y se *arrepentirá*. Entonces será libre para disfrutar de nuevo y sin trabas del compañerismo con el Espíritu Santo.

El día cuando el Espíritu se fue Habría sido imposible para Cristo enfrentar la cruz sin la presencia del Espíritu Santo. En Getsemaní, antes de aquellos terribles acontecimientos que se avecinaban, el Señor Jesús clamó: «Mi alma está muy triste, hasta la muerte» (Marcos 14.34). La agonía era tan grande que «era su sudor como grandes gotas de sangre que caían hasta la tierra» (Lucas 22.44).

Después de dos días completos de traiciones, golpes, burlas, juicios, abandono tanto por los apóstoles como por las multitudes que lo habían seguido, y todas las demás indignidades físicas que sufrió, el Salvador estaba física y emocionalmente exhausto antes de llegar al Calvario. Sin el Espíritu Santo sobre Él, habría muerto antes de que lo colgaran en la cruz.

Cuando Jesús llegó al Calvario, su sangre, ahora seca y endurecida, lo cubría de la cabeza a los pies, su lengua estaba pegada a su paladar, estaba magullado y golpeado y totalmente sin energía. Pero mediante el poder de Dios, el Señor Jesús aún pudo soportar durante seis horas la agonía de la crucifixión, llevando el pecado del mundo sobre Él. En este período de duro sufrimiento, el Señor clamó con gran fuerza: «Dios mío, Dios mío, ¿por qué me has desamparado?» (Marcos 15.34).

Como Dios no puede ver el pecado, el Padre debe haber cerrado sus ojos. En este momento de gran sufrimiento, el Señor Jesús se hizo pecado por nosotros. «Mas Jesús, dando una gran voz», rindiendo su espíritu, «expiró» (Marcos 15.37; Lucas 23.46).

En aquella noche de tristeza, bajaron de la cruz el cuerpo del Señor Jesucristo y lo pusieron en una tumba prestada. El «Rey de los judíos», a quien la gente escarneció y ridiculizó, fue quitado de la faz de la tierra. Así pensaron ellos.

Tres días más tarde, el Espíritu Santo trabajaba de nuevo. Entró en la tumba y la vida empezó a fluir a través del cuerpo del Señor Jesús. Fue milagrosamente resucitado de la muerte. Pablo dice: «Y si *el Espíritu de aquel que levantó de los muertos a Jesús* mora en vosotros, el que levantó de los muertos a Cristo Jesús vivificará también vuestros cuerpos mortales por su Espíritu que mora en vosotros» (Romanos 8.11, énfasis añadido).

Fue el mismo Espíritu Santo que «vino sobre» María en la concepción del Señor Jesús, quien lo ungió, guió y capacitó.

Después de la resurrección, los discípulos habían cerrado herméticamente la puerta de la casa donde estaban por temor a las represalias de los dirigentes judíos. Para su asombro, el Señor Jesús se puso en medio de ellos, lo que los llenó de gran gozo.

Después de saludarlos, les dijo: «Paz a vosotros. Como

me envió el Padre, así también yo os envío. Y habiendo dicho esto, sopló, y les dijo: Recibid el Espíritu Santo» (Juan 20.21-22). Por primera vez en su ministerio, el Señor Jesús impartió el Espíritu de Dios a otros. Como Andrew Murray escribiera: «Nuestro Señor tuvo que morir antes que pudiera bautizar con el Espíritu Santo».[9]

Esto fue sólo un anticipo de lo que vendría después que Cristo ascendiera al cielo y el Espíritu Santo fuera esparcido sobre todos los que lo buscaran.

¿Quién le dio el poder de soportar la cruz? ¿Quién lo resucitó de la muerte? Fue el Espíritu de Dios. En Betania, «alzando sus manos, los bendijo» y ascendió al Padre (Lucas 24.50). No lo puedo probar, pero creo que fue el Espíritu Santo el que lo tomó y lo alzó mediante sus manos extendidas. En mi opinión, fue el Espíritu Santo quien lo llevó de nuevo a la Gloria.

Estamos hablando del Espíritu Santo. Aquel que mantiene al mundo en orden (Job 34.14-15). Él no es un debilucho Espíritu Santo. Es el poderoso Espíritu Santo.

La voz que oímos Cuando se levantó de la muerte, el Señor hizo algo que sigue haciendo hasta el día de hoy: habló por el Espíritu Santo. La Escritura nos dice que fue «a través del Espíritu Santo» que el Señor Jesús dio mandamientos «a los apóstoles que había escogido» (Hechos 1.2)

El Espíritu Santo es la voz de Dios que oímos. Él es la manifestación de Dios a nuestros corazones.

Cuando el Señor Jesús entró al lugar del trono de Dios, creo que le dijo: «Padre, se ha hecho el trabajo. Ahora es el momento de enviar al Espíritu Santo a la tierra. Tú le permitiste venir conmigo. Pero Padre, prometí a mi Iglesia que el Espíritu Santo vendría y permanecería con ellos».

El Señor Jesús dijo a sus discípulos que les enviaría «el Espíritu de verdad, al cual el mundo no puede recibir, porque no lo ve, ni le conoce; pero vosotros le conocéis, porque mora con vosotros, y estará en vosotros» (Juan 14.17).

El Señor Jesús dijo: «otro Consolador», uno como Él vendrá pronto y permanecerá con nosotros para siempre. Él no dijo: «Lo verán y luego lo conocerán». El Maestro decía: «Ustedes *ya* lo conocen. Lo están mirando. Él es mi Espíritu. El mismo con quien han caminado. Nosotros somos Uno en la maravilla de la Trinidad».

Los discípulos conocían al Señor, pero ahora había algo nuevo que venía: una revelación del Espíritu de Cristo. ¿Reconocería el mundo al Consolador prometido? No. Porque no conocía al Señor Jesús.

Hoy, cuando el Espíritu Santo entra en una vida, atrae ese corazón y vida a Cristo Jesús, porque Él siempre apunta a Jesús. Cuando el Espíritu Santo habla, el Señor Jesús habla. Él es el Espíritu de Cristo y a pesar de que son tres personas diferentes de la Trinidad, no los puede dividir o separar.

Hoy, Cristo está sentado a la diestra del Padre en el cielo, intercediendo por usted y por mí. Sigue siendo Hijo de Dios e Hijo del Hombre.

Amigo mío, sin el Espíritu Santo el Señor Jesús nunca habría venido al mundo. Nunca habría tomado nuestros pecados en la cruz y nunca se habría levantado de la tumba.

Si el Señor Jesús fue tan dependiente del Espíritu Santo mientras estuvo en la tierra, ¿podemos nosotros ser menos dependientes?

Billy Graham dice: «Si vamos a tener una vida sensata en

nuestro mundo moderno, si queremos ser hombres y mujeres con vidas victoriosas, necesitamos este doble don que Dios nos ofrece: primero, la obra del Hijo de Dios *por* nosotros; segundo, la obra del Espíritu Santo *en* nosotros».[10]

El mismo Espíritu Santo que descendió sobre el Señor Jesús está disponible para capacitar nuestras vidas hoy. Simplemente ríndase a Él, deje todo el dominio para que lo capacite hoy.

De pecador a santo

La obra del Espíritu en la vida de un pecador «Me imagino que cada individuo que pasa por la maravillosa experiencia de recibir a Jesús considera su testimonio como el más singular y siente la necesidad de contarlo a otros para que puedan también experimentar el gozo indecible que nos domina. En su libro, *Buenos días, Espíritu Santo*, nos narra su historia. Tenga paciencia conmigo mientras le digo algunos puntos destacados de la mía, o quizás debería decir NUESTRA historia, ya que tres de nosotros recibimos a Jesús como resultado de su influencia».

Este era el párrafo inicial de una carta que recibí a finales de 1992 de un profesor asociado de la Universidad de Florida. Su historia nos da un fascinante vistazo a la obra convincente del Espíritu Santo, algo de lo cual hablaré en un momento.

Aun antes que vengamos al Señor, es el Espíritu Santo el que primero nos atrae hacia Él, porque la Biblia dice: «Y cuando Él [el Espíritu Santo] venga, convencerá al mundo de pecado, de justicia y de juicio» (Juan 16.8). Si recuerda, el Espíritu Santo estaba con usted aun antes de la salvación porque fue quien lo convenció de pecado y que hiciera al Señor Jesús una realidad en su vida. Y después que confió en Cristo, el Espíritu Santo entró en usted. Por eso el Señor declaró: «[El mundo no] le conoce; pero vosotros le conocéis, porque mora con vosotros, y estará en vosotros» (Juan 14.17). El Señor también dijo: «Ninguno puede venir a mí, si el Padre que me envió no le trajere; y yo le resucitaré en el día postrero» (Juan 6.44). Él continuó declarando: «Y yo, si fuere levantado de la tierra, a todos atraeré a mí mismo» (Juan 12.32). ¿Y cómo ocurre? ¡A través de la obra y el poder del Espíritu Santo!

Después de recibir miles de cartas de personas que han recibido en sus corazones al Señor, estoy convencido de que el Espíritu Santo es creativo, inventivo e imaginativo en la forma en que atrae a las personas al Salvador en una cruzada, viendo nuestro programa en la televisión e incluso a través de la lectura de uno de mis libros. Él nunca está restringido o limitado en cuanto a cómo trabajar con el hombre, pero lo hace individualmente y con sensibilidad, atrayéndolo con ternura y señalándole al Señor Jesús.

Un ejemplo que viene a mi mente tuvo lugar en una reciente Cruzada de Milagros. Cerca del final del culto, un hindú vino al estrado y empezó a contar cómo llegó hasta el lugar. Había visto a una multitud reuniéndose en el estadio de la ciudad en la cual vivía y a medida que caminaba por el lado del edificio, «algo» parecía atraerlo hacia el estadio (no sabía que se trataba de ese Alguien). Dio vueltas varias veces por fuera antes de decidirse a entrar. Adentro, descubrió lo que había venido buscando por más de dos años: al Señor Jesús. Ahí, de pie ante mí en la plataforma, dijo en medio de lágrimas de gozo: «Esta noche encontré lo que tanto he anhelado. ¡Busqué a Jesús por mucho tiempo y esta noche lo encontré!»

Aunque el Espíritu Santo se relaciona en formas singulares y mediante circunstancias diferentes con cada persona, la Escritura declara que hay cuatro formas específicas en que el Espíritu Santo se mueve en el corazón de los incrédulos.

1. El Espíritu Santo convence al mundo de pecado

Antes que el Señor Jesús volviera al Padre, dijo: «Y cuando Él [el Espíritu Santo] venga, convencerá al mundo de pecado, de justicia y de juicio[...] por cuanto no creen en mí» (Juan 16.8-9).

Esto fue lo que le ocurrió al profesor que se tomó tiempo para escribirme y contarme su historia. En su carta hablaba de una serie de cosas inexplicables que ocurrieron en su vida, incluyendo la milagrosa desaparición de un bloqueo en la vena aorta sólo horas antes de que lo fueran a someter a cirugía. Cada vez que ocurría algo así, su esposa, fiel asistente a la iglesia, le daba el crédito a Dios. Esto lo ponía furioso porque, después de todo, él era un hombre educado que razonaba. «¡Nadie podría pretender que creyera tal disparate!», decía.

Su carta continuaba: «Mi esposa siguió hablándome de las maravillosas enseñanzas experimentadas y cómo por lo aprendido amaba mucho más a Jesús. Mi experiencia religiosa consistía sólo de un recuerdo vago de una misa ocasional de una larga hora de duración y comer pan y salmón ahumado con mis amigos judíos los domingos en la mañana mientras mi esposa iba a la iglesia.

»Un día regresó a casa con *Buenos días, Espíritu Santo.* Como acababa de leer una novela y ella se encontraba dormida, pensé en cambiar un poco de tema y leer "la fábula de

Benny Hinn". Pensaba que con la lectura del libro conseguiría alguna buena información para usarla en su contra.

»¡Zaz!», continuaba la carta. «¿Qué puedo decir? Cuando terminé de leer *Buenos días, Espíritu Santo*, me di cuenta cuán bajo estaba y cuán terriblemente había ridiculizado a Dios, a Jesús y, sí, también al Espíritu Santo. Nunca me había dado cuenta cuán gran pecador había sido. Mientras mi esposa dormía fui al cuarto de huéspedes y lloré por horas, pidiéndole a Jesús que me perdonara. Sentí el más grande gozo de mi vida cuando entregué mi vida a Jesucristo.

»A la mañana siguiente dejé el libro en la tienda de mi amigo y le sugerí que lo leyera ya que ambos tenían trasfondo israelita. Cuando al día siguiente vi a mi amigo, dijo: "Creo que me gustaría ir a ver a este tipo Benny Hinn ya que ambos procedemos de la misma región de Israel"».

Su carta continuaba: «Ese domingo cuando usted invitó a los que quisieran aceptar a Jesús que pasaran adelante, mi amigo, su esposa y yo prácticamente corrimos hacia el frente. Los tres recibimos públicamente a Jesús aquel día.

»Gracias por hablarnos de su amigo, el Espíritu Santo. La eternidad sería imposible sin Él!»

El Señor dijo que el primer pecado por el cual el Espíritu Santo condenaría al mundo es por no creer en Él. Como el Dr. Lewis Sperry Chafer, fundador del Seminario Teológico de Dallas tan correctamente observa: «Esta iluminación no es de pecados. Si fuera de pecados personales no podría lograr nada más que un más profundo sentimiento de remordimiento y vergüenza, y curaría. La iluminación del Espíritu Santo es sobre un pecado: dejar de recibir a Cristo y su salvación».[1]

La reacción de la gente al primer sermón de Pedro es la

reacción de cada uno que el Espíritu Santo convence: «se compungieron de corazón, y dijeron a Pedro y a los otros apóstoles: Varones hermanos, ¿qué haremos?» (Hechos 2.37). Y Pedro dijo: «Arrepentíos, y bautícese cada uno de vosotros en el nombre de Jesucristo para perdón de los pecados; y recibiréis el don del Espíritu Santo. Porque para vosotros es la promesa, y para vuestros hijos, y para todos los que están lejos; para cuantos el Señor nuestro Dios llamare» (Hechos 2.38-39).

2. El Espíritu Santo convence al mundo de la justicia de Cristo

¿Cómo llega a tener conciencia de que sin importar lo justo que sea, esa justicia no es suficiente a los ojos de Dios? ¿No fue lo bastante bueno ese 99,44 por ciento de justicia? Sí, porque el Espíritu Santo fue quien primero lo convenció y le mostró que sólo mediante la justicia de Cristo podría ser justificado. Porque el Señor Jesús dijo que el Espíritu Santo convencería «de justicia, por cuanto voy al Padre, y no me veréis más» (Juan 16.10).

Fue el Espíritu Santo el que lo convenció de que su justicia no fue capaz para ganar la aprobación del Padre, ¡pero la de Cristo lo fue! Y fue el Espíritu Santo el que lo convenció para que confiara en lo que Cristo hizo en la cruz para ganar el favor del Padre, que usted necesitaba la poderosa justicia de Cristo porque no tenía la suficiente por sí mismo.

Pedro entendió esta gloriosa verdad en Pentecostés cuando dijo que Cristo, habiendo sido «exaltado a la diestra de Dios, y habiendo recibido del Padre la promesa del Espíritu Santo[...] ha derramado [esto] que vosotros veis y oís» (Hechos 2.33). Porque Pedro sabía que por la obra del Espíritu Santo muchos recibieron el convencimiento cuando oyeron el Evangelio ese día, «no en palabras solamente, sino también en poder, en el Espíritu Santo y en plena certidumbre» (1 Tesalonicenses 1.5).

Y las Escrituras son maravillosamente claras respecto a la justicia de Cristo. En 2 Corintios 5.21 encontramos: «Al que no conoció pecado, por nosotros lo hizo pecado, para que nosotros fuésemos hechos justicia de Dios en Él» (2 Corintios 5.21).

3. El Espíritu Santo convence al mundo de juicio

La gente necesita entender las consecuencias de sus acciones. Necesitan saber que hay un castigo eterno preparado para quienes vuelven sus espaldas a Cristo.

El Señor Jesús dijo que el Espíritu Santo convencerá «de juicio, por cuanto el príncipe de este mundo ha sido ya juzgado» (Juan 16.11). Colosenses 2.13-14 afirma: «Y a vosotros, estando muertos en pecados y en la incircuncisión de vuestra carne, os dio vida juntamente con Él, perdonándoos todos los pecados, anulando el acta de los decretos que había contra nosotros, que nos era contraria, quitándola de en medio, y clavándola en la cruz». Y por eso, el versículo 15 dice: «Y despojando a los principados y a las potestades, los exhibió públicamente, triunfando sobre ellos en la cruz».

El hombre, por sí mismo, jamás se convencerá de que debe someterse a juicio. Es sólo el Espíritu Santo que puede dar tal convicción. Y cuando lo hace, ocurre una gloriosa transformación.

La transformación de Smidgie

Mientras abandonaba la plataforma después de la cruzada

de Cincinnati, vi que uno de los asociados, David Palmquist me esperaba acompañado por un hombre y una mujer.

—Le presento a Smidgie —dijo David—. ¿Quisiera orar por ella, pastor Benny?

Con suavidad, le puse mi mano en la frente mientras seguía caminando con lentitud hacia mi automóvil que esperaba. «Tócala, Señor. ¡Visita su vida con tu poder y gloria! Y bendice también a su esposo». Cayeron al suelo y permanecieron allí, disfrutando de la gloria de Dios. Varios meses después los vi de nuevo en una cruzada donde ella me contó una extraordinaria historia.

«Nací en una familia judía y crecí como una judía reformada. Aunque no frecuentábamos tanto la sinagoga como los judíos ortodoxos, guardábamos los días sagrados. En nuestro hogar se enfatizaban la educación y el materialismo. Movida por un deseo de triunfar, decidí ser abogada.

»Como una abogada de éxito de Nueva York, disfruté de los bienes materiales que mi profesión me proveyó. Mi esposo, que no es judío, era contratista general que trabajaba principalmente con las esferas más altas de la sociedad. En lo básico, estaba contenta por la forma en que habían ido las cosas en mi vida. Amaba a mi esposo, nuestro matrimonio era excelente y profesionalmente avanzaba de una manera extraordinaria, escalando la ladera rumbo a la cumbre. Siempre le decía a mi esposo: "Soy judía por herencia", pero por dentro estaba confundida porque no sentía nada respecto a Dios, el tipo de seguridad que debería venir de un ser superior, y eso me turbaba.

»Empecé a explorar varias vías en busca de satisfacción. Terminé tras la filosofía hindú y la religión oriental. Me hice gurú, lo que en el lenguaje hindú significa que la gente venía a verme en busca de consejos de cien y ciento cincuenta dólares la hora. Me involucré en actividades de médium, esa clase de la que algunos de los personajes actuales de Hollywood gustan jactarse en sus libros, y en la meditación trascendental.

»Es más, trabajé muy estrechamente con Maharishi Mahesh Yogi. Tenía una "mantra", uno de los entrenamientos disponibles más avanzados e incluso levité. Meditaba dos veces al día, una hora y media en la mañana y una hora y media en la noche. Se supone que la meditación trascendental trae paz y solaz a su vida. Pero yo seguía tan vacía por dentro que seguí buscando algo que fuera realmente satisfactorio.

»Mi búsqueda por encontrar un poder más alto no me conducía a ninguna parte. Por ese tiempo estuve en casa de un amigo que me habló algo sobre el cristianismo. Recuerdo que pensé: "Ah, supongo que voy a entregar mi corazón al Señor. Eso sería ingenioso". Pero nunca sentí algo diferente. Seguía buscando algo que me satisficiera aunque fuera otro camino que me llevara a ninguna parte.

»Poco después mi esposo y yo recibimos una llamada de alguien a quien conocíamos muy superficialmente. Enfrentaba una crisis y un horrendo apuro. Debido a que parecía una situación desesperada, decidimos ir y pasar algunas horas con él.

»Cuando llegamos allá, tratamos de consolarlo y animarlo. Hablamos un rato y terminamos conversando en la cocina. A medida que hablábamos, algo captó mi atención en otro cuarto del apartamento. Oía una música muy diferente a todo lo que antes había oído. Me volví para mirar de dónde provenía. Entonces escuché a este hombre hablar. La música y el habla de este hombre me parecieron tan divertido, casi como si alguien tomara mi corazón, pusiera sus manos dentro de él y físicamente me llevara caminando desde la cocina a la sala de estar.

»Allí vi a este hombre en la pantalla de televisión. No sabía lo que decía, ni lo sé hasta el día de hoy. Me senté en un diván, mis ojos pegados a la pantalla de televisión. Mientras observaba sentí como si algo rompiera mi corazón en miles de pedazos. Aunque soy muy reservada, empecé a llorar. No sabía qué pasaba, pero no pude dejar de llorar. Aquí estaba yo, en el apartamento de alguien que apenas conocía, desmoronándome sin ninguna razón aparente. A través de las lágrimas traté de racionalizar qué podría estar ocurriendo. Después de todo, era una mujer bien educada. Debía saber de qué se trataba (debía descifrar lo que estaba pasando). Agarrándome a lo que fuera, finalmente llegué a la conclusión de que quizás este hombre en la pantalla de televisión me recordó a mi mamá que murió cuando era muy joven. Sí, pude ver la similitud. Esa tenía que ser la respuesta.

»Recuperé mi compostura y nos preparamos para irnos. Cuando estábamos a punto de despedirnos, el dueño de la casa se volvió y sacó un casete de video. Me lo dio y me dijo: "Llévelo a casa. Véalo cuando tenga tiempo".

»La semana siguiente tuve una agenda muy recargada en la corte con muchas y largas horas. Cuando al fin conseguí escaparme de la corte por algunas horas, fui a casa para descansar. Sentada en la sala, vi el videocasete que el hombre me había dado. Curiosa y sola en casa, activé el video y me senté. Ahí estaba de nuevo el hombre, la música y ese sentimiento. Estaba sentada allí, mi corazón aplastado, roto. Caí sobre mis rodillas llorando sin control. Estaba totalmente sola y muy quebrantada. Pronto me encontré sobre el piso, pidiéndole a Dios que me perdonara por cosas que ni siquiera recordaba. Regresé a la edad cuando era una pequeña niña. Durante dos horas y media estuve en el piso, sollozando y orando. Y durante todo ese tiempo este hombre en el video (a quien ahora conozco como el pastor Benny Hinn) se mantuvo hablando.

»Pasado ese tiempo dejé de llorar. Y me sentí muy diferente, como si una grande y pesada carga se hubiera ido. Ese día realmente nací de nuevo, sola en la sala de estar de mi casa con un video del pastor Benny Hinn corriendo. Pero ya no me sentía sola. Ahora Jesús estaba conmigo y, de alguna manera, supe que Él nunca me dejaría».

4. El Espíritu Santo testifica de Jesús

Usted puede tratar de hablarle a alguien de Jesús una vez tras otra. Hasta que un día, exclama: «¡Ah, al fin entiendo lo que ha venido diciéndome!» Ese darse cuenta es la obra del Espíritu Santo.

Antes que Cristo fuera a la cruz, Él dijo a sus discípulos que «cuando venga el Consolador, a quien yo os enviaré del Padre, el Espíritu de verdad, el cual procede del Padre, Él dará testimonio acerca de mí» (Juan 15.26).

Pablo les dijo a los corintios que «nadie puede llamar a Jesús Señor, sino por el Espíritu Santo» (1 Corintios 12.3).

A menudo el Espíritu Santo usa la Palabra de Dios escrita para convencer a una persona. «Porque la palabra de Dios es viva y eficaz, y más cortante que toda espada de dos filos; y penetra hasta partir el alma y el espíritu, las coyunturas y los tuétanos, y discierne los pensamientos y las intenciones del corazón» (Hebreos 4.12). El Espíritu Santo usa la Palabra de Dios porque el Espíritu Santo *inspiró* la Palabra de Dios:

«Porque nunca la profecía fue traída por voluntad humana, sino que los santos hombres de Dios hablaron siendo inspirados por el Espíritu Santo» (2 Pedro 1.21). Es *su* Palabra.

He aquí una nota de advertencia. Nunca deberíamos olvidar que las Escrituras nos advierten del peligro de resistir al convincente poder del Espíritu Santo. El Señor dijo: «No contenderá mi Espíritu con el hombre para siempre» (Génesis 6.3). Por el constante rechazo podemos llegar a endurecernos tanto a sus súplicas que dejemos de oír su voz.

Y hay otra nota de advertencia. Si el Espíritu Santo le urge a hablar del evangelio a alguien, obedezca *siempre* su instrucción: «Porque dice: En tiempo aceptable te he oído, y en día de salvación te he socorrido. He aquí ahora el tiempo aceptable; he aquí ahora el día de salvación» (2 Corintios 6.2b).

El escritor de Proverbios lo dice así: «El hombre que reprendido endurece la cerviz, de repente será quebrantado, y no habrá para él medicina» (Proverbios 29.1).

Mi querido amigo, por favor, no corra ese riesgo.

Hoy en día, el Espíritu de Dios está en la tierra para convencer nuestros corazones de pecado y preparar el camino para que recibamos a Cristo (Juan 16.7-11).

¿Cómo experimenta el nuevo nacimiento? El Señor Jesús dijo: «Porque de tal manera amó Dios al mundo, que ha dado a su Hijo unigénito, para que todo aquel que en Él cree, no se pierda, mas tenga vida eterna» (Juan 3.16).

Como pastor, a menudo me preguntan: «Pastor Benny, ¿cómo sé si he nacido de nuevo?»

Mi respuesta es tan sencilla como Juan 5.24: «De cierto, de cierto os digo: El que oye mi palabra, y cree al que me envió, tiene vida eterna; y no vendrá a condenación, mas ha pasado de muerte a vida». Ayudo a la persona que ha perdido seguridad a entender que el Señor Jesús es el que dice las palabras en este pasaje, y luego le pregunto: «¿Oyó su palabra y cree en Él?»; es decir: «¿Ha confiado en Cristo como su Salvador personal?» Después de explicarles el evangelio, les pregunto si han confiado en Cristo. Si no han confiado en Cristo como su Salvador, los invito a hacerlo en ese mismo momento y les ayudo a entender todo el peso de las palabras del Salvador en Juan 5.24 cuando dijo que ellos:

- tienen vida eterna,
- no vendrán a juicio,
- han pasado de muerte a vida.

Cualquier duda posterior es el susurro engañoso del diablo y debe descartarse de inmediato mediante el poderoso nombre del Señor Jesús. Mi querido amigo, si no está seguro de que es salvo, ¿por qué no quita toda duda y confía en Cristo ahora mismo?

La obra del Espíritu Santo en la vida del creyente

Como lo vamos a descubrir en los siguientes dos capítulos, el Espíritu Santo obra en nuestras vidas en una gran variedad de formas. En el momento de la conversión, sin embargo, hay dos importantes cosas que Él lleva a cabo.

1. El Espíritu Santo nos regenera

Después que confiamos en el Señor Jesucristo por fe y nos arrepentimos de nuestros pecados, ocurre algo maravilloso. Somos regenerados, «nacemos de nuevo».

El Señor Jesús dijo a Nicodemo: «Lo que es nacido de la carne, carne es; y lo que es nacido del Espíritu, espíritu es» (Juan 3.6). Tito 3.5 dice que «no por obras de justicia que nosotros hubiéramos hecho, sino por su misericordia, por el lavamiento de la regeneración y por la renovación en el Espíritu Santo».

Solos, nos hubiera sido totalmente imposible encontrar la solución para nuestro dilema. «Pero el hombre natural no percibe las cosas que son del Espíritu de Dios, porque para él son locura, y no las puede entender, porque se han de discernir espiritualmente» (1 Corintios 2.14).

El Espíritu Santo hace posible la conversión toda vez que Él prepara nuestro corazón para recibir al Señor. «Mas a todos los que le recibieron, a los que creen en su nombre, les dio potestad de ser hechos hijos de Dios» (Juan 1.12). Y Pedro declaró que ya no estamos más sujetos a los hábitos de la carne. En cambio, llegamos a ser «participantes de la naturaleza divina» (2 Pedro 1.4).

R.A. Torrey dijo: «A veces me preguntan: "¿Cree en la conversión repentina?" Creo en algo mucho más maravilloso que la conversión repentina. Creo en la regeneración repentina. La conversión es simplemente una expresión externa, un giro de 180°. La regeneración va mucho más al fondo del alma, transformando pensamientos, afectos, voluntad, todo el hombre interior».[2]

2. El Espíritu Santo libera al creyente

Debido al pecado de Adán, todos nacimos con una naturaleza de pecado y bajo sentencia de muerte, absolutamente incapaces de hacer algo al respecto. En la cruz, Cristo pagó el rescate por nuestro pecado. Cuando lo aceptamos por fe, se levanta esa sentencia para siempre. ¡Somos libres!

Pablo le dijo a la iglesia en Roma: «Ahora, pues, ninguna condenación hay para los que están en Cristo Jesús, los que no andan conforme a la carne, sino conforme al Espíritu. Porque la ley del Espíritu de vida en Cristo Jesús me ha librado de la ley del pecado y de la muerte. Porque lo que era imposible para la ley, por cuanto era débil por la carne, Dios, enviando a su Hijo en semejanza de carne de pecado y a causa del pecado, condenó al pecado en la carne; para que la justicia de la ley se cumpliese en nosotros, que no andamos conforme a la carne, sino conforme al Espíritu» (Romanos 8.1-4).

Se nos ha dado escoger entre la muerte y la vida. «Porque si vivís conforme a la carne, moriréis; mas si por el Espíritu hacéis morir las obras de la carne, viviréis» (Romanos 8.13).

En su libro, *El Espíritu Santo*, Billy Graham dice: «Cuando una persona nace de nuevo, desde la perspectiva divina el proceso es sencillo. El Espíritu de Dios toma la Palabra de Dios y hace el hijo de Dios. Nosotros nacemos de nuevo mediante la operación del Espíritu Santo, quien a su vez usa la Palabra de Dios divinamente inspirada. El Espíritu de Dios trae vida al hombre. En este momento el Espíritu Santo habita en una persona para toda la vida. Recibe vida *eterna*».[3]

Así como el Espíritu del Señor estuvo «con usted» (y el resto del mundo) para convencerlo de pecado antes de su conversión (Juan 14.17), Él «estará con usted» (v. 17) después que confíe en Cristo.

Siete cosas que ocurren cuando el Espíritu Santo lo transforma

El poder transformador del Espíritu Santo va más allá de toda medida. Y los beneficios de su gracia exceden nuestra habilidad de descripción. Pero aquí está lo que puede esperar cuando el Espíritu Santo viene a ser parte de su diario caminar.

Primero: transformará su desierto
en un lugar fructífero

Me gusta visitar la Tierra Santa. Después de todo, es tanto mi *ex* patria, y será mi *futura* patria en el Milenio. Cuando llevo personas a la Tierra Santa, a menudo se sorprenden al ver que mucho de ella es desolación y tierra estéril. Incluso, es duro imaginarse cómo alguien puede vivir allí y menos pelear por esa tierra. La Escritura quiere decir exactamente eso cuando se refiere con demasiada frecuencia a la Tierra Santa como soledad, desierto y tierra baldía. Pero por más desolada que esta maravillosa tierra sea, Isaías de todos modos dice: «Se alegrarán el desierto y la soledad; el yermo se gozará y florecerá como la rosa» (Isaías 35.1). Al crecer en Israel, podemos verlo ocurrir alrededor de nosotros, pero aun el florecimiento de Israel en el día de hoy no se puede comparar con el tiempo futuro de productividad.

Isaías también nos dice que «el Espíritu [será derramado] de lo alto, y el desierto se convierta en campo fértil, y el campo fértil sea estimado por bosque» (Isaías 32.15).

La idea de vivir en un desierto no es nada de placentera. Es soledad; un lugar de serpientes, escorpiones y muerte. Pero el Espíritu del Señor puede cambiar el paisaje en un jardín, un lugar de belleza y abundancia.

Como cristianos, cuando producimos una cosecha ensalzamos al Señor. El Maestro dijo: «En esto es glorificado mi Padre, en que llevéis mucho fruto» (Juan 15.8).

Es el Espíritu Santo que enriquece nuestro suelo y envía la lluvia en preparación para una fiesta de acción de gracias. Él es el único que hace posible la cosecha.

No es su fruto, sino el de Él. Por eso la Escritura lo llama «el fruto del Espíritu». Cuando presentamos nuestros vasos, Él los llena hasta rebozar.

Quizás usted diga: «Pero no vivo en un desierto, mi huerto ya está plantado». Eso no es problema para Dios. Él dice que su huerto llegará a ser tan bendecido que «su campo fértil es estimado por bosque» (Isaías 32.15).

Segundo: hará que camine con Dios

Es imposible caminar con el Señor sin su Espíritu Santo ayudándolo y capacitándolo. El Señor dijo a través del profeta Ezequiel: «Y pondré dentro de vosotros mi Espíritu, y haré que andéis en mis estatutos, y guardéis mis preceptos, y los pongáis por obra» (Ezequiel 36.27).

Y un nuevo cristiano puede mirar las leyes de Dios y decir: «¡No hay forma en que pueda guardar estas leyes y regulaciones!» Y tiene razón. Como lo dijo Howard Hendricks: «La vida cristiana no es difícil; ¡es imposible!» Con su poder usted fracasará. Porque es el Espíritu Santo el que hará que camine en los estatutos de Dios y guarde sus juicios. Incluso más, hará que usted *haga* su voluntad.

Y muchos años atrás yo también descubrí que es el poder del Espíritu Santo que nos capacita a usted y a mí a vivir la vida cristiana. Porque de no haber sido por su poder yo no podría estar donde estoy hoy en día como cristiano. Él ha sido mi fuerza, mi fortaleza y mi torre alta. Y recuerde, sin el Espíritu Santo usted y yo no podemos caminar con Dios.

Porque Dios dice que el Espíritu Santo hará que caminemos, así que no fracasará. Y también el poder del Espíritu Santo es «capaz de guardaros sin caída, y presentaros sin mancha delante de su gloria con gran alegría» (Judas 24).

Mi querido amigo, el Dr. Bill Bright, presidente de *Cruzada Estudiantil para Cristo Internacional*, dice: «Cuando somos llenos del Espíritu Santo, somos llenos con Jesucristo. Ya no pensamos más de Cristo como Alguien que nos ayuda a llevar a cabo alguna clase de tarea cristiana sino que, por el contrario, Jesucristo hace la obra a través de nosotros».[4]

Tercero: conocerá la presencia de Dios

Uno de los pasajes que más conforta de la Escritura se encuentra en Ezequiel 39.29, donde nuestro amante Padre Celestial dice: «Ni esconderé más de ellos mi rostro; porque habré derramado de mi Espíritu sobre la casa de Israel».

No podría decirle cuánto ha significado para mí, a través de los años, ese pasaje, especialmente en esos momentos cuando Dios me parecía distante y mis oraciones poco más que vacíos traqueteos. El Espíritu Santo hace que la presencia del Padre sea una realidad en nuestras vidas y como resultado sentimos su cercanía. Le puedo decir por experiencia que el Espíritu Santo quiere estar muy cerca de usted. Sólo susurre «Jesús» y Él va a estar ahí.

Su vida de oración cambiará dramáticamente cuando sienta su cercanía. Cuando necesitaba experimentar la cercanía de mi Padre celestial, me iba a mi cuarto y decía: «Espíritu Santo, ayúdame a orar».

Ah, cómo respondía. En lugar de esforzarme con oraciones de diez minutos repetitivas, vacías y muertas, me comunicaba con el Señor a través del Espíritu Santo por horas y horas.

Ahora limpio mi agenda para pasar tiempo a solas con el Señor cada mañana. Pongo un casete con música de adoración y empiezo a leer la Palabra y hablar con Dios con tanta naturalidad como lo hago con otra persona. Y empiezo a sentir algo que sólo puedo describir como la «humedad» de la presencia de Dios en mi corazón.

Digo: «Espíritu Santo, ayúdame. No puedo orar, pero tú puedes. Ayúdame». Y Él siempre responde.

Comience hoy. Haga un esfuerzo intencional para pasar tiempo en la presencia del Señor.

Cuarto: entenderá la Palabra de Dios

Uno de los más excitantes beneficios de la vida con el Espíritu Santo es que Él hace posible entender la Palabra. Dios dice: «He aquí yo derramaré mi Espíritu sobre vosotros, y os haré saber mis palabras» (Proverbios 1.23).

Si usted quiere que la Biblia sea viva, invite al Espíritu Santo a leer con usted. Él puede tomar los pasajes más oscuros y encubiertos y aclararlos.

El mismo Espíritu Santo que descansó sobre el Señor Jesús está morando en usted, si ha creído en Él, y el Espíritu del Señor aún está produciendo las mismas cosas: «Y reposará sobre Él el Espíritu de Jehová; espíritu de sabiduría y de inteligencia, espíritu de consejo y de poder, espíritu de conocimiento y de temor a Jehová» (Isaías 11.2).

Estar *familiarizado* con la Escritura no es suficiente. El Espíritu Santo quiere estar seguro que «la palabra de Dios *permanece* en vosotros» (1 Juan 2.14, énfasis añadido).

Quinto: llegará a ser una nueva persona

La gente gasta millones de dólares en transformar sus cuerpos. Intentan exóticas dietas, viajes a lujosos centros de salud y emplean horas bajo el bisturí del cirujano plástico, todo con la esperanza de rehacer su imagen mediante tales superficialidades. Y después que han sido plegados, recogidos, aspirados, pulidos, empaquetados, envueltos, reducidos y aumentados, ¿qué tienen? Aparte de una enorme deuda, no mucho más que los mismos sedientos espíritus que tenían antes, todavía necesitando con desesperación el Espíritu Santo.

La transformación que el Espíritu de Dios hace, sin embargo, no es cosmética. Él lo cambia de adentro hacia afuera. El cambio es *total*. «De modo que si alguno está en Cristo, nueva criatura es; las cosas viejas pasaron; he aquí todas son hechas nuevas» (2 Corintios 5.17).

Es a través del Espíritu del Señor que usted está en condiciones de vestirse «del nuevo hombre, creado según Dios en la justicia y santidad de la verdad» (Efesios 4.24).

Todo en usted se hace fresco cuando Dios se hace cargo. «Os daré corazón nuevo, y pondré espíritu nuevo dentro de vosotros; y quitaré de vuestra carne el corazón de piedra, y os daré un corazón de carne» declara el Señor en su Palabra (Ezequiel 36.26).

Fue por el Espíritu Santo que Samuel pudo decirle a Saúl que el Espíritu del Señor vendría sobre él y «sería mudado en otro hombre» (1 Samuel 10.6). Lo mismo es cierto hoy: el Espíritu Santo como un caballero está listo para transformarlo, liberarlo, llenarlo y capacitarlo para alcanzar su completo destino en Cristo.

¡Prepárese para tan grande transformación!

Sexto: le dará descanso

El Espíritu del Señor no lo lleva a tensión o confusión. En lugar de eso, lo lleva por sendas donde las cosas son apacibles y calmadas. «En quietud y en confianza será vuestra fortaleza» (Isaías 30.15).

Nunca he sabido que el Espíritu Santo causara dolor de cabeza o tristeza. Él es el Dios de lo bello y del descanso. Siempre.

Isaías describe el descanso que el Espíritu Santo dio a la

nación de Israel después de sacarlos de Egipto y guiarlos a través del desierto a la tierra prometida cuando escribió: «Como a una bestia que desciende al valle; así pastoreaste a tu pueblo, para hacerte nombre glorioso» (Isaías 63.14).

¿Por qué como bestia que desciende al valle? Porque ahí es donde los ríos fluían y donde podían encontrar pastos. Ahí es donde puedan encontrar paz y descanso.

Jehová es mi pastor;

nada me faltará.

En lugares de delicados pastos me hará descansar;

junto a aguas de reposo me pastoreará.

Confortará mi alma (Salmo 23.1-3).

Demasiada gente sufre muchas tensiones en su vida y la llave para aliviarse no es una prescripción ni un crucero ni aprender a decir: «No», ¡es el Espíritu Santo!

Séptimo: traerá excelencia a su vida

El Espíritu del Señor no es un artesano inferior o un artífice de pacotilla. Es el autor de la calidad y la perfección.

En el Antiguo Testamento, «Daniel mismo era superior a estos sátrapas y gobernadores, porque había en él un espíritu *superior*; y el rey pensó en ponerlo sobre todo el reino» (Daniel 6.3, énfasis añadido).

La medida de comparación no fue su habilidad en la batalla o sus riquezas, sino que fue el «espíritu superior» de su corazón. La palabra «superior» significa literalmente «preeminente» o «sobresaliente». El rey de Babilonia vio la actitud de Daniel y quiso promoverlo.

Hombres y mujeres que quieren un aumento salarial o una más alta posición en una empresa, a menudo se desaniman cuando los relegan. Las decisiones no siempre son el resultado de su trasfondo educacional o el tiempo servido, sino que con más frecuencia la gente avanza o se estanca en mérito a su desempeño.

¿Recuerda lo que pasó en la vida de José? Faraón reconoció al Espíritu Santo en su vida y lo hizo su primer ministro (Génesis 41.38).

Necesitamos dejar cada día que el Espíritu del Señor traiga calidad y distinción a nuestro andar cristiano.

El Espíritu Santo es un poder transformador. Si Él puede cambiar un desierto en un jardín y al más vil pecador de un esclavo del pecado en un hijo de Dios, ¡piense en lo que ha preparado para usted!

CAPÍTULO

9

Cambiado de adentro
hacia afuera

¿**T**ENDRÍA UN MINUTO, Pastor? —David Palmquist, uno de mis pastores asistentes, nos pidió que saliéramos de nuestra sala de conferencias donde realizábamos una reunión de planificación rutinaria—. Acabo de tener la más hermosa llamada telefónica de uno de nuestros colaboradores.

—Por supuesto, David —le respondí—. Cuénteme.

—¿Recuerda a Smidgie, la abogada de Nueva York? La conoció con su esposo en Cincinnati.

—Sí, por supuesto —le respondí—. La recuerdo. Ella y su esposo son fieles colaboradores y los quiero mucho.

Asintiendo con la cabeza, David continuó:

—Acabo de hablar con ella, antes que comenzara la reunión de planificación. Hace algunos meses nos llamó, muy preocupada por su padre. Oramos juntos a través del teléfono y pedí a Dios que hiciera un milagro en su vida. ¡Y esto es, exactamente, lo que ha ocurrido!

»Me ha contado un tremendo testimonio. Dijo que por años ella y su padre habían sido inseparables. En realidad, ella era como su sombra. Adondequiera que su padre iba, todos sabían que Smidgie iba detrás.

»Su madre murió hace algunos años y cuando se produjo el deceso, ella y su padre se distanciaron. Al hablar con ella parecía que nunca pensó que tal cosa ocurriría, pero llegaron a ser más dos respetuosos extraños que padre e hija. Pronto aquello fue mucho más que un distanciamiento; se estableció un gran abismo entre ellos. La afabilidad con que se trataban era sólo cuando estaban en público, pero la relación se había ido.

»Posesiones materiales, éxito financiero, educación y golf, según Smidgie, llegaron a ser los cuatro pilares más importantes en la vida de su padre, elementos por los cuales su padre judío medía el valor de su vida. Esta era su identidad. Y aunque las posesiones materiales eran muy importantes para él, era un hombre generoso. Smidgie dijo que no vacilaría en llevarlo a usted y a todos sus amigos a cenar, pagar todo, incluyendo una tan sustanciosa propina al mozo que podría permitirle pagar todos los estudios en la universidad.

»Aunque su padre era religioso y se consideraba un judío devoto, en su hogar nunca habló mucho de Dios. Cuando ella estaba en el período de crecimiento, recuerda que sometieron a su hermano a la ceremonia según la cual un niño pasa a ser hombre, guardaban todos los días santos y su padre, un judío observante, no mezclaba la carne con los derivados de la leche, etc. Sin embargo, no había conciencia de Dios ni en su hogar ni en sus vidas.

»Después de su maravillosa experiencia de conversión, ella y su esposo llegaron a ser sus colaboradores, pastor Benny —continuó David—. Han sostenido fielmente cada mes su ministerio mundial, a menudo dando más de su compromiso original de treinta dólares mensuales. El Señor ha tocado sus vidas de una forma tan admirable que ella decía que querría hacer cualquiera cosa que pudiera para ayudarle a proclamar el mensaje del poder salvador y sanador de Dios al mundo. Incluso empezaron a asistir a las cruzadas mensuales de milagros, dedicando el tiempo para viajar cada mes desde sus trabajos a las cruzadas.

»Smidgie me dijo que aunque su padre sabía de esto, nunca preguntó: "¿Quién es ese pastor Benny?" o "¿Qué son esas cruzadas a las cuales asisten?" No mostraba ni el más mínimo interés ni curiosidad. Y ya que las relaciones entre ellos no existían, ella nunca le dijo mucho.

»Todo comenzó a cambiar cuando en una ocasión, durante una breve conversación telefónica, el padre de Smidgie le dijo: "¿Así es que te vas a otra cruzada, Smidgie? Bien, que te vaya bien. ¿Cuándo regresarás?" Todavía bajo la impresión, ella le respondió. Smidgie dice que hasta entonces nunca había mostrado ni el más mínimo interés en su asistencia a las cruzadas.

»Por este mismo tiempo su padre que es muy inteligente, agresivo y un exitoso hombre de negocios en el campo de las prendas de vestir en Nueva York, decidió hacerse un examen físico completo. Era sólo cuestión preventiva, porque creía que todo andaba bien. Y en efecto, eso fue lo que le dijeron, que todo estaba "absolutamente bien". Sin embargo, uno de los doctores lo llamó algunos días después y le dijo: "¿Sabe? Me gustaría que volviera y se hiciera otra radiografía de tórax, porque pasé por alto algo. No sé cómo ocurrió".

»Smidgie dijo que su padre estaba aturdido por la solicitud. "Un médico de la categoría de este y pasa por alto algo?", le dijo su padre. ¿Puedes creerlo? ¿Qué pudo haber olvidado?"

»Días más tarde su padre volvió a ver al médico y después de hacerse los exámenes requeridos, el doctor le dijo: "Debido a que acaba de recuperarse de una moderada neumonía, esto puede ser una infección en sus pulmones o quizás un cáncer de pulmón".

»Smidgie dijo que su padre miró al doctor con total incredulidad. "¡Quiere hacerse el gracioso! Estoy a punto de salir para mi casa en Florida por tres semanas para jugar golf y descansar un poco".

»"Siga adelante", le dijo el doctor. "Váyase unas pocas semanas, descanse, juegue golf y cuando vuelva, vamos a hacer nuevos exámenes para ver cómo va todo".

»Antes de salir para Florida, el padre de Smidgie la llamó y le dijo: "Smidgie, te voy a pedir un favor. ¿Quisieras orar por mí?"

»Aun cuando esto fue totalmente inesperado, ella le respondió sin vacilación: "¡Sí, lo haré!" Hablaron por un par de minutos y luego él salió hacia la Florida para disfrutar el sol y el golf.

»Después que salió para Florida, ella y su esposo decidieron enviarle un libro que habían leído, *Buenos días, Espíritu Santo*. Dijeron que habían incluido una breve nota explicándole que este libro era uno de sus favoritos y que lo escribió un hombre a quien consideraban su pastor aun cuando no vivían en Orlando. Y así, dejaron a su padre y su futuro en las manos del Señor.

»No habían pasado dos días cuando recibieron una llamada telefónica del padre de Smidgie agradeciéndoles por haberle enviado el libro. Continuó diciéndoles cómo había comenzado la lectura e incapaz de dejarlo a un lado, lo había terminado de leer. Dijo que lo había leído y releído tanto que las páginas casi se desprenden. Cuando iban a concluir la conversación telefónica, él les anunció: "Después de leer el libro, algo maravilloso ha ocurrido: ¡He entregado mi corazón al Señor!"

A esa altura del relato, el rostro de David brillaba de excitación mientras continuaba con la historia:

—Smidgie y su esposo estaban emocionados por la noticia. Así es que empacaron varios de los videos que usted ha producido y se los enviaron también a Florida.

»Después de ver uno de ellos, el padre oró: "¿Me podrías dar otra oportunidad, Señor? Si lo haces, te prometo entregarte mi vida y servirte siempre".

»Desde ese momento en adelante, su padre empezó a cambiar. No mucho después, la llamó una noche y le dijo: "Tengo que pedirte algo, mi amor. Te he echado mucho de menos, Smidgie. Quiero que mi pequeña regrese. ¿Qué te parece?"

»Su relación se ha restablecido y ahora incluso es más rica que antes de separarse. Ahora su padre la llama con regularidad, a veces tres veces al día, dice ella, sólo para decirle cuánto ama a Jesucristo y su nuevo acompañante, el Espíritu Santo, a quien le habla de la mañana a la noche, así como lo leyó en *Buenos días, Espíritu Santo*.

»Y cuando regresó de sus tres semanas de vacaciones en Florida, se hizo los nuevos exámenes, tal como el médico sugirió. Después de recibir toda la información, el doctor le dijo: "No sé qué fue lo que vi antes, pero ahora no hay nada. Usted está absolutamente bien".

»Smidgie dijo que cuando su padre dejó el consultorio del médico ese día, había un nuevo brío en su paso y su corazón latía excitado por la noticia. Tan pronto como llegó a casa la llamó para decirle: "Al salir de la oficina del doctor le dije al Espíritu Santo y a Jesús que si tengo que pasar por esto de nuevo, pensar que tenía cáncer o algo así, sólo para conocer a Jesús y experimentar el gozo y la realidad de su presencia en mi vida, lo haría todo otra vez. Y ahora, tener a mi pequeña niña de vuelta y además nuestra relación restaurada, ¡este es mi día!"

Así como el Señor tocó al padre de Smidgie y transformó su vida lo hará con usted también. Él transformará por completo su ser interior si sólo se lo pide. Y entonces su gloriosa presencia y poder empezará a fluir a través de usted para impactar al mundo que le rodea. Y cuando esto ocurra, adondequiera que vaya y con quien sea que entre en contacto sabrá que hay algo diferente en usted. ¿Está listo?

Miremos primero cómo Él lo cambia desde *adentro* antes que empiece a fluir a través de usted para influir en el mundo. En el siguiente capítulo conocerá sobre su obra *hacia afuera* y *hacia arriba*.

Ya hemos visto el poder de convicción del Espíritu Santo al traerlo a Cristo, pero eso es sólo el comienzo. Él lo transformará desde adentro hacia afuera. Él puede transformarlo así porque vive en usted. El apóstol Pablo preguntó a los cristianos de Corinto: «¿No sabéis que sois templo de Dios, y que el Espíritu de Dios mora en vosotros?» (1 Corintios 3.16). Pero esta transformación no sólo es posible, sino *vitalmente* importante.

El Espíritu Santo vive en usted como un resultado directo de la sangre que Jesús derramó en la cruz. Con su sangre compró nuestro espíritu, alma y cuerpo. Somos suyo, no más esclavos de nuestros deseos, sino libres para seguir su voluntad.

El Espíritu da vida en vez de muerte

¿Puedo decirle algo? Una de las principales razones de que me esfuerce para estar continuamente en la presencia del Espíritu Santo es porque Él está bien vivo. Amo experimentar su vida. Ahora cuando hablo de vida lo hago desde tres aspectos.

Primero, experimentamos su vida cuando nacemos de nuevo. El Señor lo aclara cuando en Juan 3 le dijo a Nicodemo: «De cierto, de cierto te digo, que el que no naciere de agua y del Espíritu, no puede entrar en el reino de Dios. Lo que es nacido de la carne, carne es; y lo que es nacido del Espíritu, espíritu es» (vv. 5-6). Jesús añadió una exclamación a esto cuando declaró: «El espíritu es el que da vida; la carne para nada aprovecha; las palabras que yo os he hablado son espíritu y son vida» (Juan 6.63).

Segundo, experimentamos su vida cuando el poder de su resurrección llega a nosotros y somos vivificados. En Romanos 8, Pablo declara: «Y si el Espíritu de aquel que levantó de los muertos a Jesús mora en vosotros, el que levantó de los muertos a Cristo Jesús vivificará también vuestros cuerpos mortales por su Espíritu que mora en vosotros» (Romanos 8.11). ¡Aleluya por la tumba vacía!

Tercero, experimentamos su vida cuando Él viene a nuestras mentes y nos capacita para pensar en las cosas de Dios. Fíjese en este notable pasaje de Romanos 8: «Porque los que son de la carne piensan en las cosas de la carne; pero los que son del Espíritu, en las cosas del Espíritu. Porque el ocuparse de la carne es muerte, pero el ocuparse del Espíritu es vida y paz» (vv. 5-6). Fíjese que los que viven según el Espíritu Santo ajustan sus mentes al Espíritu Santo. ¿Y cuál es el resultado? *Vida y paz.*

El Espíritu Santo es nuestro sello y garantía

Después que usted recibe a Cristo como Salvador, ocurre algo maravilloso. La Biblia declara: «En Él también vosotros, habiendo oído la palabra de verdad, el evangelio de vuestra salvación, y habiendo creído en Él, fuisteis sellados con el Espíritu Santo de la promesa» (Efesios 1.13). Este sello garantiza tres cosas:

- Propiedad: Nos sella y nos hace suyos
- Autenticidad: Nos sella para mostrar que somos suyos
- Terminación: Nos sella para garantizar que seremos completamente suyos, *con* Él y *como* Él.

En el mundo antiguo, la gente marcaba propiedades de valor con su sello personal de modo que no hubiera dudas de que eran sus propietarios. Cuando confiamos en Cristo, Dios pone su sello de propiedad en nosotros cuando nos da el Espíritu Santo. La Biblia dice: «El cual también nos ha sellado, y nos ha dado las arras del Espíritu en nuestros corazones» (2 Corintios 1.22).

Los sellos también sirven de una garantía oficial del contenido de una cosa en particular.[1] ¿Cómo sabe si alguien es realmente un cristiano? La respuesta es simple: ¿Tiene el Espíritu Santo? «Y si alguno no tiene el Espíritu de Cristo, no es de Él» (Romanos 8.9). Sin sello no hay autenticidad.

El sello del Espíritu Santo en la vida del creyente es la garantía de Dios que Él nos redimirá, forma a Cristo en nosotros y finalmente nos libra por completo del poder y la presencia del pecado.

El sello del Espíritu Santo, con todo lo admirable que es, sólo es un depósito, un anticipo de las maravillas que nos esperan: «Habiendo creído en Él, fuisteis sellados con el Espíritu Santo de la promesa, que es las arras de nuestra herencia hasta la redención de la posesión adquirida, para alabanza de su gloria» (Efesios 1.13-14). Pero para estar seguro, nuestra experiencia del Espíritu Santo *es* un paladeo, porque el pago total será del mismo tipo que el anticipo.[2]

Por eso Pablo nos hace tan solemne advertencia en Efesios 4.30. Somos de Dios, Dios nos ha autenticado, Dios nos ha dado un anticipo de gloria y se ha comprometido a llevarnos a la gloria. A la luz de todas estas cosas maravillosas, nunca debemos contristar «al Espíritu Santo de Dios, con el cual fuisteis sellados para el día de la redención» (Efesios 4.30).

El Espíritu santifica

El Señor Jesús en su Palabra declara que cada creyente será santificado, puesto aparte para Dios, tanto *posicional* como *prácticamente*. ¿Entiende lo que significa ser «puesto aparte»? Piense en esto, cuando está en el supermercado y selecciona una caja de detergente entre los varios que hay y lo pone en su carrito, la caja que ha comprado ahora se ha «puesto aparte», es decir, dedicada a su uso y sólo a su uso. Y así sucede cuando creemos en Cristo, Dios nos selecciona, nos toma y pone dentro de su familia, «nos pone aparte», santificándonos para su uso.

¿Y cómo nos «pone aparte»? *Por el Espíritu Santo.* La Biblia dice: «Debemos dar siempre gracias[...] de que Dios os haya escogido desde el principio para salvación, mediante la santificación por el Espíritu y la fe en la verdad» (2 Tesalonicenses 2.13). En el momento cuando nacimos de nuevo, llegamos a ser *santos* por posición a los ojos de Dios porque la justicia de Cristo Jesús se aplicó a nuestra cuenta por el Espíritu Santo. Las Escrituras enseñan que en cuanto un hombre cree en Cristo es santificado. Esto es claro porque en el Nuevo Testamento los creyentes son llamados santos sin tener en cuenta sus logros espirituales (1 Corintios 1.2; Efesios 1.1; Colosenses 1.2; Hebreos 10.10; Judas 3). De los corintios, Pablo explícitamente dice que «fueron santificados» (1 Corintios 6.11), aunque también declara que todavía «eran carnales» (1 Corintios 3.3).[3] En otras palabras, aunque estos corintios en particular no actuaban santificados, la Biblia declara que *ellos habían sido* (hasta donde preocupaba a Dios) santificados.

Pero no sólo somos *posicionalmente* santificados en la salvación, sino que somos llamados a vivir hacia nuestra posición exaltada en Cristo por vivir *prácticamente* nuestra santificación mediante una vida de santidad personal. En este aspecto de santificación el Espíritu Santo también cumple un papel crucial en cuatro áreas clave:

- *Primero,* nos libera de las garras de la muerte de nuestra naturaleza pecadora. «Porque la ley del Espíritu de vida en Cristo Jesús me ha librado de la ley del pecado y de la muerte» (Romanos 8.2).
- *Segundo,* pelea activamente contra la manifestación de la naturaleza pecaminosa en nuestras vidas: «Porque el deseo de la carne es contra el Espíritu, y el del Espíritu es contra la carne; y éstos se oponen entre sí, para que no hagáis lo que quisiereis» (Gálatas 5.17).
- *Tercero,* le ayuda cuando decide aplicar el hacha al pecado de su vida. «Porque si vivís conforme a la carne, moriréis; mas si por el Espíritu hacéis morir las obras de la carne, viviréis» (Romanos 8.13). Trabaja con nosotros cuando tenemos la valentía de tomar con seriedad las palabras de Dios: «Seguid la paz con

todos, y la santidad, sin la cual nadie verá al Señor»
(Hebreos 12.14).

- *Cuarto*, contrarresta activamente el pecado en nuestra
vida. Cuando nos rendimos a Él, su presencia en
nosotros contrarresta natural y activamente nuestra
naturaleza pecaminosa. La manifestación de esta acción es el fruto del Espíritu (Gálatas 5.22-23). Como
Roy Hession lo dijo en *El camino del Calvario*: «Vidas
victoriosas y un efectivo servicio ganando almas no
se deben a que somos mejores y a nuestros duros
esfuerzos, sino simplemente al fruto del Espíritu Santo. Nuestro llamamiento no es a producir el fruto, sino
sólo a llevarlo».[4] El Espíritu Santo produce el fruto;
todo lo que tenemos que hacer es manifestar lo que Él
está haciendo.

El Espíritu imparte el carácter de Dios

Es sólo mediante el Espíritu Santo morando en
nosotros que empezamos a crecer en sus caminos y a reflejar su naturaleza y cualidades.

Dios no sólo vive en nosotros, sino a
medida que le conocemos empezamos a adop-
tar su carácter. El velo que nos separaba se ha
quitado: «Por tanto, nosotros todos, mirando a
cara descubierta como en un espejo la gloria del Señor, somos
transformados de gloria en gloria en la misma imagen, como
por el Espíritu del Señor» (2 Corintios 3.18). ¡Ah, me gusta
eso!

El Espíritu Santo no solamente nos reforma, sino que
transforma nuestro carácter en el carácter de Dios: «cada vez
con más gloria» (v. 18, NVI). Como Dean Alford tan maravillosamente dice: «La transformación la efectúa *el Espíritu*, el

Autor y Sostenedor de la vida espiritual, quien "toma las cosas de Cristo y *nos las muestra* a nosotros"[...] quien nos santifica hasta que somos santos como Cristo es santo».[5]

El Espíritu fortalece al hombre interior

Cuando era un adolescente siempre estaba consciente de mi tamaño. Y secretamente deseaba ser más alto.

Aun después de ser cristiano, pensaba: «Señor, ¿cómo tú puedes usar a alguien tan pequeño como yo?»

Cuando llegó el tiempo de comenzar mi ministerio público, aquellos pensamientos no duraron mucho. Cada vez que empezaba a proclamar la Palabra de Dios, sentía que un gigante se levantaba dentro de mí, lleno de fuerza y autoridad. A veces me escuchaba predicando y pensaba: «¿Soy realmente yo?»

Desde el principio del tiempo, la vara para medir al hombre ha tenido una apariencia externa, pero el Señor mira al corazón. Su programa para desarrollo del cuerpo está creado para fortalecer lo *interior* de un adulto o un niño.

La oración del apóstol Pablo en Efesios fue que el Señor fortaleciera a la iglesia con poder mediante su Espíritu en el hombre interior, según las riquezas de su gloria (Efesios 3.16). También oró que fueran «llenos de toda la plenitud de Dios» (v. 19).

Y así como el Espíritu Santo comienza a obrar en las profundidades de su alma, lo fortalece con fuerza espiritual y madurez que le da un más alto nivel de fe y le capacita para confiar en Dios en lo *imposible* y creer en Él en lo *invisible*. No importa el obstáculo, no importa el desafío que enfrente, dirá con el salmista: «Jehová es mi luz y mi salvación, ¿de quién temeré? Jehová es la fortaleza de mi vida; ¿de quién he de atemorizarme?» (Salmo 27.1). Esa fuerza viene desde adentro, cuando el Espíritu Santo imparte fe sin temor a su vida e incluso a veces una fe impetuosa.

El Espíritu lo libera

«Porque el Señor es el Espíritu; y donde está el Espíritu del Señor, allí hay libertad» (2 Corintios 3.17).

Mientras la Ley nos enseñó lo que se suponía que teníamos que hacer, no contenía en sí misma la capacidad de ayudarnos a cumplirla. Estábamos esclavizados al pecado. Pero Cristo, al cumplir la Ley mediante su vida sin pecado, su muerte vicaria y su resurrección triunfante monta el escenario para que el Espíritu Santo venga y nos libere del pecado, dándonos la capacidad de conformarnos al carácter de Dios y cumplir la ley del Espíritu Santo. El Espíritu Santo nos ha liberado *del* pecado y *para* el servicio.

Nunca olvidaré mi primera reunión con mi asistente, Curtis Johnson, porque esto fue lo que le pasó. Era un joven al que conocí casi por casualidad varios años antes, en el estacionamiento de nuestra iglesia, ¡de todos los lugares! Lo vi vagando por allí mientras yo me retiraba. Como no lo reconocí, me detuve a preguntarle: «¿Está usted bien?»

Mientras hablaba, me di cuenta que hacía tres días que no comía y era un adicto a las drogas que buscaba con ansias librarse de esa esclavitud. Aunque en varias ocasiones había buscado ayuda a través de varias organizaciones, aún estaba atado a las drogas. Sabía que su vida como drogadicto no lo llevaba a ninguna parte, por eso buscaba ayuda con desesperación.

Le di algún dinero y le dije que buscara algo de comer. Le dije también que volviera para conversar un poco más.

Más tarde, hablamos y oramos y fue gloriosamente salvado y liberado de la esclavitud en su vida. Empezó a asistir con regularidad a nuestra iglesia y a crecer espiritualmente. Dios lo tocó de forma sobrenatural y en su vida empezó a desarrollarse un milagro. Pasaron semanas y meses, y crecía fuerte en las cosas del Señor. Con su pasado detrás, empezó a buscar formas de servir al Señor y las puertas comenzaron a abrírseles.

De esto hace varios años y yo estoy maravillado que este joven liberado de la esclavitud de las drogas también lo fuera para servir. Sirve fielmente en cada servicio en el cual ministro y ha sido una gran bendición para mí. Viaja con nuestro equipo, tanto en los Estados Unidos como en otras partes del mundo, y está presente en todos los servicios de nuestra iglesia. Es en realidad un ejemplo viviente de lo que significa la liberación del pecado para el servicio. Tiene un tremendo amor por el Señor Jesús y ha dado su vida en servicio al Maestro. ¡Para Dios sea toda la gloria!

Como dijo Pablo: «Porque la ley del Espíritu de vida en Cristo Jesús me ha librado de la ley del pecado y de la muerte» (Romanos 8.2).

Me alegra siempre decirle a las personas que el cielo va a estar lleno de imperfectos hechos perfectos por la obra de Cristo en el Calvario. Esta poderosa obra está disponible para nosotros a través de su Espíritu.

El Espíritu renueva   En el fascinante libro *The Day America Told the Truth* [El día que Estados Unidos dijo la verdad] los autores preguntan a los estadounidenses qué es lo que más querrían que cambiara en ellos para cumplir su potencial como humanos.[6] ¿Cómo respondería usted esta pregunta? ¿Qué diría? Aunque su respuesta sea el resultado de un pensamiento profundo y una búsqueda del alma, he aquí las dos respuestas más comunes de la gente de este país:

• Quiero ser rico.

• Quiero ser delgado.

Sin duda que esto es patético y superficial, pero difícilmente es una noticia nueva, ¿verdad? Quizás no le sorprenda porque usted sabe que es casi imposible abrir una revista u observar un programa de televisión sin recibir una andanada de publicidad o comerciales ofreciéndole la promesa de salud, riqueza, juventud y vitalidad, desde gimnasios para bajar de peso, suplementos vitamínicos hasta equipos para ejercicios físicos.

Intentar hacer caminar el reloj hacia atrás en nuestra condición física es, sin embargo, sólo una solución temporal. Y no importa cuán fácil sea comprar propiedades sin pago adelantado o llenar su soso estómago, la renovación espiritual no se encuentra disponible a través de un número telefónico sin cargos por llamar, no se puede comprar, pero es *gratis* para usted *mediante el Espíritu Santo.*

¿Quién es la fuente de esa renovación? *El bendito Espíritu Santo.* Y «no por obras de justicia que nosotros hubiéramos hecho, sino por su misericordia, por el lavamiento de la regeneración y por la renovación en el Espíritu Santo» (Tito 3.5). ¿Se había dado cuenta? El Espíritu Santo no sólo *regenera,* sino que *renueva.* Renovación aquí no significa poner al reloj a caminar hacia atrás, sino ¡una nueva persona! Una nueva *calidad* de vida. Un recorte en la barriga puede hacerlo sentir mucho mejor, pero el Espíritu Santo le dará un *completo y nuevo ser*, y le ayudará a hacer sus «ejercicios espirituales». La Biblia nos dice: «Desecha las fábulas profanas y de viejas. Ejercítate para la piedad; porque el ejercicio corporal para poco es provechoso, pero la piedad para todo aprovecha, pues tiene promesa de esta vida presente, y de la venidera» (1 Timoteo 4.7-8).

El Espíritu le da esperanza   Esperanza es mirar hacia adelante con confianza o expectación.[7] La esperanza se basa en el amor, es decir, que Aquel que nos ama hará lo que prometió debido a su amor, y la Biblia dice que el Espíritu Santo da esperanza cuando estamos pasando a través de dificultades. Como amado hijo de Dios, usted puede contar que Él actúa activamente en este tiempo duro en que lo está refinando. Como resultado: «La tribulación produce paciencia; y la paciencia, prueba; y la prueba, esperanza» (Romanos 5.3-4).

Y la Biblia sigue diciendo: «Y la esperanza no avergüenza; porque el amor de Dios ha sido derramado en nuestros corazones por el Espíritu Santo que nos fue dado» (Romanos 5.5) La prueba es el amor de Dios derramado en nuestro corazones por el Espíritu Santo. Como la suave lluvia que nutre las plantas, el Espíritu Santo derrama en nuestros corazones la «lluvia» de la frescura espiritual y el aliento en medio de nuestros tiempos difíciles.[8]

Dios da esperanza y al confiar en Él en los tiempos duros, manda poderosos torrentes de gozo y paz a su corazón, tanto que reboza con esperanza. ¿Cómo? Por el poder del Espíritu Santo: «Y el Dios de esperanza os llene de todo gozo y paz en el creer, para que abundéis en esperanza por el poder del Espíritu Santo» (Romanos 15.13).

Pero el Espíritu no sólo da esperanza en medio de las dificultades del presente, sino que también nos las da por las alegrías del futuro: «Pues nosotros por el Espíritu aguardamos por fe la esperanza de la justicia» (Gálatas 5.5). ¿Siente nostalgia del cielo? ¿Se encuentra anhelando el Rapto? ¿Dice: «Aun así, ven pronto Señor Jesús»? ¿Suspira por un nuevo cuerpo y una nueva naturaleza? Yo sí. La Biblia la llama «la bendita esperanza, la gloriosa aparición de nuestro gran Dios y Salvador, Cristo Jesús» (Tito 2.13). ¿Quién es la fuente de esta esperanza? En Gálatas 5.5 se declara que es el Espíritu Santo que vive en nosotros.

El Espíritu Santo consuela

La primera vez que Jesús se refirió al Espíritu Santo como el «Consolador» fue la noche antes de que lo traicionaran. Respondiendo a la tristeza de sus discípulos porque los iba a dejar, les dijo: «Yo rogaré al Padre, y os dará *otro Consolador*, para que esté con vosotros para siempre» (Juan 14.16, énfasis añadido).

Esta palabra *consolador* es muy interesante. También se traduce como «consejero» o «ayudador». «Es un término legal, pero con un significado más amplio que "consejo para la defensa"[...] Se refiere a cualquier persona que ayudó a alguien en problemas con la ley».[9] Así entonces el Espíritu Santo vive en nosotros, consolando, ayudando, confortando, haciéndose cargo de nuestra causa cuando necesitamos su ayuda.

¿Qué quiso decir Jesús cuando expresó que sería *otro* (en el griego: *allos*) Consolador? Quiso decir que el Espíritu Santo que vendría sería *exactamente como Él*. Decía: «Uno junto a mí, además de mí y en adición a mí, que en mi ausencia hará lo que yo haría si estuviera físicamente presente con ustedes».[10] Esto es tan claro ahora porque el Espíritu Santo puede llamarse el «Espíritu de Cristo» (Romanos 8.9) y «el Espíritu de su Hijo» (Gálatas 4.6).

El Señor Jesús prometió que enviaría a un Ayudador exactamente como Él, y en el día de Pentecostés cuando el Espíritu Santo vino, el Salvador cumplió su promesa. La poderosa obra del Espíritu Santo en Pentecostés se tradujo en miles que creyeron en Cristo y experimentaron de primera mano la obra consoladora del Espíritu Santo. Como resultado, las iglesias empezaron a establecerse a través de Judea, Galilea y Samaria. Aun durante los tiempos de persecución, aquellos primeras iglesias caminaron «en el temor del Señor y se acrecentaban fortalecidas por el Espíritu Santo» (Hechos 9.31).

El Espíritu nos da seguridad

Uno de los pasajes cumbre de la Escritura es Gálatas 4.1-6: «Pero también digo: Entre tanto que el heredero es niño, en nada difiere del esclavo, aunque es señor de todo; sino que está bajo tutores y curadores hasta el tiempo señalado por el padre. Así también nosotros, cuando éramos niños, estábamos en esclavitud bajo los rudimentos del mundo. Pero cuando vino el cumplimiento del tiempo, Dios envió a su Hijo, nacido de mujer y nacido bajo la ley, para que redimiese a los que estaban bajo la ley, a fin de que recibiésemos la adopción de hijos. Y por cuanto sois hijos, Dios envió a vuestros corazones el Espíritu de su Hijo, el cual clama: ¡Abba, Padre!»

Ahora quiero que todos los que han experimentado la angustia de una violenta situación en el hogar de su infancia pongan mucha atención. Ninguno de nosotros *viene de* hogares perfectos ni ninguno de nosotros *provee* hogares perfectos, no importa cuánto se esfuerce en lograrlo. Pero quizás su infancia se caracterizó por el abuso, la falta de amor, la inseguridad o la confusión. Y debajo de la ira e incluso de la negación hay sentimientos profundos de heridas y grandes preguntas acerca de su valor o atractivo como persona.

Créame, puedo entenderlo. He vivido a través de una guerra, he soportado la agonía de un cambio transcontinental, he cambiado el idioma, las escuelas, los amigos, países y culturas. Experimenté la devastación del rechazo paterno cuando nací de nuevo y confié en Jesús como Salvador. Cuando Cristo me encontró, era básicamente una persona destrozada en lo que se refiere a mi autoimagen, pero fue en esos mismos momentos que el Espíritu Santo proveyó tal consuelo y seguridad que yo era suyo y que realmente pertenecía a Jesús mi Salvador y Dios mi Padre celestial.

Cuando confiamos en Cristo, el Espíritu Santo nos transforma de extranjeros en hijos de Dios, adoptándonos en la maravillosa familia de Dios. A veces en el caso de hijos naturales se vituperan unos a otros con el cargo de que no son en realidad hijos biológicos de sus padres, sino que por alguna razón los han adoptado, como si un hijo adoptado fuera inferior a uno biológico. Pero esto no ocurre en la familia de Dios. Dios nos adopta a cada uno en su familia, haciéndonos herederos de Dios y juntamente herederos con su amado Hijo, Jesús, dándonos el privilegio que esto implica.

Cualquiera que sea su trasfondo, cuando confía en Cristo, llega a ser un miembro de la mejor familia que hay. Y una de las grandes obras del Espíritu es aquella que «el Espíritu mismo da testimonio a nuestro espíritu, de que somos hijos de Dios» (Romanos 8.16).

Muy adentro de nosotros recibimos el conocimiento de que ya no somos extranjeros. Cada complejo de inferioridad, el sentido de no pertenencia, la ira, pueden desaparecer al reemplazarlos con la suave voz del Espíritu Santo que nos dice: «Eso ya ha quedado atrás, el Padre les ama y ahora está en su familia».

Y esto ocurre al nivel de nuestro espíritu, el testimonio no es *a* nuestro espíritu, sino que es *con* nuestro espíritu por el *Espíritu Santo*. La palabra para «dar testimonio» significa confirmar o testificar en apoyo a alguien. A menudo esta palabra aparece en documentos oficiales del primer siglo, después de la firma de la persona que fue testigo del acuerdo, daba fe de que las personas involucradas realmente lo habían firmado.[11]

¿Ve el punto de esta escena verbal? El Espíritu Santo está en diálogo con nuestro espíritu, diciendo: «Sí, yo estuve allí cuando confiaste en Cristo. Sí, tú has sido adoptado en la familia de Dios, yo soy testigo. Sí, tú eres un miembro pleno de la familia. Sí, Dios es tu amoroso Padre celestial. No, tú no necesitas estar inseguro acerca de tu nueva familia».

El Espíritu Santo y la mente del creyente

El Espíritu Santo revela las cosas de Dios.

Desde los primeros pequeños pasos de mi caminar bajo la dirección del Espíritu supe que estaría perdido sin la revelación del Espíritu Santo. Él se deleita en decirnos cosas que trascienden nuestro pensamiento. Entienda, «nadie conoció las cosas de Dios, sino el Espíritu de Dios» (1 Corintios 2.11). Y Dios se deleita al darnos a conocer su verdad a través del Espíritu Santo. La Palabra dice que Dios nos las «reveló a nosotros por el Espíritu» (v. 10).

He pasado cientos de horas estudiando la Biblia y reflexionando prácticamente sobre cada palabra, pero nada iguala lo que sucede cuando el Espíritu Santo empieza a darle a conocer las cosas de su Reino.

Usted puede ser dueño de todos los diccionarios, concordancias y diccionarios bíblicos impresos y aún carecer tristemente de conocimiento *espiritual*. Ahora, no me malentienda. Tengo una gran biblioteca y soy un lector voraz, pero sólo el Espíritu puede revelar en su totalidad los misterios de Dios. Después de todo, Él es el autor del Libro.

El Señor mostró al apóstol Pablo cosas que no habría podido descubrir por sí mismo. Esto es lo que la palabra griega traducida como «misterio» quiere decir. Por ejemplo, Dios le dijo que tanto judíos como gentiles constituirían el cuerpo de Cristo. Esto fue algo «que en otras generaciones no se dio a conocer a los hijos de los hombres, como ahora es revelado a sus santos apóstoles y profetas por el Espíritu» (Efesios 3.5).

La Biblia dice que lo que se nos ha dado no es el espíritu del mundo, «sino el Espíritu que proviene de Dios, para que sepamos lo que Dios nos ha concedido» (1 Corintios 2.12).

El hombre promedio no puede comprender las cosas del Espíritu: «Porque para él son locura, y no las puede entender, porque se han de discernir espiritualmente. En cambio el espiritual juzga todas las cosas» (vv. 14-15).

Los que rehúsan «conectarse» a la Fuente de la sabiduría espiritual nunca entenderán lo que el Señor nos ha impartido, no importa con cuánta dedicación estudian o con cuánta diligencia investigan. Lo que siempre nos mantendrá aparte es que «nosotros tenemos la mente de Cristo» (v. 16).

El Espíritu Santo nos recuerda las obras de Cristo

Jesús dio su maravillosa promesa sobre el Espíritu Santo para consolar a los apóstoles la víspera de su arresto y crucifixión: «Él os enseñará todas las cosas, y os recordará todo lo que yo os he dicho» (Juan 14.26). Esta misma maravillosa promesa se aplica también a nosotros hoy.

Durante la entrega de casi cada mensaje, el Espíritu trae cosas a mi memoria sobre el Señor Jesús que no he planeado decir. Es el Espíritu Santo haciendo su trabajo. Al igual que cualquier predicador del evangelio digno de su llamado, creo que el Señor espera que esté totalmente preparado para la responsabilidad de alimentar a sus ovejas y creo que parte de la promesa de Jesús aquí ocurre cuando estudio. Debo decirle, sin embargo, que no importa cuánto tiempo ponga en la preparación de un mensaje, el Señor también tiene cosas que quiere comunicar y yo quiero ser bien sensitivo a eso.

Algunas personas se sorprenden cuando les muestro el libro de bosquejo de sermones en mi oficina. Piensan que hay algún tipo de conflicto entre preparar el mensaje y estar abierto a la dirección del Espíritu Santo. ¡Nada podría estar más lejos de la verdad! La realidad es que dependo en el Espíritu Santo, tanto cuando estudio como cuando predico lo que el Espíritu Santo me ha guiado a preparar.

El Espíritu Santo nos enseña verdad

Como creyentes dirigidos por el Espíritu, podemos depender del Espíritu Santo para revelar verdad tanto a nosotros como para protegernos del error. Esta es nuestra confianza porque ha sido prometido a quienes conocen a Dios. «Nosotros somos de Dios; el que conoce a Dios, nos oye; el que no es de Dios, no nos oye. En esto conocemos el espíritu de verdad y el espíritu de error» (1 Juan 4.6).

Hace poco lo experimenté mientras curioseaba en una gran librería. Vi una reciente publicación que me llamó la atención y, porque había oído algo acerca del libro unas pocas semanas antes, pensé en hojearlo rápidamente.

El título me inspiró cierto grado de curiosidad por el contenido. El examen de la sobrecubierta pronto reveló que el libro trataba sobre la experiencia del autor después de la muerte. Continué pasando las páginas, leyendo algunos de los títulos de capítulos y mirando por aquí y por allá. Al explorar el contenido del libro, «algo» me hizo detener y examinar con cuidado la página abierta ante mis ojos. Pareció como si una alarma interna se disparara. «¿Qué pasa?», me pregunté.

En el mismo momento en que la pregunta vino a mi mente, mis ojos se posaron sobre cierto texto que claramente explicaba mi inquietud íntima. ¡Este era un libro con un mensaje de la Nueva Era! Pero estaba bien disimulado y parecía como muchas otras historias maravillosas que he leído acerca de personas que han tenido una experiencia después de la muerte, han vuelto a la vida y han contado su gloriosa visión de eternidad como creyentes.

Rápidamente devolví el libro al estante y salí de la librería. Mientras me alejaba caminando, pensé sobre cuán sutil es el diablo para esconder sus mentiras y trampas entre las cubiertas de un libro con aspecto inocente. Pero cuán glorioso es saber que mi maravilloso Acompañante, el Espíritu Santo, nunca me deja y estaba a mi lado en esa librería. Fue

Él el que hizo brillar una luz en las tinieblas engañosamente escondidas en el libro.

Entonces, ¿cómo sabemos si algo contiene verdad o error? No podemos hacer un juicio basado sólo en cómo nos sentimos. Lo primero que quiero saber es qué dice el libro acerca del Señor Jesús, porque Él es el Camino, la Verdad y la Vida (Juan 14.6).

Hoy, «el Espíritu es el que da testimonio; porque el Espíritu es la verdad» (1 Juan 5.6) El Santo Espíritu es un instructor, pero es mucho más que eso. Es la verdad. Es el maestro de lo fidedigno y seguro. Es la fuente de toda verdad.

El Espíritu Santo hace que usted se ocupe de cosas espirituales

Un bien respetado amigo mío que además es un ministro a tiempo completo asistió a nuestra cruzada Atlanta 1994. Cuando llegó al estadio, preguntó si podría hablar brevemente conmigo. Como el culto iba a comenzar, no fue posible, por lo cual lo llevaron a su asiento.

La presencia del Espíritu Santo fue tan intensa a través de todo el servicio que desde el primer compás de la primera canción por el coro de la cruzada la atmósfera estaba cargada de electricidad, cargada con el poder y la presencia de Dios.

El orden del culto fue similar a los de la mayoría de la cruzada. Gozamos la adoración con miles uniéndose al unísono para ensalzar el nombre de Jesucristo. La música especial de los músicos ayudó grandemente al servicio, el que continuó creciendo en poder e intensidad.

Al descender la unción para lo milagroso, la intensidad de la presencia de Dios aumentó grandemente. La unción del Espíritu Santo fue evidente. El auditorio estaba cargado del poder de Dios y empezaron a ocurrir milagros por todas partes. La gente se ponía de pie cuando pedía a los que habían sido sanados que pasaran al frente a testificar del toque sanador de Dios. Había testimonios gloriosos de sanidad y lágrimas de gozo y gratitud mientras uno tras otro declaraba: «¡He sido sanado!»

Cuando el culto iba a finalizar, invité a quienes quisieran pedir a Jesucristo que perdonara sus pecados y ser su Señor y Salvador a que pasaran adelante y experimentaran el milagro más grandioso: la salvación. La gente respondió de inmediato desde todos los rincones del auditorio. Se necesitaba varios minutos para llegar hasta el frente. Miles vinieron.

Mientras hacía la oración del pecador con quienes habían respondido, miré a través del mar de rostros ante mí. Algunos oraban con fervor y convicción, otros lloraban sin control mientras se arrepentían. Una transformación eterna ocurría ante mis ojos.

Cuando la oración concluyó, iba a cerrar el culto y despedir a la gente, cuando de repente una joven pareja de pie en medio de la multitud que permanecía en al altar llamó mi atención. Exteriormente no había nada que los diferenciara del resto. Sin embargo, de pronto toda mi atención se centró en ellos. Me detuve por un momento. Luego, señalando hacia esa dirección, dije: «Traigan a esa pareja a la plataforma».

Cuando estuvieron frente a mí, empecé a hablarles con energía. Aunque nunca antes los había visto, las palabras que dije parecieron penetrar en ellos. Ahí estaban de pie, tomados de la mano, temblando y llorando mientras les decía cómo habían estado huyendo de Dios, intentando ignorar un divino llamado al ministerio sobre sus vidas. Mientras hablaba, ellos asintieron para confirmar lo que les decía. Les impuse las manos y pedí al Señor que los liberara de cada atadura que los tuviera cautivos. Cada palabra salía con fuerza y poder.

Me detuve un momento y pregunté: «¿Quiénes son?» Un ministro visitante que estaba sentado en la plataforma se puso de pie y caminó hacia adelante de inmediato. También lloraba. Se dirigió directamente hacia la joven pareja y los abrazó. Los miré a los tres, intrigado, mientras lloraban abrazados.

Por último, se volvió a mí y empezó a hablar. Limpiándose las lágrimas comenzó a decirme que esta joven pareja eran su sobrino y la esposa. Dijo que la noche anterior había recibido de ellos una angustiante llamada telefónica. «Tío», le dijo su sobrino. «Estamos al final de la cuerda. No aguantamos más. Las drogas, el alcohol y tantas otras cosas en nuestras vidas nos tienen tan cautivos que sentimos que no hay esperanza». Un sentimiento de total desesperación era evidente en su voz.

Su sobrino siguió diciendo que la noche anterior había tomado una sobredosis de droga combinada con alcohol en un intento por terminar con su vida. Sin embargo, su madre de alguna manera lo había encontrado y mientras oraba intensamente por él lo había llevado en busca de ayuda médica. La llamada de su sobrino era un obvio grito por ayuda.

Después de una larga conversación telefónica, finalmente fue posible convencerlo que tomara el siguiente vuelo y se reunieran para asistir a la reunión. «Sólo esperen veinticuatro horas», les había dicho, «y dejen que los traiga a reunirse conmigo. Mañana en la noche asistiré a la cruzada de Benny Hinn y quiero que me acompañen». No teniendo nada que perder, aceptaron. Él les compró los pasajes aéreos y confió en un milagro de Dios.

Y allí estaban, de pie en la plataforma, sus brazos alrededor del otro y de su tío. Sólo momentos atrás habían sido esclavos del pecado, pero ahora, como pude ver en sus rostros, la profunda transformación que ocurrió se veía en sus rostros. Ahora, sus semblantes estaban llenos de esperanza y paz. El poder transformador del amor y el perdón de Dios y la obra visible del Espíritu Santo eran evidentes. El milagro más grande acababa de tener lugar ante nuestros ojos. ¡Era glorioso!

El milagro comienza en la vida del pensamiento y el agente es el Espíritu Santo, quien puede darle la victoria. «Porque los que son de la carne piensan en las cosas de la carne; pero los que son del Espíritu, en las cosas del Espíritu. Porque el ocuparse de la carne es muerte, pero el ocuparse del Espíritu es vida y paz» (Romanos 8.5-6).

Esta joven pareja fue al culto con pensamientos de desesperanza, pero el Espíritu Santo lo cambió todo. Cuando se fueron aquella noche, su futuro tenía vida y paz.

El Espíritu Santo dirige y guía

La historia de la joven pareja todavía no se ha terminado. Cuando los tres estaban de pie ante mí, abrazados y llorando en abundancia, mi amigo (tío de ellos) empezó a decirme algo absolutamente increíble. Había llegado al estadio aquella noche cuando el culto iba a comenzar. Su sobrino y su esposa se habían sentado en algún otro lugar del estadio. Mientras tanto, él había pedido hablar conmigo brevemente antes del culto, esperando contarme de la seria necesidad de su sobrino y su esposa. Sin embargo, debido a que iba a comenzar el culto, lo llevaron directamente a la plataforma donde permaneció sentado durante todo el culto. No me pudo advertir de su presencia ni su necesidad, ¡pero el Espíritu Santo lo hizo! Esa dirección está disponible hoy en día. Es más, no sólo está disponible, sino que se espera que los hijos de Dios *seguirán* esa dirección: «Porque todos los que son guiados por el Espíritu de Dios, éstos son hijos de Dios» (Romanos 8.14).

Meses más tarde vi a mi amigo en otra reunión donde me puso al día de las noticias sobre su sobrino. Me dijo que desde aquella gloriosa experiencia en la cruzada de Atlanta, asistían a la iglesia con regularidad, nunca se perdían un culto y ahora se preparaban para un ministerio a tiempo completo. ¡A Dios sea toda la gloria!

El Espíritu Santo da testimonio del Señor Jesús

En cada gran derramamiento del Espíritu, el enfoque se ha centrado en el Señor Jesucristo. Durante el histórico avivamiento de la Calle Azuza en Los Ángeles en 1906, Frank Bartleman era una de las figuras principales. En su crónica de los acontecimientos, escribió: «Cualquiera obra que exalte al Espíritu Santo o los "dones" sobre Jesús, a la larga terminará en fanatismo. Cualquiera cosa que nos haga exaltar y amar a Jesús es buena y segura. Lo contrario lo arruinará todo. El Espíritu Santo es una gran luz, pero siempre enfocada en Jesús, para revelarlo a Él».[12] En cada gran ministerio, el enfoque se centra en el Señor Jesús. En cada gran cristiano, el enfoque se centra en el Señor Jesús.

¿Recuerda lo que dijo Jesús: «Cuando venga el Consolador[...] Él dará testimonio acerca de mí» (Juan 15.26)?

Después de Pentecostés, Pedro predicó que Dios había resucitado a Cristo crucificado. «Y nosotros somos testigos suyos de estas cosas, y *también el Espíritu Santo*, el cual ha dado Dios a los que le obedecen» (Hechos 5.32, énfasis añadido). Nótese aquí que el Espíritu Santo no fue sólo *un* testigo, sino que *dio* testimonio a través de señales y maravillas milagrosas comenzando con la resurrección, siguiendo con la ascensión y extendiéndose hasta la misma fundación de la iglesia primitiva. Y, debo añadir, hasta hoy en día.

Cada vez que predico el evangelio, oro que hombres y mujeres vengan por fe a Cristo. En mi opinión el milagro más grande en el mundo de hoy ocurre cuando una persona confía en Cristo como su Salvador. Pero, ¿de dónde viene esa confesión? El apóstol Pablo fue claro cuando dijo que «nadie puede llamar a Jesús Señor, sino por el Espíritu Santo» (1 Corintios 12.3). Por eso el Espíritu Santo es el que realiza el milagro más grande, nos capacita para decir con todo nuestro corazón: «Jesús es Señor de mi vida», y este milagro sólo es el principio; la introducción de lo que ocurre cuando Él obra *a través* de nosotros para alcanzar el mundo.

10

La presencia y el poder

«**U**sted dice que su Jesús sana: ¡Demuéstrelo!»

Esas fueron las palabras de un hombre lisiado que subió a la plataforma con su familia e interrumpió mi mensaje.

Por invitación de unos sacerdotes católicos estaba predicando en una pequeña villa llamada *Spanish* al norte de Ontario. Fue en 1975.

Casi todos en la audiencia eran de una tribu de indios norteamericanos que vivían en esa área. Eran personas altas cuyos arrugados rostros parecían esculpidos en piedra.

«¿Qué pensará esta gente?», me preguntaba a medida que comencé a ministrar. Sus semblantes no mostraban ninguna emoción: no asentían, ni había sonrisas armoniosas en sus estoicos rostros. Simplemente me miraban.

Mi mensaje era sobre el poder de Dios para salvar, sanar y llenar con su Espíritu. Más o menos a mitad de mi sermón, y para mi sorpresa, vi a un joven indio y a su familia caminar por el pasillo hasta la plataforma. El esposo cojeaba severamente. Pensé: «Señor, esto es maravilloso. Vienen a entregarte sus vidas».

Pero ni siquiera titubearon en el altar. Nadie los detuvo

mientras subían los escalones de la plataforma, al fin se detuvieron directamente frente a mí, mirándome.

Confundido, dejé de predicar y dije:

—¿Puedo ayudarlos en algo?

—Usted nos ha estado diciendo que Jesús está vivo hoy. Tengo 28 años de edad y estoy lisiado. Mi esposa tiene cáncer. ¡Mire! La piel de mi pequeña está sangrando debido a un agudo caso de eczema. Nadie ha podido ayudarla. Usted dice que su Jesús sana: ¡Demuéstrelo! —dijo el hombre mirándome con firmeza.

La congregación me miraba con mayor intensidad aún. Vi a los sacerdotes, estaban orando. Uno de ellos parecía un profeta del Antiguo Testamento, con la barba tan larga que casi tocaba el suelo. Les pedí que se me acercaran y dije:

—Caballeros, arrodillémonos y roguemos al Señor.

Entonces oré:

—Señor Jesús, este hombre me pide que pruebe lo que estoy predicando. Pero, Señor, no estoy predicando *mi* evangelio. Estoy predicando *tu* evangelio. ¡Pruébalo *tú*!

Aunque oré con valentía, no estaba seguro de qué hacer luego. Así que esperé. El tiempo pareció detenerse en ese momento. No se escuchaba ningún sonido. No sabía que estaba sucediendo, pero no iba a abrir mis ojos. Simplemente me arrodillé, con los ojos cerrados y seguí orando.

De pronto, hubo un ruido estrepitoso y otro. Asombrado abrí mis ojos para ver qué sucedía. Mientras miraba alrededor vi al hombre, su esposa y su hija echados en el suelo. El Espíritu de Dios había descendido con tal poder que el hombre y toda su familia cayeron de espaldas al suelo. Para ese entonces todo el auditorio me estaba mirando, preguntándose qué había sucedido. Casi suspendidos en el tiempo, todos esperamos para ver qué sucedería después.

Por último, los miembros de la familia comenzaron a levantarse. Mientras el padre miraba a su hija, comenzó a gritar y a llorar al mismo tiempo. Mientras examinaba sus brazos, gritó:

—¡Ya no sangran! ¡Es un milagro!

A medida que miraba sus pequeños brazos, me sorprendí al averiguar que se había detenido el flujo de sangre; parecía tener piel nueva en sus brazos. Casi al mismo tiempo, su padre comenzó a correr alrededor del edificio, diciendo:

—¡Estoy sanado! Estoy sanado.

Su pierna lisiada había sido restaurada. Mientras su esposa comenzó a examinarse, ella también se percató de que Dios también la había tocado.

La presencia del Espíritu Santo cambió de tal forma esa reunión que aquellos indios inexpresivos levantaron de súbito sus manos y comenzaron a alabar y adorar al Señor. Esa noche muchos le pidieron a Cristo que fuera su Salvador.

Y me di cuenta de que cuando el Espíritu de Dios obra no tenemos que demostrar o probar nada. Él nos usa en su servicio, pero lo que vivifica es su poder, su presencia y su proclamación.

El Espíritu Santo nos abre el cielo

La obra del Espíritu Santo no sólo es *interna*, también se *dirige hacia arriba* y *hacia afuera*. Él nos lleva a una relación nueva con Dios y nos prepara para el servicio.

Cada vez que le doy la bienvenida al Espíritu Santo Él abre las puertas del cielo y me lleva hasta la presencia del Padre.

El Espíritu Santo le lleva a la presencia de Dios

«Es como el cielo en la tierra».

Así es como la gente describe sus sentimientos cuando entran en la atmósfera de la unción. Podría suceder en una enorme cruzada, en una pequeña reunión de oración o cuando esté a solas con Dios.

Cuando el Espíritu Santo comienza a realizar su obra todas las barreras entre usted y el Señor se eliminan. De pronto, está *cercano* a Él. Algunos lo describen como «ser levantado hasta los cielos». Otros dicen: «Siento su presencia rodeándome donde me encuentro».

Debido a la obra consumada de Cristo, el Consolador está aquí para hacer real al cielo. «Porque por medio de Él los unos y los otros tenemos entrada por un mismo Espíritu al Padre» (Efesios 2.18).

Es sorprendente cómo cambia nuestra perspectiva cuando el Señor está cerca. Las montañas se convierten en cerros al pie de una colina. Las lágrimas se convierten en sonrisas. Moisés pudo soportar el desierto porque Dios le dijo: «Mi presencia irá contigo, y te daré descanso» (Éxodo 33.14). Y nosotros podemos decir: «En tu presencia hay plenitud de gozo» (Salmo 16.11).

El Espíritu Santo ayuda en la oración

La oración es un maravilloso privilegio... y una tremenda responsabilidad. Me agrada la forma en la que lo dice Evelyn Christenson: «Es impresionante percatarse de que al final de nuestras vidas seremos la suma total de nuestras reacciones a las respuestas de Dios a nuestras oraciones, porque Dios ha elegido limitar su próxima acción en base a aquellas. El resultado final de nuestras vidas se decide a través de toda una serie de reacciones, a lo largo de nuestra experiencia de las oraciones respondidas por Dios. La manera en que respondemos a Dios, a Él y a la vez a nosotros, determina realmente las direcciones que tomarán nuestras vidas».[1] En esta importante tarea de orar, el Espíritu Santo nos ayuda de dos maneras: *cuando* oramos y *orando* por nosotros.

En la Palabra se menciona una forma maravillosa de orar. Se le llama orar «en el Espíritu». En realidad, es la única forma de orar. Judas 20 contiene el mandamiento: «Edificándoos sobre vuestra santísima fe, *orando en el Espíritu Santo*» (Judas 20, énfasis añadido). A los cristianos en Éfeso, Pablo les dijo que debían estar «orando en todo tiempo con *toda oración y súplica en el Espíritu*» (Efesios 6.18, énfasis añadido). Ahora disfruto orar en un idioma celestial y lo hago con frecuencia, pero orar «en el Espíritu» es mucho más que eso. También significa orar en el dominio del Espíritu Santo y en el poder del Espíritu Santo. Esta es una de las múltiples razones por la cual es tan importante vivir en comunión con el Espíritu Santo: nos permite experimentar su poder y su presencia cuando oramos.

Pero no sólo nos da su poder *cuando* oramos, ¡Él también ora *por* nosotros! Escuche la maravillosa verdad de Romanos 8.26: «Y de igual manera el Espíritu nos ayuda en nuestra debilidad; pues qué hemos de pedir como conviene, no lo sabemos, pero el Espíritu mismo intercede por nosotros con gemidos indecibles» (Romanos 8.26).

Analicémoslo frase por frase. *El Espíritu nos ayuda*: literalmente, «sigue ayudando». No sólo nos ayuda de vez en cuando, nos ayuda continuamente. La palabra «ayuda» es interesante, representa a alguien que viene a ayudar a otro a cargar algo pesado.[2] ¿No es esto maravilloso? Las cargas que llaman nuestra atención y nos llevan a arrodillarnos *son*

La presencia y el poder   215

pesadas: demasiado para llevarlas solos, y a menudo demasiado complejas para sólo expresarlas verbalmente.

Percátese de que el Espíritu Santo nos ayuda *en nuestra*
debilidad; pues qué hemos de pedir como conviene, no lo sabemos.
En realidad, «nos ayuda en toda nuestra *debilidad,* pero en
especial a medida que se manifiesta en relación a nuestra
vida de oración, y en particular sobre qué orar en el presente.
Mientras aguardamos por nuestra plena redención (vv. 18-
25) necesitamos dirección en los aspectos específicos de la
oración».[3]

El Espíritu Santo nos ayuda mediante *su intercesión por*
nosotros. Note que el texto dice: «el Espíritu *mismo*». No hay
intermediarios, ni agentes, la tercera persona de la Trinidad,
Dios mismo, que interviene a favor nuestro. La palabra «intercesión» también es pintoresca y representa «el rescate por
uno que "se aparece" sobre alguien que está en problemas»
y ruega o intercede a favor suyo.[4] No permita que sus circunstancias, no importa cuán opresivas sean, le aparten de
la oración. El Espíritu Santo está a la espera para rogar por
su caso ante el Padre.

El Espíritu Santo intercede con *gemidos indecibles,* o «la-
mentos inexpresables».[5] Me encanta cómo lo explica el obis-
po Newell: «Expresa a la misma vez la amplitud de nuestra
necesidad, nuestra completa ignorancia e incapacidad, y la
infinita preocupación de la bendita infusión del Espíritu por
nosotros. "Gemidos", ¡qué palabra!, ¡y que se utilice para
referirse al Espíritu del mismo Todopoderoso! ¡Cuán frívolo
es nuestro aprecio por lo que hacen tanto Cristo por nosotros
como el Espíritu en nosotros!»[6] Y cuál es el resultado de todo:
Mas el que escudriña los corazones sabe cuál es la intención del
Espíritu, porque conforme a la voluntad de Dios intercede por los

santos. El Espíritu Santo toma nuestros enredados pensamientos y emociones, por los cuales oramos y *deberíamos* orar, y con profunda emoción lleva los sentimientos correctos al Trono. ¡Aleluya por la obra intercesora del Espíritu Santo!

J. Oswald Sanders lo resume muy bien: «El Espíritu se vincula con nosotros cuando oramos y derrama sus súplicas en nuestras oraciones. Podemos dominar la técnica de la oración y comprender su filosofía; podemos tener ilimitada confianza en la veracidad y la validez de las promesas en cuanto a la oración. Podemos rogar con diligencia. Pero si ignoramos el papel que juega el Espíritu Santo, hemos fracasado en el uso de la llave maestra».[7]

El Espíritu Santo nos inspira a adorar

Uno de los grandes movimientos del Espíritu Santo en el mundo de hoy es el renacimiento y el reavivamiento de la adoración. En la verdadera adoración, el pueblo se encuentra con el Señor, con su intelecto, su voluntad y su emoción. Esa es la diferencia entre un servicio frío, muerto, y uno vibrante y vivo con la presencia de Dios.

Si alguna vez ha estado en una de nuestras cruzadas, sabrá cuán *maravilloso* es sentir la adoración. A veces las personas piensan que tiene algo que ver conmigo. Me felicitan por dirigir la adoración. Pero, ¿saben algo? No dirijo la adoración, lo hace el Espíritu Santo. Aunque esté en la plataforma, adoro al Señor como todo el mundo. El Espíritu Santo está en control y sigo sus instrucciones como todos.

Recuerde, la adoración no es cantar *al* Señor y orar para que Dios satisfaga sus necesidades; la adoración es elevar su alabanza *al* Señor en amor, devoción y adoración. Jesús dijo:

«Dios es Espíritu; y los que le adoran, en espíritu y en verdad es necesario que adoren» (Juan 4.24).

¿Quién nos da la capacidad de adorar en forma auténtica? El Espíritu Santo: «Porque nosotros somos la circuncisión, los que *en espíritu servimos a Dios* y nos gloriamos en Cristo Jesús, no teniendo confianza en la carne» (Filipenses 3.3, énfasis añadido). El Espíritu Santo es el que nos revela a Jesús. Y mientras más veamos su belleza, su santidad y su gloria, ¿cómo haríamos otra cosa que no sea postrarnos ante el Rey del cielo para adorar y ensalzar su nombre?

El Espíritu Santo nos lleva a dar gracias.

La Escritura nos dice: «Sed llenos del Espíritu, hablando entre vosotros con salmos, con himnos y cánticos espirituales, cantando y alabando al Señor en vuestros corazones; dando siempre gracias por todo al Dios y Padre, en el nombre de nuestro Señor Jesucristo. Someteos unos a otros en el temor de Dios» (Efesios 5.18-21).

¿Se percató de los cuatro resultados de estar controlado por el Espíritu Santo? Él ungirá su hablar, ungirá su cantar, ungirá sus relaciones («someteos los unos a los otros»), y ungirá su perspectiva («dando *siempre* gracias *por todo*»).

Ser malagradecido es tan *natural* como lo es ser agradecido sólo por las cosas que hasta el momento parecen buenas. Pero cuando el Espíritu Santo controla, dará gracias siempre y por todo lo que le venga encima: hasta por las cosas desagradables. La Palabra dice: «Dad gracias en todo, porque esta es la voluntad de Dios para con vosotros en Cristo Jesús» (1 Tesalonicenses 5.18).

Cuando camina con el Espíritu Santo, Él a cada momento le motiva a decir: «Gracias, Señor». Usted experimentará aquello de lo cual Pablo escribió cuando narraba su experiencia al agradecerle «a Dios sin cesar» (1 Tesalonicenses 2.13).

Nosotros debemos dar gracias siempre y en todas las cosas. Pero, ¿y si no se siente agradecido? Le escuché a un amigo su relato en cuanto a esto. Dijo que un día mientras oraba simplemente no *sintió* agradecimiento para con el Señor por nada. Sí, sabía que tenía mucho que agradecer, pero no lo sentía muy adentro. Así que comenzó este ejercicio de gratitud. Miró a su dedo gordo y lo movió. A medida que lo movía, dijo: «Gracias, Señor, por mi dedo gordo. Gracias porque lo tengo y no me duele». Entonces comenzó a mover su tobillo. Ningún dolor, ningún entumecimiento, trabajaba perfectamente. Así que oró: «Gracias, Señor, por mi tobillo y porque trabaja a la perfección como lo creaste». Miró su pie, se paró con firmeza sobre el mismo, hasta se paró sobre sus dedos. Y a medida que lo hacía, siguió dando gracias al Señor. Movió una pierna. A medida que la movía, doblando su rodilla y parado sobre su pie, dijo: «Gracias, Señor, por mis piernas. Gracias porque puedo pararme, porque puedo andar y porque no tengo dolor en mis piernas». Continuó agradeciendo al Señor Jesús por su fuerte espalda, sus brazos, sus manos, sus dedos y así sucesivamente. Cuando terminó, estaba llorando y agradeciéndole al Señor por todas sus bendiciones. Su ejercicio de gratitud se convirtió en una oración de agradecimiento de lo más profundo de su alma.

Es maravilloso decir: «Bendice, alma mía, a Jehová, y no olvides ninguno de sus beneficios» (Salmo 103.2).

Ahora bien, debemos ser muy cuidadosos, incluso si la tercera persona de la Trinidad está obrando en nuestras vidas, Él no debe convertirse en el objeto de nuestra alabanza y agradecimiento. En lugar de ello, se nos instruye a reconocer al Padre y al Hijo como la fuente de todas las cosas buenas. Pero les agradecemos *mediante* el Espíritu Santo. Si no ha experimentado la sanidad que viene a través de este agradecimiento, no espere un momento, ¡permita que el Espíritu Santo sane su perspectiva!

Poder para servir   Cuando el Espíritu Santo vino a mi vida no me empujó de inmediato al ministerio. Primero me cambió interiormente y me dio una relación con el Padre y con el Hijo. Estuve doce meses en la «escuela del Espíritu» antes de predicar mi primer sermón en una pequeña iglesia en Oshawa, Ontario. Día tras día me enseñó de la Palabra y me preparó para lo que venía.

En lugar de preguntar: «¿Qué hará el Espíritu Santo por mí?», tenemos que preguntar «¿Cómo *me usará* el Espíritu Santo para alcanzar a mi generación?» Vuelva a leer esa última oración. Eso es en realidad lo que quiero decir. Si Dios puede utilizar a un asesino como Pablo, a un hombre sumiso como Moisés y a un niño tímido y tartamudo como Benny Hinn, ¡*imagínese lo que desea hacer a través de usted*! Él nos ha llamado y fortalecido a cada uno. Crea en ese fortalecimiento y ríndase ahora.

El Espíritu Santo nos da poder.

Nadie tendrá que decirle cuándo el Espíritu Santo viene a su vida. Usted lo sabrá. Sentirá un súbito aumento de poder que no se parece a nada que jamás haya conocido.

Este fenómeno no es inesperado. Recuerde que Jesús les dijo a sus discípulos que aguardaran en la ciudad de Jerusalén «hasta que seáis investidos de poder desde lo alto» (Lucas 24.49). Jesús lo aclaró cuando prometió: «Recibiréis poder, cuando haya venido sobre vosotros el Espíritu Santo» (Hechos 1.8).

Las personas fueron transformadas de manera dramática cuando ese potente poder llegó como viento y fuego en Pentecostés. El apóstol Pedro de un cobarde que negó al Señor se transformó en un audaz predicador que vio multitudes de tres mil y cinco mil almas entregarse a Cristo. Lo que el médico Lucas escribió en Hechos también fue la experiencia de Pablo cuando llevó el evangelio a Tesalónica: «Porque conocemos, hermanos amados de Dios, vuestra elección; pues nuestro evangelio no llegó a vosotros en palabras solamente, sino también en poder, en el Espíritu Santo y en plena certidumbre, como bien sabéis cuáles fuimos entre vosotros por amor de vosotros» (1 Tesalonicenses 1.4-5).

La historia de la Iglesia está llena de todo tipo de personas, incluyendo tímidas, frágiles y a menudo sin preparación, que fueron transformadas en dinamos espirituales por el poder del Espíritu Santo. Es más, yo soy uno de ellos.

Pablo oró por los creyentes para que aceptaran el hecho de que serían «fortalecidos con poder en el hombre interior por su Espíritu» (Efesios 3.16).

El Espíritu Santo realiza milagros a través de nosotros.

Sabemos que Jesús hizo muchos milagros, sin embargo, en cuanto a los que creen en Él, dijo: «Las obras que yo hago él las hará también; y aun mayores hará» (Juan 14.12).

Desearía poder explicar las señales, las maravillas y la sanidad, pero no puedo. Lo único que sé es que no terminaron con el ministerio de Cristo y sus apóstoles. ¿Cómo puedo estar seguro, al menos en base a mi experiencia personal? Nací con un agudo problema de tartamudez que desapareció en el momento que me paré a predicar mi primer sermón.

Dios confirma su Palabra y testifica «con señales y prodigios y diversos milagros y repartimientos del Espíritu Santo» (Hebreos 2.4). No sólo en ese entonces, sino ahora mismo.
A través del ministerio que el Señor nos ha confiado
hemos escuchado los testimonios de miles de personas que
han sido liberadas y sanadas de manera milagrosa. Creo que
esto es sólo el comienzo de una poderosa obra que Dios está
a punto de hacer en el mundo.

Billy Graham dijo: «A medida que nos acercamos al final
de la era creo que veremos una dramática repetición de las
señales y maravillas que demostrarán el poder Dios a un
mundo escéptico».[8]

El Espíritu Santo nos libera para amar.
Una de las primeras señales que mostrará que el Espíritu
Santo obra en su vida es que tendrá un gran amor por las
personas, sean cristianas o incrédulas.

Como sabrá, al comienzo de mi experiencia espiritual, mi
familia estuvo en mi contra. Pero mi amor por ella sólo se
profundizó hasta que fueron atraídos a la cruz.

La iglesia en Colosas tenía un lugar tan especial en el
corazón de Pablo, que dijo: «Siempre orando por vosotros,
damos gracias a Dios» (Colosenses 1.3). ¿Por qué? Debido a
su fe y amor (vv. 4-5). Y, ¿de dónde provienen esa fe y ese
amor? *¡Del Espíritu Santo!* (v. 8). Como dice Dean Alford: «No
cabe dudas de que este amor es un regalo y, en su verdadero
significado, el don principal del Espíritu (Gálatas 5.22; Romanos 15.30), por lo tanto está en la región elemental del
Espíritu».[9]

Es este amor del Espíritu Santo el que nos fortalece para
interceder con poder por otros, una de las mayores expresiones de amor que podamos manifestar (Romanos 15.30).

El Espíritu Santo produce la buena cosecha en nosotros.
La ley de la siembra y la cosecha es un principio divino bien establecido. Lo que plantamos determina lo que cosecharemos, ya sea semilla buena o mala.

Pablo advirtió sombríamente: «No os engañéis; Dios no puede ser burlado: pues todo lo que el hombre sembrare, eso también segará. Porque el que siembra para su carne, de la carne segará corrupción; mas el que siembra para el Espíritu, del Espíritu segará vida eterna» (Gálatas 6.7-8). ¿Cómo «sembramos para el Espíritu»? *Primero,* al descansar en su poder para considerarnos muertos a las obras de la carne: «adulterio, fornicación, inmundicia, lascivia, idolatría, hechicerías, enemistades, pleitos, celos, iras, contiendas, disensiones, herejías, envidias, homicidios, borracheras, orgías, y cosas semejantes a estas» (Gálatas 5.19-21). *Segundo,* al descansar en el poder y la presencia del Espíritu Santo para manifestar el fruto del Espíritu.

El Espíritu Santo produce fruto en nosotros.
En el Nuevo Testamento, Jesús utiliza la imagen de una vid con ramas para ilustrar nuestra relación con Él. Dijo: «Permaneced en mí, y yo en vosotros. Como el pámpano no puede llevar fruto por sí mismo, si no permanece en la vid, así tampoco vosotros, si no permanecéis en mí» (Juan 15.4).

Entonces añadió: «Yo soy la vid, vosotros los pámpanos; el que permanece en mí, y yo en él, éste lleva mucho fruto; porque separados de mí nada podéis hacer» (v. 5).

¿Qué produce el Espíritu Santo en nosotros? Pablo nos dio la lista. «Mas el fruto del Espíritu es amor, gozo, paz, paciencia, benignidad, bondad, fe, mansedumbre, templanza» (Gálatas 5.22-23).

Los tres primeros describen nuestra relación con Dios,

los tres siguientes nuestra relación con los demás y los últimos la relación con nuestro ser interno.

Note que «fruto» se usa en singular. Porque toda la cosecha viene de la misma «vid» y todas son de igual importancia y asimismo deben ser visibles. El Espíritu Santo es la única fuente de todo fruto.

Aunque los dones del Espíritu Santo se dan de forma separada, debemos dar evidencia de *todo* el fruto.

El Espíritu Santo nos da dones.

Dudo que pueda llegar a madurar más allá de la emoción que siento al abrir un regalo especial en mi cumpleaños o en Navidad. En esas ocasiones soy como un niño.

Dios también tiene dones para el creyente. Y recibirlos es aún más maravilloso. Ahora bien, el orden de esta sección y la última es importante e intencional: los dones del Espíritu Santo son insignificantes sin el fruto del Espíritu Santo (1 Corintios 13.1-3). Comience con la unión vital con Cristo, la que produce el fruto del Espíritu Santo, y entonces podrá estimar de verdad la maravillosa variedad de los dones del Espíritu Santo mencionados en 1 Corintios 12.8-10:

- Palabra de sabiduría
- Palabra de conocimiento
- Fe
- Sanidades
- Hacer milagros
- Profecía
- Discernimiento de espíritus
- Lenguas
- Interpretación de lenguas

Hay muchos dones que Dios tiene a disposición de sus hijos, nueve de ellos se encuentran en 1 Corintios 12. Qué maravilla es que Dios nos adopta en su familia y nos equipa para contribuir genuinamente con el Salvador y su Cuerpo, la Iglesia. Y no se equivoque, cada creyente está equipado así. La Escritura nos dice: «A cada uno le es dada la manifestación del Espíritu para provecho» (1 Corintios 12.7).[10]

¿Cuál es la mejor respuesta que podemos ofrecerle al Dador de los dones? Poner el don en acción. Pedro dice: «Cada uno según el don que ha recibido, minístrelo a los otros, como buenos administradores de la multiforme gracia de Dios» (1 Pedro 4.10).

Jamás insulte al Espíritu Santo pensando que su don no es importante, o que su función es innecesaria. Él le ha dado *exactamente* los dones que desea que tenga (1 Corintios 12.11). Pastores, ayuden a su pueblo a comprender sus dones y a ponerlos a trabajar para el Salvador. En mi opinión, Howard Snyder lo expresa muy bien cuando dice: «La función de la iglesia local debe ser esperar, identificar y despertar los diversos dones que duermen dentro de la comunidad de creyentes. Cuando todos se confirman bajo el liderazgo del Espíritu Santo y en el contexto del amor mutuo, cada don es importante y ninguno llega a ser una aberración».[11]

El Espíritu Santo bautiza a los creyentes del Cuerpo de Cristo.
Hay una maravillosa analogía en la carta de Pablo a los cristianos de Corinto que compara a la Iglesia con el cuerpo humano.

El apóstol dice que el cuerpo es una unidad aunque está compuesto de muchas partes. «Porque por un solo Espíritu fuimos todos bautizados en un cuerpo, sean judíos o griegos, sean esclavos o libres; y a todos se nos dio a beber de un mismo Espíritu» (1 Corintios 12.13).

Aunque el individuo quizás tenga un solo don, es parte

valiosa del Cuerpo. Aunque procedamos de distintas razas, continentes y grupos étnicos, el Espíritu Santo nos une maravillosamente en el Cuerpo de Cristo al declarar la Escritura que el Espíritu Santo «[reparte dones espirituales] a cada uno en particular como Él quiere» (1 Corintios 12.11).

Lo he visto demostrado de forma poderosa en las cruzadas. La audiencia que se reúne en una campaña de milagros está compuesta de personas de distintas denominaciones, de muchas ciudades norteamericanas, de diversas razas, de varios continentes y muchos trasfondos distintos. Mas, al comenzar el servicio, esta reunión de miles de individuos se convierte en una voz que alaba y adora en perfecta armonía y unidad al Señor Jesús. A medida que levantamos nuestras manos y cantamos las gloriosas palabras que exaltan y magnifican su nombre, expresando el deseo de conocerlo más, toda la atención se concentra en Él.

> *Ten mi vaso, te lo levanto,*
> *Ven y llena el anhelo de mi ser.*
> *Pan del cielo, tu poder me llenará.*
> *Oh, Jesús, ven y sacia mi alma hoy.*

En ese momento no importa nada más. Sólo anhelamos estar en su presencia.

Como miembros unidos debemos: «Sobrellevar los unos las cargas de los otros, y cumplir así la ley de Cristo» (Gálatas 6.2).

El Espíritu Santo nos comisiona para el ministerio.

El libro de Hechos está lleno de detalles de la obra inicial del Espíritu Santo en la edificación y la extensión del Cuerpo de Cristo. Ahora bien, no se engañe, esta también es su preocupación actual y por eso nos llama a todos al ministerio. Cerciórese de que está siguiendo la dirección del Espíritu y de que está sirviendo en donde lo comisionó. Nunca obligue ni abuse del Espíritu Santo. Sea sensible como la iglesia de Antioquía que escuchó al Espíritu Santo decir: «Apartadme a Bernabé y a Saulo para la obra a que los he llamado» (Hechos 13.2). Los líderes de Éfeso conocían su llamado, tanto como el resto. Por eso es que Pablo podía decirles: «Mirad por vosotros, y por todo el rebaño en que el Espíritu Santo os ha puesto por obispos» (Hechos 20.28).

Los ancianos y los jóvenes experimentan presiones particulares en el ministerio, como señala el apóstol en 1 Pedro 5.1-9:

- Los ministros más ancianos y establecidos deben: pastorear voluntariamente, evitar la codicia, dirigir con entusiasmo, evitar la dominación, dirigir por el ejemplo y concentrarse en su futura recompensa.

- Los ministros jóvenes deben: someterse a los ancianos, someterse entre sí, vestirse con humildad, esperar el tiempo de Dios, echar su ansiedad sobre el Señor y darse cuenta de que Dios sí se ocupa de ellos, aunque no lo noten.

- Todos los ministros deben: ser sobrios, vigilantes, resistir al diablo y recordar los sufrimientos de otros creyentes en el mundo.

El Espíritu Santo da dirección a nuestras vidas.

¿Ha enfrentado alguna vez un momento de gran decisión? Yo lo he hecho. Y ahí es que me vuelvo hacia el Espíritu Santo para que sea mi brújula y mi guía.

Si usted ha confiado en Cristo como su Salvador personal, debe esperar su dirección de forma absoluta y ser sensible para con ella. «Porque todos los que son guiados por el Espíritu de Dios, éstos son hijos de Dios» (Romanos 8.14).

Algunas veces nos habla en un susurro; otras lo hace con intensidad y poder. Hay momentos cuando tengo un sentimiento interno que no puedo ignorar. Independientemente de *cómo* me habla, es vital que escuche su voz. Siempre está listo a aclarar mi sendero y dirigir el camino.

- Él es quien le habló a Pedro en casa de Simón el curtidor y dijo: «Levántate[...] y desciende» (Hechos 10.20).

- Él es quien le dijo a Saulo y a Bernabé que *no* viajaran a Asia (Hechos 16.6).

Cuando usted permite que le guíe en los detalles de su vida diaria y en el servicio, comienzan a suceder cosas maravillosas. Parte del problema con las iglesias mencionadas en el libro de Apocalipsis era que ya no eran sensibles a la dirección del Espíritu Santo. Cristo repite una y otra vez este punto al decir: «El que tiene oído, oiga lo que el Espíritu dice a las iglesias» (Apocalipsis 2.7,11,17,29; 3.6,13,22). ¡No adopte una posición en la cual Jesús tenga que pedirle que active su aparato para sordos!

El Espíritu Santo nos capacita para comunicarnos con poder.

Cuando el Espíritu Santo comienza a trabajar, no se debe apresurar a decirle al mundo cómo es *usted*, sino cómo es *Cristo*. Tendrá una revelación de Jesús. Su mensaje será acerca del Dios poderoso, del misericordioso Salvador y del gran Sumo Sacerdote a quien sirve.

El poder de Pentecostés fue dado por una razón, para que «me sean testigos en Jerusalén, en toda Judea, en Samaria, y hasta lo último de la tierra» (Hechos 1.8).

El evangelio no se envió a la tierra en simples palabras, «sino también en poder, en el Espíritu Santo y en plena certidumbre» (1 Tesalonicenses 1.5).

Pablo confesó que no venía con «excelencia de palabras o de sabiduría» (1 Corintios 2.1). Vino en debilidad, temor y mucho temblor. Dijo: «Ni mi palabra ni mi predicación fue con palabras persuasivas de humana sabiduría, sino con demostración del Espíritu y de poder» (vv. 4-5).

El Espíritu Santo nos conduce a declarar la voluntad de Dios.

Hay muchos conferenciantes dotados en nuestro mundo, pero, ¿ha examinado alguna vez su contenido? Muchos parecen ocuparse más de sus experiencias personales que de los propósitos de Dios.

Cuando escuchamos al Espíritu Santo no seremos culpables de declarar nuestra voluntad, sino la del Señor.

No necesitaremos descansar en nosotros mismos cuando el Espíritu Santo está obrando. Estas fueron las últimas palabras del salmista David: «El Espíritu de Jehová ha hablado por mí, y su palabra ha estado en mi lengua» (2 Samuel 23.2).

El teólogo Donald Guthrie escribe acerca de esta obra de capacitación del Espíritu Santo: «La proclamación que depende del Espíritu se percibe como independiente de la sabiduría humana. Esto no significa que la predicación dotada por el Espíritu esté opuesta a la sabiduría humana, sino que esta no es la fuente del mensaje».[12]

Marcos 13.11, una promesa especial para quienes experimentan persecución, es parte de esto: «Pero cuando os trajeren para entregaros, no os preocupéis por lo que habéis de decir, ni lo penséis, sino lo que os fuere dado en aquella hora, eso hablad; porque no sois vosotros los que habláis, sino el Espíritu Santo».

El Espíritu Santo le equipa para el servicio.
Quizás sepa qué desea el Espíritu Santo que usted *sea*, pero,
¿qué quiere Él que *haga*? Cuando a Saulo lo cegó una gran
luz en el camino a Damasco, el Espíritu dirigió a un hombre
llamado Ananías para que fuera a la casa donde aquel se
hospedaba.

Ananías le impuso las manos y le dijo: «Hermano Saulo,
el Señor Jesús, que se te apareció en el camino por donde
venías, me ha enviado para que recibas la vista y seas lleno
del Espíritu Santo» (Hechos 9.17).

Hoy, el Señor desea que usted reciba, trabaje, fluya y viva
en su Espíritu. No en un éxtasis espiritual, sino en su servicio.
¡Prepárese! El Maestro está a punto de regresar. Él le mirará
profundamente a los ojos y le preguntará: «¿Qué has hecho
con lo que te he dado?»

¿Se han convertido sus dos talentos en cuatro? ¿Sus cinco
en diez? ¿O dirá: «Al siervo inútil echadle en las tinieblas de
afuera; allí será el lloro y el crujir de dientes»? (Mateo 25.30).

El tiempo se está acabando. A Dios no le interesa llenar
edificios, ¡Él está preocupado por llenar el cielo! ¡Y para
realizar la tarea ha decidido llenarlo con su poder!

Daniel dijo que el que «conoce a su Dios se esforzará y
actuará» (Daniel 11.32).

El Señor desea llenarlo para apresurar el día cuando el
mundo sea transformado de un lugar de desolación a una
tierra de belleza (2 Pedro 3.12-14). «El yermo se gozará y
florecerá como la rosa» (Isaías 35.1). Y eso es sólo el principio.
«Entonces los ojos de los ciegos serán abiertos, y los oídos de
los sordos se abrirán. Entonces el cojo saltará como un ciervo,
y cantará la lengua del mudo; porque aguas serán cavadas
en el desierto, y torrentes en la soledad» (Isaías 35.5-6).

¡Qué visitación más poderosa! ¡Y el Señor desea que usted sea parte de ella! Cuando la plenitud de la unción de Dios le llene, se sentirá como el salmista cuando declaró: «Levántese Dios, sean esparcidos sus enemigos» (Salmo 68.1a).

El Espíritu Santo le ofrece la experiencia de su presencia y quiere que se apropie de su poder: ¡Ya es tiempo de decirlo al mundo!

La comunión transformadora del Espíritu Santo

S i el libro de Hechos se estuviera escribiendo hoy, ¿qué cree usted que incluiría? Quizás registraría un testimonio que escuchó.

El derramamiento del Espíritu de Dios está vivo en todas partes del mundo. Millones puede documentar lo que está sucediendo debido a su comunión con el Espíritu Santo.

Cada día las palabras de Jesús se cumplen: «De cierto, de cierto os digo: El que en mí cree, las obras que yo hago, él has hará también; y aun mayores hará, porque yo voy al Padre» (Juan 14.12).

A mediados de los setenta asistí a la *Full Gospel Business-men's Fellowship International Convention* [Convención de la Comunión Internacional de Hombres de Negocios del Evangelio Completo], en Miami. En uno de los servicios, Demos Shakarian, el fundador de la organización, dio una profecía que no logro borrar de mi mente. Declaró en base a la autoridad de Dios: «Vendrá el día cuando los creyentes tendrán tal unción en su vida que andarán por los hospitales, poniendo las manos sobre los enfermos, y los enfermos serán sanados».

Me pregunté: «¿Acaso veré esa manifestación? ¿Levantará Dios multitudes de personas de sus camas de aflicción?»

Recuerdo haber escuchado a Kathryn Kuhlman decir que vendría un día cuando cada santo enfermo sería sanado en un servicio. Y entonces decía en su estilo lento y calculado: «¿Acaso será este el servicio?»

La petición de la Reverenda Madre

En 1976, el pastor Fred Spring me invitó para dirigir una serie de reuniones en su iglesia pentecostal en Sault Sainte Marie, Ontario, Canadá.

Dios se movió de forma poderosa en esa ciudad y la iglesia no daba abasto a las multitudes. Una mujer que tenía un programa secular de televisión se convirtió y comenzó a promover las reuniones. Además, una extensa comunión católica carismática llegó a participar activamente en la cruzada. A inicios de mi ministerio, un grupo de sacerdotes católicos de varias iglesias apoyó la mayoría de mis reuniones al norte de Canadá.

Durante la cruzada recibí una invitación especial de parte de la Reverenda Madre de un hospital católico en el área. Ella quería que dirigiera un servicio para los pacientes, junto con otros tres predicadores pentecostales y siete sacerdotes católicos.

En la capilla del enorme hospital cabían unos ciento cincuenta. Esa mañana la vista era impresionante. Habían pacientes con distintas enfermedades. Algunos estaban en sillas de ruedas. A otros los llevaron en sus camas, con tubos de alimentación intravenosa en sus brazos. Algunos pacientes estaban muy enfermos como para moverlos a la capilla. Los médicos y las enfermeras miraban desde el balcón. Muchos no podían asistir debido al espacio limitado.

Después de predicar anuncié: «Si hay alguien que desee ser ungido con aceite y que se ore por él, por favor, pase al frente».

Luego de un minuto de incómodo silencio, un hombre caminó con lentitud al frente para que orara por él. Pensé: «Señor, hemos realizado todo este esfuerzo y sólo una persona desea recibir sanidad».

Después de orar por el hombre, llamé a todos los ministros invitados al frente. Anuncié que íbamos a orar por todos los presentes e invitarlos a pasar al frente, sección por sección. E hicieron justamente eso. Mientras pasaban, se colocaron algunos envases pequeños con aceite para ungir a fin de que cada uno de nosotros los usara.

A un lado de la capilla los tres predicadores pentecostales comenzaron a orar por los pacientes, uno por uno. A medida que los ungían con aceite y ponían sus manos sobre ellos, oraban en voz alta, pidiéndole al Señor Jesús que tocara y sanara cada cuerpo enfermo. En el otro lado de la capilla los sacerdotes católicos ungían cuidadosamente a cada paciente, haciendo la señal de la cruz en sus frentes mientras oraban en tono casi inaudibles. Me paré al frente de la capilla, viendo esta lección contrastante. Era obvio que los predicadores pentecostales estaban muy cómodos con la manera en la que estaban sirviendo, mientras que los sacerdotes católicos parecían también cómodos ungiendo a cada persona y orando por ellos.

«¿Qué debo hacer?» Había un sacerdote que parecía reacio a participar. Cuando anuncié que oraríamos por cada persona en la capilla, él simplemente se quedó parado. Debido a que era pequeño y no llamaba mucho la atención, no me percaté de inmediato de que no se había unido a los demás sacerdotes. Me volví a él y dije:

—Padre, venga para acá y ayúdenos.

—No... estoy bien —replicó.

Le pedí de nuevo y se negó otra vez, moviendo su cabeza de lado a lado para confirmar sus palabras. Esperé un momento, y finalmente fui hacia donde estaba, le puse un envase de aceite en su mano y le dije:

—Tome uno de estos y ayúdenos. ¡Por favor!

—Bueno, jamás he hecho esto anteriormente. ¿Qué debo hacer? —dijo mirándome con timidez.

—Simplemente únjalos con aceite y ore por ellos como están haciendo los otros —contesté rápidamente. Hasta ese momento había sido un servicio un tanto rutinario.

El pequeño sacerdote miró rápidamente en dirección a sus compañeros, observando su técnica. Entonces pasó al frente, frotó un poco de aceite en su dedo y tocó al primer hombre. ¡Cataplún! El paciente cayó de espaldas al piso bajo el poder del Espíritu Santo.

¡Si llego a vivir ciento veinte años, *jamás* olvidaré ese momento!

El sacerdote estaba parado con su dedo congelado en medio del aire, mirando al paciente que yacía en el piso. Su semblante reflejaba puro espanto. Lo único que hizo fue quedarse allí parado, inmóvil, mirando directamente al frente. Al fin se volvió hacia mí y preguntó:

—¿Qué pasó?

—Está bajo el poder —dije.

—¡Dios mío! ¿Qué poder? —contestó.

Traté de asegurarle de que todo estaba bien y lo animé a continuar orando por los pacientes. Se movió sin deseos con una expresión confusa en su rostro. Bueno, la siguiente persona que tocó también se cayó al piso. Y la próxima. Cada persona que ungía caía bajo el poder de Dios.

De pronto, por todo el cuarto, el Espíritu del Señor descendió con poder. Los pacientes comenzaron a recibir sanidad instantánea. Uno a uno comenzaron a testificar acerca de los milagros que estaban ocurriendo.

Luego del servicio en la capilla, la Reverenda Madre dijo:

—Ah, ¡esto es maravilloso! ¿Le molestaría ir a ponerles las manos a todos los pacientes en los cuartos que no pudieron venir al servicio?

Ella le pidió a todos los que desearan servir con nosotros que nos siguieran. Más de cincuenta médicos, enfermeras, predicadores pentecostales, sacerdotes y monjas se unieron a este equipo de «Invasión milagrosa» mientras marchábamos a esos cuartos de hospital. A medida que caminábamos por el pasillo, me volví y vi al sacerdote que había sido tan reacio a orar hacía unos minutos, caminando cerca de mí. Y adivine qué... ¡todavía tenía su dedo en el aire!

—Perdóneme, Padre —dije—, pero ya puede bajar su mano.

—¡Ah no! —protestó—. ¡Podría secarse!

Habló con una convicción tan profunda que no sugerí nada más.

Ese día, mientras caminábamos a través de los pasillos del hospital uno podía sentir al Espíritu de Dios en el edificio. En pocos minutos el hospital se veía como si lo hubiera golpeado un terremoto. Las personas estaban bajo el poder del Espíritu Santo a través de los pasillos así como en los cuartos. Los sonidos de alabanza salían en cada dirección.

Mientras oraba, la profecía de Demos Shakarian destelló frente a mí. ¡Era cierto! ¡Y estaba sucediendo ante mis ojos! ¡Caminábamos a través de un hospital y las personas se sanaban!

Mientras continuábamos por los corredores del hospital, pasamos a una sala de visitantes llena de personas. Algunos estaban sentados fumando, otros hablando y otros mirando el programa de Phil Donahue. Mi amigo, el sacerdote (que todavía tenía su dedo en el aire), me miró y gesticuló hacia el área de la sala, indicando que no debíamos ignorar a esas personas. Era obvio que no tenían idea alguna de quiénes éramos nosotros, aunque era patente que algo estaba pasando. Entramos a la sala y comenzamos a ungir a cada uno de los visitantes. Cayeron uno a uno bajo el poder. Es más, como comenzamos a orar por un caballero que estaba fumando, ¡cayó bajo el poder con un cigarrillo que todavía estaba encendido en su boca!

El pastor Fred Spring, que ahora ministra en nuestro equipo, dice: «El avivamiento en el hospital fue una prueba del cielo mismo. Fue una demostración de lo que puede suceder cuando las personas se sintonizan con el Espíritu de Dios».

Cuando pienso en eso, me doy cuenta de cuán maravilloso es el sentido humorístico de Dios. Eligió utilizar a ese sacerdote que en realidad no sabía ni entendía lo que sucedía. Sin embargo, lo usó de una manera muy poderosa ese día. Este es simplemente otro ejemplo que me muestra con mucha claridad que Dios usará a cualquiera de nosotros, pero sólo si estamos dispuestos. Recuerde siempre que a Dios no le importa nuestra habilidad sino nuestra *disponibilidad*. Cuando nos ponemos a su disposición para servir, nos convertimos en un canal que puede ungir para llevar su poder y su presencia sanadora a las vidas de otros.

Lo mismo ocurre en las cruzadas de milagros. Esos gloriosos milagros no suceden debido a capacidad alguna que yo posea. ¡No puedo sanar ni siquiera a una hormiga! Antes de dar siquiera un paso hacia la plataforma siempre invito al Espíritu Santo a salir conmigo. A medida que me pongo a disposición de Dios, Él me unge para el servicio. Y a medida que su presencia y su poder fluyen a través de mí en ese servicio, lo que toca a las personas no es nada que posea, es el Señor. Es como la manguera que lleva agua a las plantas sedientas y marchitas que crecen en un suelo deshidratado, sólo soy el canal que unge y usa para traer el poder y la presencia sanadora de Dios a los que sufren y están espiritualmente hambrientos. ¡Me pongo a su disposición y Él hace el resto!

Lo que siento cuando me sobreviene esa unción del Espíritu Santo es indescriptible: ¡es glorioso! Nada en lo absoluto puede compararse con la comunión del Espíritu Santo. Su labor soberana revolucionará su vida. La Escritura registra muchas ocasiones de cómo una visitación del Espíritu Santo cambió la conversación, la adoración y hasta la apariencia de las personas en los tiempos bíblicos.

Cada capítulo de Hechos es un registro del cambio dramático ocurrido a los apóstoles debido a la comunión del Espíritu Santo. Cuando usted acoge al Espíritu Santo, le puede suceder lo mismo.

Usted cambiará

Hechos 1: Él cambiará la manera en la cual usted escucha.

Antes de que Jesús regresara al cielo, le dijo a sus apóstoles que no se fueran de Jerusalén, sino que esperaran la promesa del Padre de la cual habían escuchado (Hechos 1.4). Dijo: «Porque Juan ciertamente bautizó con agua, mas vosotros seréis bautizados con el Espíritu Santo dentro de no muchos días» (Hechos 1.5).

Las instrucciones del Señor eran un tanto difíciles de comprender. Ellos conocían la comunión de Jesús, pero no tenían concepto alguno de lo que implicaba el bautismo del Espíritu.

No sólo escucharon con sus *oídos*, escucharon con sus *corazones*. Ciento veinte cristianos se reunieron en el aposento alto para comenzar a orar.

Hechos 2: Él cambiará su manera de hablar.

Cuando el Espíritu Santo vino, la manera de hablar de ellos era diferente. Comenzaron «a hablar en otras lenguas, según el Espíritu les daba que hablasen» (Hechos 2.4).

Con el poder que recibió en el Pentecostés, Pedro declaró el mensaje de Cristo y se añadieron tres mil personas a la Iglesia.

El episcopal Dennis Bennett, en su inspirador libro *El Espíritu Santo y tú*, hace esta observación: «Él sobreabundó a través de ellos al mundo circundante, inspirándolos a alabar y a glorificar a Dios, no sólo en sus lenguas, sino en nuevos idiomas, y al hacerlo así, domó sus lenguas para usarlas, liberó sus espíritus, renovó sus mentes, refrescó sus cuerpos y fortaleció su testimonio».[1]

Hechos 3: *Él cambiará su apariencia.*

He aquí lo que he notado en cuanto a las personas con una poderosa unción en su vida. Se ven jóvenes, independientemente de su edad. Sus ojos brillan y tienen fortaleza física.

Permítame contarle de un ministro que conocí hace años cuya apariencia irradiaba del Señor. ¡Tenía tanta vida y predicaba con tanto poder y autoridad! Hacía años que lo conocía y tenía una gran unción del Espíritu sobre su vida y ministerio. Sin embargo, durante su ministerio surgió un gran problema en su vida. En lugar de ocuparse del mismo, decidió ignorarlo y la presencia de Dios lo abandonó. ¡Lo vi luego de unos meses y me sorprendí! Ni siquiera se parecía. Su apariencia era la de un viejo de aspecto macilento. La chispa se había ido. El celo por la vida se había desvanecido. Había «envejecido» instantáneamente.

Pedro y Juan, después de recibir la plenitud del Espíritu Santo, fueron a la puerta del templo y un mendigo les pidió dinero. Ellos le dijeron: «Míranos» (Hechos 3.4), una apariencia de poder y de valentía les sobrevino debido a la presencia de Dios.

En lugar de darle dinero, Pedro dijo: «No tengo plata ni oro, pero lo que tengo te doy; en el nombre de Jesucristo de Nazaret, levántate y anda» (v. 6).

El mendigo cojo saltó, se levantó y comenzó a correr, brincando y alabando a Dios. Cuando las personas vieron lo ocurrido, «se llenaron de asombro y espanto por lo que le había sucedido» (v. 10).

Hechos 4: *Él cambiará su conducta.*

Es muy difícil describir por completo lo que experimento durante un servicio cuando me llega la unción. Desaparece cada partícula de temor y ansiedad. Llego a envalentonarme contra satán y todas sus fuerzas. Llego a ser temerario. Me convierto en un hombre diferente, todo debido a la maravillosa unción de Dios.

Y debido al Espíritu Santo, el comportamiento de Pedro y Juan se alteró de forma drástica después del día de Pentecostés. En lugar de temerle a los judíos, proclamaban el mensaje del evangelio con confianza. «Entonces viendo el denuedo de Pedro y de Juan, y sabiendo que eran hombres sin letras y del vulgo, se maravillaban; y les reconocían que habían estado con Jesús» (Hechos 4.13).

La comunión con el Espíritu Santo le da:

- Audacia para acercarse a Dios.
- Audacia con los seres humanos.
- Audacia contra satán.

¿Qué le dio a David el valor para luchar contra Goliat? ¿Qué le dio a Pablo el vigor de enfrentarse al rey Agripa e insistir que Jesús todavía está vivo? Fue el Espíritu Santo de Dios.

Él sigue en el negocio de cambiar la conducta.

Hechos 5: *Él cambiará su experiencia del Espíritu Santo.*

Pedro tenía un nuevo amigo que para otros sería invisible, pero era una realidad para él. Le dijo al Sanedrín, la corte suprema judía: «Y nosotros somos testigos suyos de estas cosas, y también el Espíritu Santo, el cual ha dado Dios a los que le obedecen» (Hechos 5.32).

Los discípulos no dijeron: «Nosotros somos sus testigos al igual que María Magdalena». O: «Como los soldados que estaban allí». El Espíritu Santo era real para ellos, y todos podían ver la evidencia de su presencia en su vida. «Testificando Dios juntamente con ellos, con señales y prodigios y diversos milagros y repartimientos del Espíritu Santo según su voluntad» (Hebreos 2.4). Esto era parte del poder que Jesús les prometió antes de su ascensión al cielo (Hechos 1.8). Ah, cuán maravilloso es tener al Espíritu Santo como Amigo y Compañero y experimentar su realidad en todo momento.

Hechos 6: *Él cambiará su posición.*

Es imposible predecir a dónde lo llevará su caminar con el Espíritu Santo. La historia de Esteban, como aparece en Hechos, es un buen ejemplo. Él no era un apóstol y antes de ser diácono no tenía un puesto distinguido. Esteban sólo estaba activo en la iglesia de Jerusalén, un hombre lleno del Espíritu Santo y fe (Hechos 6.5).

Es obvio que el Espíritu Santo se estaba moviendo de manera grande y poderosa, tocando no sólo a los predicadores sino a los laicos, porque la Biblia dice: «Y Esteban, lleno de gracia y de poder, hacía grandes prodigios y señales entre el pueblo» (v. 8).

¿Cómo fue que se movió de una posición de laico a una en el ministerio como diácono o de administrador (servía «a las mesas» [v. 2]) a evangelista? Fue debido a su relación con el Espíritu Santo. Y debido a esta comunión, el Espíritu Santo le dio gran autoridad y cambió su posición.

Cuando los miembros de la sinagoga comenzaron a discutir con Esteban, «no podían resistir a la sabiduría y al Espíritu con que hablaba» (v. 10). Él tenía una nueva posición y una nueva autoridad en el ministerio.

Hechos 7: *Él cambiará su visión.*

Una relación con el Espíritu Santo cambiará su visión. En

lugar de mirar hacia abajo, comenzará a mirar hacia arriba, donde el horizonte es mucho más brillante.

Esteban estaba a punto de ser atado y arrastrado a través de las calles de Jerusalén y apedreado por su fe, pero el Espíritu Santo le dio una gloriosa visión. La Biblia dice: «Pero Esteban, lleno del Espíritu Santo, puestos los ojos en el cielo, vio la gloria de Dios, y a Jesús que estaba a la diestra de Dios» (Hechos 7.55).

Para tener una perspectiva nueva, siga el consejo de Pablo: «Poned la mira en las cosas de arriba, no en las de la tierra» (Colosenses 3.2).

Hechos 8: Él cambiará su discernimiento.

¿Ha conocido alguna vez un cristiano que no tenga tacto o sabiduría para tratar con los que no conocen al Señor? Yo sí. Dios se preocupa del momento indicado.

Cuando llegó el momento perfecto para testificar al etíope, «el Espíritu dijo a Felipe: Acércate y júntate a ese carro» (Hechos 8.29, 30), y Felipe se apresuró.

Conocía tan bien la voz de Dios que cuando el Espíritu dijo: «Ahora», Felipe respondió al instante. No deseaba perder la oportunidad.

Pablo durante sus viajes no les testificaba a las personas hasta que estuvieran listas. En una ocasión, cuando estaba en una embarcación rumbo a Roma, se enfrascaron en una tormenta violenta. Si les hubiera testificado antes de la tempestad, quizás no hubieran prestado atención. Pablo tenía las palabras adecuadas y también la sensibilidad para discernir el momento oportuno. Les contó acerca de la visitación del «ángel del Dios de quien soy y a quien sirvo, diciendo: Pablo, no temas» (Hechos 27.23-24). Les dijo que Dios prometió proteger a todos los que se embarcaron con él.

No confíe en su juicio. Permita que el Espíritu Santo le dé discernimiento.

Hechos 9: *Él cambiará su actitud.*

Saulo, que luego fue llamado Pablo, es un ejemplo excelente de cómo el Espíritu Santo puede transformar su caminar. ¿Cree que podría llamar «hermano» a alguien que es un blasfemo, perseguidor y asesino?

Como es natural, parece imposible. Pero eso es lo que el Espíritu Santo puede hacer. Cuando Dios le dijo a Ananías que fuera a orar por Saulo, replicó: «Señor, he oído de muchos acerca de este hombre, cuántos males ha hecho a tus santos en Jerusalén» (Hechos 9.13).

Sin embargo, Ananías obedeció a Dios y salió a orar por Saulo. En el momento que Ananías se encontró con él, le puso las manos y dijo: «Hermano Saulo, el Señor Jesús que se te apareció en el camino por donde venías, me ha enviado para que recibas la vista y seas lleno del Espíritu Santo» (Hechos 9.17).

Ni los apóstoles se querían relacionar con Saulo. No estaban convencidos de su conversión. Hasta donde supieran, iba de camino a Jerusalén a matarlos porque no habían visto evidencia de lo contrario. Bernabé tuvo que hacerlos cambiar de parecer. Trajo a Saulo ante ellos y les explicó «cómo Saulo había visto en el camino al Señor, el cual le había hablado, y cómo en Damasco había hablado valerosamente en el nombre de Jesús» (Hechos 9.27).

Cuando los apóstoles vieron la transformación en Pablo, se sorprendieron. Este hombre que una vez fue una amenaza para su seguridad personal y para el mensaje que predicaban, ahora andaba proclamando «a Cristo en las sinagogas, diciendo que éste era el Hijo de Dios» (v. 20).

Si el Espíritu Santo pudo transformar a Saulo en Pablo, ordenando por completo su vida y propósito de existencia, imagínese cómo podría transformarnos a usted y a mí. Sólo un toque de su presencia puede alterar el curso de nuestra vida para que andemos en sus caminos a fin de realizar su voluntad y no la nuestra.

Hechos 10: *Él cambiará su tradición.*

El vecindario donde me crié en Jaffa, Israel, se llamaba Jope en tiempos bíblicos, un antiguo nombre griego. Cuando niño escalé hasta el alcázar, un faro en el punto más alto del puerto. Cerca de allí está la casa de Simón, el curtidor de pieles, donde el apóstol Pedro tuvo una experiencia que cambió al mundo.

La visión de Pedro del cielo abierto mostraba a Dios bajando animales cuadrúpedos, reptiles y pájaros en una sábana gigante. Dios le dijo a Pedro que los matara y se los comiera. Pedro, un hombre atado por la tradición, dijo: «Señor, no; porque ninguna cosa común o inmunda he comido jamás» (Hechos 10.14).

El Señor respondió: «Lo que Dios limpió, no lo llames tú común» (v. 15).

Mientras Pedro pensaba en la visión, el Espíritu Santo le dijo que bajara y se encontrara con tres hombres que lo buscaban. Además, Dios le dijo que no dudara «de ir con ellos, porque yo los he enviado» (v. 20).

Pedro aborrecía a los gentiles. Estaba tan atado a su judaísmo que antes de ese momento no podía hablarles. Pero debido a la visión, abandonó su tradición y tuvo un gran ministerio en el mundo gentil.

Sólo el Espíritu Santo puede producir una transformación tan radical.

Hechos 11: *Él cambiará su punto de vista.*

Algunas veces el Espíritu Santo revelará el futuro en preparación para las luchas y contiendas que les esperen. Encontramos una de estas en el versículo 28.

«Y levantándose uno de ellos, llamado Agabo, daba a entender por el Espíritu, que vendría una gran hambre en toda la tierra habitada; la cual sucedió en tiempo de Claudio».

Cuando ocurre este tipo de revelación, no hay explicación natural para ella. Sin embargo, existe un conocimiento interno de que sucederá lo que se le ha revelado a su corazón y que debido a la gracia de Dios, Él lo está preparando. Mediante la oración puede prepararse para lo que le espera.

Hechos 12: *Él cambiará su vida de oración.*

Me hubiera sido por completo imposible desarrollar una vida de oración sin familiarizarme primero con el Espíritu Santo. Fluye de forma muy natural cuando uno le conoce, mas separados de Él es imposible.

Cuando los creyentes escucharon que Pedro estaba preso, «la iglesia hacía sin cesar oración a Dios por él» (Hechos 12.5). Aprendieron lo que quiere decir orar sin cesar.

Se oró continuamente hasta que vino la respuesta a Pedro y un ángel lo liberó de la prisión de Herodes. Las cadenas se cayeron y se marchó de la prisión.

Es más, esta intervención divina de Dios a favor de Pedro fue tan milagrosa y fuera de lo común, que Pedro ni siquiera estaba seguro de si estaba sucediendo o no. Pensó que tenía una visión. Unos momentos antes de su liberación, había estado durmiendo, encadenado entre dos soldados. Entonces de pronto apareció una luz brillante en la prisión, y un ángel del Señor lo despertó y le dijo: «Pedro, levántate pronto». Y con eso, ¡se cayeron las cadenas! Entonces el ángel del

Señor le dijo que se pusiera sus sandalias, se envolviera en sus vestidos y le siguiera. ¡No fue sino hasta que estuvo fuera de la prisión, andando en las calles, que se percató de lo que había sucedido!

Los creyentes en Hechos podían orar incesantemente por Pedro debido a la presencia del Espíritu Santo, ya que esta oración es imposible sin la ayuda y la asistencia del Espíritu Santo. Pídale hoy que desarrolle eso en usted y así lo hará. El Salmo 80.18 declara: «Vida nos darás, e invocaremos tu nombre». Pídale que lo avive cada día y así lo hará.

Hechos 13: Él cambiará su llamado.

Desde el momento en el cual el Espíritu Santo me llamó a predicar su Palabra jamás ha habido un momento de duda en cuanto a mi llamado. No fue una ocupación que elegí mediante pruebas y errores ni una decisión por motivación propia. Dios dirigió y yo dije: «Sí».

En cada página del libro de Hechos se encontrará con personas que Dios llamó para una tarea específica. Durante un servicio en la iglesia en Antioquía, el Espíritu Santo dijo: «Apartadme a Bernabé y a Saulo para la obra a que los he llamado» (Hechos 13.2).

La iglesia ayunó, oró y les impuso las manos antes de enviar a los evangelistas. La Escritura nos dice que fueron «enviados por el Espíritu Santo» a la isla de Chipre (v. 4).

Sólo hay una manera de conocer la dirección de Dios y el liderazgo para su vida. Continúe buscando al Espíritu Santo hasta que le asegure su llamado y, recuerde, el Espíritu Santo habla mediante las Escrituras y a través de personas consagradas así como directamente.

Hechos 14: *Él cambiará su autoridad.*

A medida que Pablo y Bernabé sirvieron de ciudad en ciudad, hubo poder en su predicación, así como autoridad y confirmación para sus palabras y obras.

Cuando llegaron a Listra, los escuchó un hombre imposibilitado de nacimiento que jamás había caminado. Mientras Pablo hablaba, la fe del hombre se avivó y Pablo percibió «que tenía fe para ser sanado», así que dijo en voz alta: «Levántate derecho sobre tus pies». Y el hombre saltó en sus pies y comenzó a caminar.

Pablo miraba al hombre mientras predicaba, pero esperó para hablar hasta que el hombre estuviera listo para su milagro. El Espíritu Santo le dio a Pablo la percepción de saber cuándo era el momento oportuno para ese milagro.

Hechos 15: *Él será su compañero al tomar decisiones.*

Uno de los mayores beneficios de andar con el Espíritu Santo es que no tengo que tomar las decisiones solo. Tengo un Maestro, un Guía y un Consejero que me ayuda en cada paso del camino. Él es algo más que un Consejero. Es un compañero al resolver cada asunto.

Cuando la iglesia de Jerusalén envió una carta a los creyentes gentiles de Antioquía, escribieron algo de profunda importancia. Dijeron: «Ha parecido bien al Espíritu Santo, y a nosotros, no imponeros ninguna carga más que estas cosas necesarias» (Hechos 15.28).

Permítale al Espíritu de Dios que llegue a convertirse en algo más que un Compañero. Permítale participar en su toma de decisiones.

Hechos 16: *Él cambiará su dirección.*

En más de una ocasión hemos hecho planes detallados para

una gran cruzada cuando el Espíritu Santo me ha advertido claramente: «No vayas». No puedo explicarlo y en realidad no lo entiendo, pero tengo que obedecer su dirección.

Cuando Pablo y Silas viajaron a través de la región de Galacia, «les fue prohibido por el Espíritu Santo hablar la palabra en Asia; y cuando llegaron a Misia, intentaron ir a Bitinia, pero el Espíritu no se lo permitió» (Hechos 16.6-7).

Allí fue cuando el Espíritu Santo le dio a Pablo la visión de un hombre de Macedonia, rogando: «Pasa a Macedonia y ayúdanos» (Hechos 16.9).

Es un cliché, pero es bueno: «Cuando Dios cierra una puerta, siempre abre otra».

Cuando usted deja que Dios trace su curso, estará en el camino correcto. Recuerde, el Espíritu Santo jamás yerra. Confíe en Él para que le dirija y lo hará a perfección.

Hechos 17: Él cambiará su mundo.

En Tesalónica, Pablo y Silas estuvieron involucrados en unos disturbios, pero realmente no fue culpa de ellos. Los judíos tenían tanto celo de las muchedumbres que escuchaban a Pablo explicar las Escrituras, que organizaron a algunas personas de baja estima en el mercado, formaron una horda y comenzaron un disturbio en la ciudad (Hechos 17.1-5).

La turba les gritó a los gobernantes de la ciudad: «Estos que trastornan el mundo entero también han venido acá» (Hechos 17.6).

Su reputación les precedía y las noticias de sus actividades se esparció con rapidez. Vieron un avivamiento en casi todos los sitios a los cuales iban. Personas se convertían a Cristo, ocurrían sanidades y el Espíritu de Dios obraba.

Hoy desea hacer lo mismo a través de usted.

Hace años, alguien me dijo: «Benny, la forma más rápida

de tornar tu mundo de arriba a abajo es virarte tú mismo de arriba a abajo».

Fue un buen consejo.

Hechos 18: *Él cambiará su entendimiento.*

Usted comenzará a conocer los caminos de Dios en perfección. Me considero afortunado por estar rodeado en el ministerio de personas que tienen una profunda dedicación a la tarea que Dios les ha encomendado. Estoy agradecido por la sensibilidad con la cual sirven mientras trabajan para Él. Esto es el resultado de su relación con el Espíritu Santo.

«Y comenzó a hablar con denuedo en la sinagoga; pero cuando le oyeron Priscila y Aquila, le tomaron aparte y le expusieron más exactamente el camino de Dios» (v. 26).

Hechos 19: *Él le cambiará a medida que su presencia se queda sobre usted.*

Cuando Pablo vino a Éfeso, halló «a ciertos discípulos» y les dijo: «¿Recibisteis el Espíritu Santo cuando creísteis?»

Estos respondieron: «Ni siquiera hemos oído si hay Espíritu Santo».

Encontramos que Pablo les enseñó acerca del Espíritu Santo y entonces le puso las manos, y «vino sobre ellos el Espíritu Santo».

Luego, en ese mismo capítulo, vemos que «hacía Dios milagros extraordinarios por mano de Pablo, de tal manera que aun se llevaban a los enfermos los paños o delantales de su cuerpo, y las enfermedades se iban de ellos, y los espíritus malos salían» (vv. 11-12). La presencia de Dios era tan fuerte en Pablo que la unción podía transferirse poniendo las manos y a través de pañuelos. Los enfermos eran sanados y los malos espíritus eran echados debido a que la unción del

Espíritu Santo permanecía de una manera especial sobre Pablo.

Pablo enfrentó gran oposición en Éfeso, tanto de los judíos como de los seguidores de las religiones paganas (vv. 9,23-41).

Jamás olvide que mientras más grande sea la oposición, mayor es el poder. En esta difícil y peligrosa ciudad «hacía Dios milagros extraordinarios» (v. 11). Hoy el Espíritu Santo desea hacer lo mismo, sólo si estamos dispuestos a pagar el precio, el cual es ceder de forma completa a Él.

Hechos 20: *Él cambiará su liderazgo.*

Dios no envió su Espíritu a la tierra para que ignoráramos nuestros deberes. Como Consejero y Guía, nos muestra la manera de responsabilizarnos por la obra de Dios y fortalecernos para hacerlo con resultados sobrenaturales, ofreciéndonos un lugar de responsabilidad e influencia en el reino.

El mensaje de despedida de Pablo a los ancianos efesios, luego de tres años de ministerio, salió directamente de su corazón. Su objetivo era que *ellos* aceptaran el manto del liderazgo. Con gran emoción les dijo: «Por tanto, mirad por vosotros, y por todo el rebaño en que el Espíritu Santo os ha puesto por obispos, para apacentar la iglesia del Señor, la cual Él ganó por su propia sangre» (Hechos 20.28).

Pablo los retó con gran seguridad porque sabía que el Espíritu Santo les daría todo lo necesario para tener éxito en el liderazgo espiritual. También sabía que después de su partida, entrarían «en medio de vosotros lobos rapaces, que no perdonarán al rebaño» (v. 29). Estarían determinados a distorsionar la verdad y engañar a los discípulos.

Dios tomó a Moisés, que «era muy manso, más que todos los hombres que había sobre la tierra» (Números 12.3) y lo convirtió en un gran líder. Y hoy desea hacer lo mismo para usted y mediante usted.

Hechos 21: *Él cambiará su entendimiento.*

A veces, Dios me ha dado una palabra específica de profecía para alguien. En algunas ocasiones sucede a medida que un individuo se para delante de mí, en la plataforma, en las cruzadas o en mi iglesia. Sin embargo, hasta ahora, el Señor jamás me ha pedido lo que le pidió a Agabo. Cuando le dio una palabra de parte de Dios para Pablo, el Billy Graham de ese entonces, y no vaciló en ofrecerla. En Cesarea, Agabo caminó hasta el apóstol, tomó el cinto de Pablo y le amarró sus pies y manos. Entonces dijo: «Esto dice el Espíritu Santo: Así atarán los judíos en Jerusalén al varón de quien es este cinto, y le entregarán en manos de los gentiles» (Hechos 21.11).

Hacía falta un hombre que tuviera una relación fuerte con el Señor para hacer ese tipo de declaración.

La profecía de Agabo le dio entendimiento a Pablo en cuanto a los difíciles días que le esperaban. Así que respondió: «¿Qué hacéis llorando y quebrantándome el corazón? Porque yo estoy dispuesto no sólo a ser atado, mas aun a morir en Jerusalén por el nombre del Señor Jesús» (v. 13).

Cuando recibimos entendimiento, nos da valor y lealtad, hasta la muerte. Pablo dijo: «Estoy dispuesto no sólo a ser atado, mas aun a morir en Jerusalén por el nombre del Señor Jesús». Al conocer al Espíritu Santo, verá más allá de lo temporal y ni siquiera la muerte podrá asustarlo.

Hechos 22: *Él cambiará su comisión.*

¿Recuerda el momento cuando le entregó su corazón a Cristo? La experiencia que tuvo Pablo en el camino a Damasco fue algo que sin duda no podía olvidar. Como muchas otros, Pablo fue sincero, pero estaba completamente equivocado. Ni Jesús ni sus seguidores tenían valor para él. Aunque Pablo llevó su oposición a Cristo a un extremo, no difería tanto de muchos de nosotros antes de conocer al Maestro.

¡Y realmente conoció al Maestro! Nos dio su testimonio de la luz resplandeciente que lo cegó y cómo su noche se convirtió en día. Pablo vio al Cristo resucitado y eso lo convenció de la verdad del evangelio. De un *reconocimiento* cambiado salió una *comisión* cambiada: «El Dios de nuestros padres te ha escogido para que conozcas su voluntad, y veas al Justo, y oigas la voz de su boca. Porque serás testigo suyo a todos los hombres, de lo que has visto y oído» (vv. 14-15).

La historia de Pablo es también la mía. Estaba ciego, pero ahora puedo ver. ¡Aleluya!

Hechos 23: *Él aumentará su influencia.*

Las personas siguen preguntando: «¿Acaso realmente le habla el Señor a las personas?» Mi respuesta es un inequívoco: «¡Sí!» No sólo debido a mi experiencia personal, sino a la Palabra de Dios.

Pablo tenía a la ciudad de Jerusalén tan convulsionada, que el comandante de la prisión creyó que la multitud se lo llevaría a la fuerza. En medio de esa crisis, la Escritura dice: «Ten ánimo, Pablo pues como has testificado de mí en Jerusalén, así es necesario que testifiques también en Roma» (Hechos 23.11).

Debido al poder de Dios en su vida, Pablo fue llevado ante César y testificó por su Maestro. Y como demostró el apóstol, Dios le abrió las puertas de forma sobrenatural y lo llevó a una dimensión mayor de influencia entre hombres de poder y autoridad para la gloria de Dios.

Hechos 24: *Él establecerá su esperanza eterna.*

El Señor continúa recordándome mi misión primordial en la vida. *Llevar personas a la presencia del Señor para que puedan recibir de Él.* Si usted asiste a cualquiera de nuestras cruzadas o ve nuestro ministerio televisivo, lo entenderá con claridad.

Pablo también andaba en una misión. Sin importar las circunstancias en las cuales se encontraba, presentaba el evangelio. Además, también fue respaldado de manera sobrenatural para hacer lo que hacía y nada le movería de su compromiso.

Mientras acusaban a Pablo ante el gobernador, dijo: «Pero esto te confieso, que según el Camino que ellos llaman herejía, así sirvo al Dios de mis padres, creyendo todas las cosas que en la ley y en los profetas están escritas: teniendo esperanza en Dios, la cual ellos también abrigan, de que ha de haber resurrección de los muertos, así de justos como de injustos» (vv. 14-15). Aquí Pablo declara que se le dio esperanza, una que sólo puede dar el Espíritu Santo, aun en presencia de nuestros enemigos.

Hechos 25: *Él le dará mayor confianza.*

La dependencia que tenía Pablo del Señor jamás titubeó. No sólo permaneció confiado ante los judíos que le odiaban y los romanos que se confundían con él, ¡sino que era *agresivo*!

Con audacia sostuvo que: «A los judíos no les he hecho ningún agravio, *como tú sabes muy bien*[...] A César apelo» (vv. 10-11). Ahora bien, no se equivoque, los romanos escucharon el mensaje de Pablo, aunque realmente todavía no lo entendían. El oficial romano dijo que entendía que el mensaje de Pablo era acerca de «un cierto Jesús, ya muerto, el que Pablo afirma estar vivo» (Hechos 25.19). Lo que los confundía era que Pablo no sólo lo afirmaba, sino que estaba convencido por completo.

¿Cómo sabía Pablo que Cristo estaba vivo en la soledad de una celda, en el dolor del azote o en la desolación de un naufragio? Mediante su continuo compañerismo con el Espíritu Santo. Jesús no sólo prometió enviar al Consolador, sino que realizó ese compromiso.

Hechos 26: *Él cambiará su testimonio.*

Antes de que Dios sanara mi lengua tartamuda usaba cualquier truco posible para no hablar. Aunque era un joven cristiano, jamás me ofrecía de voluntario para leer la Escritura en público o dar un breve testimonio.

Pero qué cambió ocurrió cuando Dios me sanó mientras predicaba mi primer sermón el Día de Pearl Harbor, el 7 de diciembre de 1974. Mi lengua se soltó y parece que no he dejado de hablar desde ese entonces.

Pablo también aprovechó cada oportunidad para testificar y para traer libertad al cautivo. Su defensa ante el rey Agripa fue tan enérgica que ha sido un modelo de estudio para los eruditos legales. Al narrar su testimonio había fortaleza y poder. Cuando terminó, Agripa dijo: «Por poco me persuades a ser cristiano» (Hechos 26.28).

Casi cualquier persona puede dar un discurso, pero sólo el Espíritu puede producir un testimonio.

Hechos 27: *Él tornará su caos en paz.*

En su viaje final a Roma, Pablo estaba prisionero en una nave con doscientos setenta y seis pasajeros. Después de dos semanas de mares tormentosos, el apóstol era la única persona que conocía el significado de la paz. Cuando comenzó a amanecer, Pablo exhortó a todos que comiesen, diciendo:

«Este es el decimocuarto día que veláis y permanecéis en ayunas, sin comer nada» (Hechos 27.33).

No sólo los animaba a que comieran para sobrevivir, sino que les reafirmaba: «pues ni aun un cabello de la cabeza de ninguno de vosotros perecerá» (v. 34).

En el tiempo de la prueba sólo la paz de lo alto puede calmar la tormenta.

Sé lo que es estar cerca de la muerte.

En 1983, al volar en un avión Cessna de seis pasajeros a once mil pies de altura, nos quedamos sin combustible cerca de Avon Park, Florida. Estaba dormido, pero no por mucho tiempo. «Estamos en líos. ¡Oren! ¡Oren!», fueron las primeras palabras que escuché de Don, nuestro piloto.

Todos comenzaron a llorar de miedo. Pero de pronto me sobrevino una gran paz. Dije: «Don, todo va a salir bien. Nadie morirá».

Dios utilizó esas palabras para calmar a los pasajeros. «Por favor no lloren», les dije. «Descansen. Dios todavía no ha terminado conmigo».

Hicimos un aterrizaje forzoso en un campo y hubo algunos heridos, pero no tuve ni un rasguño. Muy adentro en mi espíritu tenía la seguridad: «Todo va a salir bien».

Él convirtió el caos en paz.

Hechos 28: *Él cambiará su conflicto en victoria.*

Pablo naufragó frente a la isla de Malta y todos los pasajeros llegaron salvos a tierra. Pero mientras encendían un fuego para calentarse, una víbora salió del calor y se aferró a la mano de Pablo.

Cuando los nativos de la isla vieron a la serpiente colgando de su mano, se dijeron entre sí: «Ciertamente este hombre es homicida, a quien, escapado del mar, la justicia no deja vivir» (Hechos 28.4).

En lugar de gritar: «¡Voy a morir! ¡Busquen medicina!», simplemente sacudió la serpiente y no sufrió malestar alguno.

Los naturales esperaban que muriera de inmediato. Momentos después, cuando se percataron de que no había muerto, «cambiaron de parecer y dijeron que era un dios» (v. 6).

Sólo el Espíritu Santo puede convertir su conflicto en victoria.

El mensaje de Hechos es que nada puede reemplazar una relación personal con el Espíritu Santo. Él trabaja de forma muy poderosa en las vidas de quienes están en sintonía con Él. La experiencia del aposento alto es maravillosa, pero sólo es el primer paso en el camino de la comunión que crece.

Permítale cambiar su manera de oír, hablar, ver, actuar y cada parte de su ser. Comience ahora a vivir con la presencia del Espíritu Santo.

Cómo eliminar las barreras de la bendición

En 1991, estaba en Virginia Beach, Virginia, para aparecer en el «Club 700» con Pat Robertson. Después del programa me pidieron que hablara a todo el personal de *The Christian Broadcasting Network* [Cadena de trasmisión cristiana] y la Universidad Regent.

Al finalizar mi mensaje acerca de la unción de Dios, le di el micrófono a Pat. Mientras él oraba para terminar el servicio, sentí una tremenda unción. De pronto le escuché orar por mí y a medida que oraba comencé a llorar.

Hasta hoy él no sabe el impacto que tuvo esa oración en mí. Estaba pasando por un período extremadamente difícil en mi vida.

Había terminado de escribir *Buenos Días, Espíritu Santo* y estaba siendo atacado en varios frentes. Se estaban vendiendo cincuenta mil copias semanales. Nuestro ministerio de televisión y las cruzadas estaban resonando.

El peligro adelante Antes de volar a Virginia Beach, Suzanne y yo tuvimos una extensa conversación. Comenzábamos a comprender la magnitud de nuestro creciente ministerio y percatándonos de lo que implicaba. La idea de movernos a una arena tan pública se hacía espantosa.

—Benny, ¿realmente deseamos esto? —me preguntó—. ¿Deseas en verdad que crezca este ministerio? En el crecimiento siempre hay peligro. Otros ministerios no pudieron lidiar con el crecimiento y cayeron, ¿caerás tú también?

—¿De qué hablas? —le pregunté. Pero sabía exactamente lo que quería decir.

Suzanne deseaba que le asegurara que si aumentaba la presión seguiría siendo fuerte y centrado en el Señor Jesús. Así que me dijo:

—Preferiría que te detuvieras ahora mismo antes que hagas algo que nos desgracie.

Eso fue antes de que naciera nuestra cuarta hija.

Sin saber la lucha por la que pasaba, Pat Robertson comenzó a orar: «Querido Señor, tu Palabra declara que eres capaz de guardarnos de caídas y presentarnos ante tu trono con gozo sobreabundante.

»Nos guardas por tu poder y no por nuestra fortaleza. Nos sustentas con el Agua Viva y el Pan de Vida y jamás estaremos sedientos o hambrientos. Tú nos preservarás y nos protegerás para que podamos presentarnos ante ti sin mancha ni arruga».

Cuando Pat terminó esta oración, levanté mis manos e hice un voto ante Dios de que nada en mi vida le causaría reproche al evangelio. Entonces el Señor me dijo: «Benny, ¡Ve! Yo estaré contigo. Yo te guardaré para que no caigas. Sólo sigue mirándome.

Cuando regresé a casa le aseguré a Suzanne:

—No te preocupes, mi amor. El Señor nos tiene en la

palma de su mano. Él nos va a dirigir, a bendecir y a proteger. Y por la gracia de Dios siempre seguiré su dirección.

El consejo de Oral   No soy golfista, pero cuando el Dr. Oral Roberts me pidió que jugara un partido con él decidí intentarlo. Estábamos en Boca Ratón, Florida, como invitados de Bill Swad, un gran ganador de almas que construyó uno de los imperios automovilísticos de los EE.UU. en Columbus, Ohio. Le dije a Oral:

—A la verdad, no sé cómo jugar esto.

—No te preocupes, te enseñaré —contestó el evangelista.

Sin embargo, lo que aprendí ese día fue mucho más que cómo usar un palo de golf o cómo salir de una trampa de arena. Hablamos mucho acerca de la obra del Espíritu Santo.

Mientras andábamos en el carrito eléctrico, dije:

—Oral, quiero que me aconsejes.

—¿Acerca de qué? —me preguntó.

—Bueno, has estado en el ministerio de sanidad durante todos estos años. Otros han caído. ¿Cómo te has mantenido?

—Benny —dijo Oral sonriendo—. No me he mantenido yo; lo ha hecho el Señor —dijo—. Oye, he cometido mis errores, pero recuerda, el Señor no abandona a sus santos con mucha facilidad. Se nos pega. Es muy paciente —continuó—, siempre y cuando camines con Él, te sostendrá mucho mejor de lo que tú puedas hacerlo.

El gran evangelista me recordó que Moisés vio al Mesías más que a «los tesoros de los egipcios; porque tenía puesta la mirada en el galardón» (Hebreos 11.26). Además señaló:

—Benny, vas a enfrentar muchas luchas, pero jamás apartes tu vista del Maestro.

Barreras de la bendición

A través de los años, he sentido al Espíritu del Señor obrando en mi vida, dirigiéndome, moldeándome y hasta redarguyéndome.

No hace mucho comencé a darme cuenta de que nuestra audiencia televisiva consiste no sólo de cristianos que aman y apoyan nuestro ministerio, sino de inconversos también. El Señor me advirtió: «Benny, si no eres cuidadoso, podrás ofender a algunas de estas personas para toda la eternidad».

También sabía que un día comparecería ante Dios por mis acciones.

Durante los últimos años el Señor ha enviado hombres consagrados a mi vida con el propósito de que rinda cuentas. Uno de ellos es Jack Hayford, el reconocido pastor de Church on the Way [Iglesia en el Camino] en Van Nuys, California.

Como un padre, el pastor Hayford me dijo: «Benny, siempre hemos sabido que en tu vida estaba el toque de Dios. Nadie realmente ha cuestionado eso. Pero has estado haciendo algunas cosas que nos han llevado a preguntarnos: "¿Sabrá Benny Hinn lo que hace?"»

Durante dos años el Señor ha estado lidiando conmigo en cuanto a esos asuntos. No me sentía a gusto con algunas de las cosas que sucedían en nuestros servicios.

Jack Hayford estaba en lo correcto. Algunas de mis acciones distraían la atención. Por ejemplo, en una ocasión, hace varios años atrás, el Señor me indicó de forma específica que me quitara mi chaqueta y la colocara sobre alguien de los que venían a la plataforma por oración. Les soy bastante sincero al decirles que cuando el Señor me dijo que lo hiciera, me resistí.

Lo que me confirmó que Él deseaba que lo hiciera fueron los múltiples relatos del Señor haciendo cosas que a nuestro parecer podrían parecer raras. Por ejemplo, Elías utilizó su manto para obrar un milagro: «Tomando entonces Elías su manto, lo dobló, y golpeó las aguas, las cuales se apartaron a uno y a otro lado, y pasaron ambos por lo seco» (2 Reyes 2.8). El Señor incluso obró un milagro mediante los *huesos* de Eliseo: «Y aconteció que al sepultar unos a un hombre, súbitamente vieron una banda armada, y arrojaron el cadáver en el sepulcro de Eliseo; y cuando llegó a tocar el muerto los huesos de Eliseo, revivió, y se levantó sobre sus pies» (2 Reyes 13.21).

Es más, lo único que alguien tuvo que hacer para sanarse fue tocar el borde del vestido del Salvador: «Y dondequiera que entraba, en aldeas, ciudades o campos, ponían en las calles a los que estaban enfermos, y le rogaban que les dejase tocar siquiera el borde de su manto; y todos los que le tocaban quedaban sanos» (Marcos 6.56).

En la iglesia primitiva, Dios una vez más obró sanando personas con métodos que sorprenderían al lector moderno: «Y hacía Dios milagros extraordinarios por mano de Pablo, de tal manera que aun se llevaban a los enfermos los paños o delantales de su cuerpo, y las enfermedades se iban de ellos, y los espíritus malos salían» (Hechos 19.11-12). Estos milagros, lejos de ser distracciones, provocaron una gran confianza en el Señor y su poder: «Tanto que sacaban los enfermos a las calles, y los ponían en camas y lechos, para que al pasar Pedro, a lo menos su sombra cayese sobre alguno de ellos» (Hechos 5.15).

Después de meditar en estas cosas, seguí la dirección del Señor y como usted podría esperar, se movió de forma poderosa en ese servicio.

Entonces la semana siguiente lo hice de nuevo. Y otra vez

más, hasta tiré mi chaqueta en algunas ocasiones. No pasó mucho tiempo antes de que llegara a ser un hábito. Las personas venían a las cruzadas *esperando* verme quitar la chaqueta y usarla como medio para traer la unción a los presentes.

Lo que en un inicio fue sagrado, se convirtió en una distracción; me atribulé mucho cuando me percaté de que las personas miraban el *método* en vez de al *Maestro*. Finalmente dije: «No, no puedo seguir haciendo esto. Sirvo a un Señor de clase y calidad, y esta no es una manera digna de presentarlo.

Hoy, en nuestros servicios, el poder del Espíritu Santo no ha disminuido. En realidad, ha llegado a ser más fuerte.

He descubierto que sólo porque el Señor nos dirija a hacer algo en una ocasión no significa que debemos convertirlo en el tema principal de nuestra vida o ministerio. Cuando el Señor Jesús estaba a punto de orar por un hombre ciego, «escupió en tierra, e hizo lodo con la saliva, y untó con el lodo los ojos del ciego» (Juan 9.6).

¿Acaso significa esto que debemos establecer los «Ministerios de Lodo, Inc.» e ir alrededor del mundo frotando lodo en el rostro de todo el mundo? No. Necesitamos ser sensibles al Espíritu Santo y hacer lo que nos indique.

Una unción genuina es algo de inestimable valor. Cuando se presenta hay mucha belleza. Las vidas son tocadas y cambiadas.

No me malinterprete. Si el Espíritu Santo me indica que haga algo, aunque sea raro, siempre responderé a su dirección.

En la montaña Mientras Dios «remodelaba» mi ministerio, pasé bastante tiempo estudiando el Sermón del Monte. Basado en lo que dijo, enseñé una serie de mensajes titulada: «¿Qué es un verdadero cristiano?»

- «Bienaventurados los mansos, porque ellos recibirán la tierra por heredad» (Mateo 5.5).
- «Bienaventurados los de limpio corazón, porque ellos verán a Dios» (v. 8).
- «Ponte de acuerdo con tu adversario pronto» (v. 25).
- «Guardaos de hacer vuestra justicia delante de los hombres, para ser vistos de ellos» (Mateo 6.1).
- «No os hagáis tesoros en la tierra» (v. 19).

Antes de que el Maestro finalizara su mensaje, ofreció una dura advertencia: «No todo el que me dice: Señor, Señor, entrará en el reino de los cielos, sino el que hace la voluntad de mi Padre que está en los cielos. Muchos me dirán en aquel día: Señor, Señor, ¿no profetizamos en tu nombre, y en tu nombre echamos fuera demonios, y en tu nombre hicimos muchos milagros? Y entonces les declararé: Nunca os conocí; apartaos de mí, hacedores de maldad» (Mateo 7.21-23).

Cuando leí esas palabras me postré ante el Señor y oré: «Señor, ayúdame a hacer la voluntad del Padre. Señor, ayúdame a ser más como tú». Y mientras oraba, el Espíritu Santo me aseguró de que mi llamado era llevar a las personas ante su presencia y dirigirlas al Salvador. Ahora, cuando las personas llegan a su presencia y ven al Señor Jesús, es cuando suceden los milagros.

De la tristeza al gozo El Espíritu del Señor es creativo y singular. Siempre hace lo inesperado, manifestando su

presencia de maneras que con frecuencia son sorprendentes, pero siempre refrescantes. Para mí, «la risa santa» cae en esa categoría.

La primera vez que ministré en Portugal, en una reunión dominical vespertina, una mujer vestida toda de negro se acercó a la plataforma.

Tenía una expresión muy triste en su rostro. Mi primer pensamiento era que quizás estaba de luto por la muerte de su esposo.

En el momento que toqué a esta apenada mujer, sucedió algo sorprendente. Irrumpió en la risa más increíble que jamás he visto, y cayó al suelo bajo el poder de Dios. El gozo del Señor le sobrevino, pasó de la tristeza a la alegría en segundos.

Cuando algunos de los ujieres fueron a levantarla dije: «Esperen. Quiero ver esto».

Fue la primera vez que sucedía algo así en una de mis reuniones. Había escuchado a Kathryn Kuhlman hablar de la «risa santa», pero jamás la había visto personalmente. Había puro éxtasis en el rostro de la mujer. Era magnífico y hermoso. No había nada ofensivo en ello. Su rostro simplemente relucía.

El hijo de la mujer subió a la plataforma, preocupado por su madre. Era obvio que jamás había enfrentado algo así. Yo tampoco.

Parecía enojado conmigo. Pensó que le había hecho algo a su madre. Cuando trató de levantarla, se cayó al suelo riéndose, como ella.

Entonces una amiga de la mujer vino a la plataforma. Ella también estaba vestida de negro, incluyendo su vestido, su bufanda y sus zapatos.

Se mordía las uñas y tenía el ceño fruncido. Se veía preocupada, como si dijera: «¿Qué le ha pasado a mi amiga?» Pero cuando la agarró para ayudarla, el mismo poder la golpeó y comenzó a reírse como una niña pequeña.

Cuando el Espíritu de risa desistió y se pararon, hablé con ellas mediante un traductor. «Por favor cuéntenme qué les sucedió. ¿Qué es? Descríbanlo».

Ni siquiera podían hablar. Fue una de las cosas más santas y hermosas que jamás haya visto. Era raro, pero no parecía desordenado.

Nunca olvide que cualquier manifestación fresca y singular del Espíritu Santo trágicamente puede llegar a ser común y perturbadora. Cuando las personas comienzan a buscar la *manifestación* en vez de al *Maestro*, es cuando se va la presencia de Dios. Lo único que queda es la forma, pero no el poder. Mas cuando el Espíritu Santo está presente y en control, siempre encontrará perfección; además, el despliegue del poder de Dios siempre glorificará y magnificará al Señor Jesús. Usted se marchará abrumado no por el *método*, sino con el *Maestro*.

¿Es verdadero? El Nuevo Testamento está lleno de relatos del poder milagroso del Espíritu Santo. Pero ni siquiera en una ocasión encuentra a las personas diciendo: «Eso no es verdadero». Más bien, los ve *enojados* con la realidad.

Los fariseos pudieron decir: «Es del diablo», pero jamás concluyeron que era una farsa.

Cuando las personas veían las obras de los apóstoles no los acusaban de dirigir una patraña o un fraude. Decían, más

bien: «No se atrevan a hacerlo en el nombre de Jesús». Sabían cuán real era.

Hoy, si los que están familiarizados con los dones del Espíritu se ofenden con nuestras acciones, debemos observarlo de forma más cuidadosa. El Espíritu Santo es una persona de primera clase que presenta al Señor Jesús con dignidad, respeto y honor.

Sin embargo, Él es soberano y puede expresarse de varias maneras. Richard Foster, en su libro *Alabanza a la disciplina*, dice: «En muchas experiencias de adoración he observado, en un momento dado, a las personas sentadas, paradas, arrodilladas o postradas, y el Espíritu de Dios [siempre] descansando sobre ellos».[1]

Dios no aprueba el desorden. Si usted asiste a uno de nuestros servicios no verá que suceden diez cosas a la vez. Hallará que la reunión está enfocada en el Señor Jesús y en orden. Porque el Señor al cual servimos no es un Dios de confusión, desorden o disturbios, es el Dios de la perfección, porque la Biblia dice: «Él es la Roca, cuya obra es perfecta, porque todos sus caminos son rectitud» (Deuteronomio 32.4). Y no se equivoque, el poder salvador, sanador y liberador de Dios *está* disponible hoy.

Lo que le pasó a David

Permítame contarle acerca de David Delgado. Desde 1986 ha estado conmigo regularmente, en la plataforma como parte del equipo de ministerio y tras bastidores ocupándose de cientos de detalles.

David se apartó tan lejos de Dios como ninguna otra persona que conozco, pero el Espíritu Santo jamás lo aban-

donó. El Espíritu Santo amaba a David demasiado como para dejarlo bajo la esclavitud de las drogas.

Delgado se crió en la calle 47 en Brooklyn, Nueva York, donde su padre era pastor de una enorme iglesia pentecostal hispana. Sus padres eran de Puerto Rico.

«Mi papá era muy estricto», me dijo. «Cuando niño no teníamos televisión. Los libros de caricaturas eran un pecado y ni siquiera me permitía ir a la playa». Mientras las amistades de David andaban haciendo de las suyas, él estaba en la iglesia al menos cuatro o cinco noches a la semana.

«Me sentía resentido», recuerda. «Cuando comencé el séptimo grado, mi vida era como un péndulo, iba de un extremo al otro. Fumaba marihuana con mis amistades y luego volvía a la iglesia.

En el noveno grado se drogaba casi todos los días y llegó a ser adicto a la heroína. «Eso destrozó el corazón de mis padres», me dijo. «Me enviaron a un programa de consejería, a un siquiatra, a una clínica metadónica y hasta a un Centro Juvenil».

David logró dejar su adicción a las drogas en tres ocasiones, pero continuó cayendo bajo el poder satánico de los narcóticos. Y dice: «A mediados de los setenta, mi hábito era más fuerte y comencé a vender para obtener mis drogas sin tener que procesarlas y prepararlas en concentraciones más altas.

«¡Cámbiame!» Aunque parezca extraño, David Delgado siempre amó las cosas de Dios; lo atraían particularmente las manifestaciones milagrosas de la sanidad divina y el poder liberador de Dios. Aunque no vivía para el Señor, se ocupó de asistir a las reuniones de Kathryn Kuhlman cada

vez que estaba en la ciudad de Nueva York. «Sentí una gran convicción en los servicios y entregaba mi corazón al Señor una vez tras otra, pero jamás parecía obtener la victoria sobre el pecado. El problema era que deseaba *tanto* a Dios como al mundo. Deseaba servirle, realmente era así, pero también me encantaba drogarme. No parecía perder el deseo».

David estaba tan metido en las drogas que llegó a involucrarse en el tráfico de narcóticos en tres estados. «Tenía veinte muchachos trabajando para mí y manejaba toneladas de dinero en efectivo», me dijo.

David se apresuró en terminar sus actividades, ya que tenía a los agentes federales «tocando a la puerta», y comenzó una nueva vida en Birmingham, Alabama. «Dejé el hábito y me mantuve limpio dos años antes de que los mismos demonios de las drogas me arrastraran de vuelta una vez más», recuerda con tristeza.

David dice: «Usaba 1200 miligramos de Demerol todos los días y tomaba Dilaudid, un narcótico clase A, que en Nueva York llamábamos "heroína de hospital"».

Durante ese tiempo David se casó, se divorció y se volvió a casar. «Comencé a estafar a los bancos, a robar dinero de las máquinas de depósito nocturno y me arrestaron por comprar y vender mercancía robada».

Pero en la ciudad de Nueva York, su fiel madre jamás dejó de orar por su hijo pródigo.

Al fin Delgado le dijo a su esposa: «Si alguna vez hemos de tener una oportunidad para un nuevo comienzo nos tenemos que mudar a la Florida». Su esposa, que se había mantenido fielmente a su lado y había orado por él, accedió a ir. Había que intentar cualquier cosa para comenzar de nuevo.

David encontró trabajo en Orlando revistiendo paredes.

Pero lamentablemente también se hundía cada vez más en las drogas. «Con más frecuencia me inyectaba un cuarto de onza de coca y luego me tomaba un vaso de vodka con jugo de naranja para quitarle un poco la potencia. Esto me causaba un estupor como si estuviera en coma. No mucho después comenzó a sangrarme la nariz y parecía como si estuviera en las últimas etapas del cáncer».

La esposa de David pronto comenzó a asistir a nuestra iglesia, orando con diligencia por su demacrado esposo. Experimentó el poder sanador milagroso de Dios durante un servicio cuando Dios le sanó un disco deteriorado en su espalda.

Un domingo por la mañana, en 1986, él la acompañó a la iglesia. David se sorprendió por el parecido del ministerio con el de Kathryn. Cuando hice el llamado, se apresuró al frente del santuario. Comenzó a gritar: «Señor quiero servirte, pero no puedo. Sabes que también me gustan las drogas y el deseo es demasiado grande como para detenerme. Sé que tu Palabra dice que me creaste y que conoces cada célula de mi cuerpo y cada cabello de mi cabeza. Si no cambias cada célula de mi cuerpo y me quitas este deseo, jamás podré servirte».

En ese momento de desesperación, David levantó sus manos hacia el cielo y cayó bajo el poder de Dios. Los que estaban a su alrededor lo levantaron y cayó de nuevo bajo el poder de Dios. En ese sagrado instante el Espíritu Santo comenzó a realizar una obra en él que no era nada más ni nada menos que un milagro. Cuando David Delgado se paró, era un hombre completamente nuevo, él lo sabía y su esposa también.

David sonríe al recordar ese día y dice: «Fui *completamen-*

te liberado y jamás he tenido *el más mínimo* deseo de tocar drogas de nuevo».

El precioso Espíritu Santo de Dios restauró su salud, su hogar y le ha dado un ministerio; además, Dios todavía no ha terminado con él. Como Juan Marcos, «me es útil para el ministerio» (2 Timoteo 4.11).

El mismo poder

¿Quién es el Espíritu Santo a quien hoy le damos la bienvenida?

- Es el mismo Espíritu que vino sobre un niño llamado David y le llevó a matar un león, un oso y un gigante llamado Goliat (1 Samuel 17).
- Es el mismo Espíritu que le dio a Elías el poder para correr delante de la carroza de Acab (1 Reyes 18.46).
- Es el mismo Espíritu que le dio al apóstol Pablo la fortaleza para predicar después que le apedrearon y le dieron por muerto (Hechos 14.19-28).

El Espíritu Santo que he llegado a conocer es quien convierte a personas comunes y corrientes en gigantes espirituales. Ellos sometieron reinos, trajeron justicia y obtuvieron las promesas. Escaparon a la espada e hicieron huir a los enemigos de Dios (Hebreos 11.33-34).

El Espíritu Santo fortaleció al Señor Jesús para entrar al templo un día y sacar a muchas personas a la calle. Eso no sería posible con la fuerza humana. Sólo el Espíritu Santo puede actuar con esa fortaleza (Mateo 21.12-17).

El mismo poder de la resurrección que levantó a Jesucristo de entre los muertos «vivificará también vuestros cuerpos mortales por su Espíritu que mora en vosotros» (Romanos 8.11).

Él vendrá cuando lo busque con expectación. El histórico avivamiento galés de los años 1904-05 fue el resultado directo de la sumisión de Evan Roberts al Espíritu del Señor. Al comenzar el gran derramamiento predicó: «Ahora bien, no diga: "Quizás el Espíritu venga", o "Esperamos que el Espíritu venga", sino *"Creemos* que vendrá"».[2]

Más de cien mil personas vinieron al Señor en Gales y el avivamiento se esparció por todo el mundo. El autor Eifion Evans documenta que los «enjuiciamientos por embriaguez en Glamorgan cayeron de 10,528 en 1903 a 5,490 en 1906».[3] Tres meses de avivamiento hicieron más para desemborrachar al país que lo que pudo hacer el movimiento de temperancia en muchos años.

¡Para siempre! El Espíritu Santo prometido por el Señor Jesús no sólo era para hoy en día. Él vino para estar «con vosotros para siempre» (Juan 14.16).

Creo que la Segunda Venida del Señor está en el horizonte. La Biblia dice que sucederá: «En un momento, en un abrir y cerrar de ojos, a la final trompeta; porque se tocará la trompeta, y los muertos serán resucitados incorruptibles, y nosotros seremos transformados» (1 Corintios 15.52).

«Porque el Señor mismo con voz de mando, con voz de arcángel, y con trompeta de Dios, descenderá del cielo; y los muertos en Cristo resucitarán primero. Luego nosotros los que vivimos, los que hayamos quedado, seremos arrebatados juntamente con ellos en las nubes para recibir al Señor en el aire, y así estaremos siempre con el Señor» (1 Tesalonicenses 4.16,17).

No va a pasar mucho tiempo antes de que veamos al Señor, y nos dará la bienvenida a la eternidad. ¡Qué día será

ese! Y sé que al igual que yo, usted también espera ese día glorioso, porque no estamos esperando al *enterrador* sino al *levantador*.

En ese gran día no habrán más lágrimas. Ni más dolor, ni pena. Vamos a mirar al rostro del Maestro y le escucharemos decir: «¡Bienvenido!»

¿Terminará la obra de nuestro Maestro y Guía cuando entremos al cielo? No lo creo. El Espíritu Santo estará allí. Para siempre. De aquí a billones de años estaremos llenos de su presencia. En la eternidad sabremos mucho más. Será un lugar de revelación eterna.

La superautopista informativa del Espíritu Santo es ilimitada. Se extiende desde aquí hasta el cielo y más allá. No podemos imaginar lo mucho que tiene que ofrecer.

¿Se ha preguntado alguna vez por qué los ángeles gritan: «Santo, Santo, Santo?» Creo que se debe a que nuestro Dios trino se revela continuamente en el cielo y con cada nuevo descubrimiento gritan: «Santo».[4]

Logre que Él se sienta bienvenido El clamor de mi corazón es el del apóstol Pablo, quien deseaba «que el Dios de nuestro Señor Jesucristo, el Padre de gloria, os dé espíritu de sabiduría y de revelación en el conocimiento de Él, alumbrando los ojos de vuestro entendimiento, para que sepáis cuál es la esperanza a que Él os ha llamado, y cuáles las riquezas de la gloria de su herencia en los santos» (Efesios 1.17-18).

¿Me permitiría orar con usted hoy?

Espíritu Santo, ahora mismo te damos la bienvenida.
Ven y magnifica a Jesús a través de cada uno de

nosotros y úsanos para declararlo al mundo. Que tu Palabra viva en nuestros corazones, iluminando nuestro entendimiento e impartiendo su verdad. Enriquece nuestra vida de oración con su presencia y poder, y brilla mediante nosotros para que las personas en todas partes sean atraídas a la cruz del Calvario y para que se glorifique a Jesucristo siempre en nosotros. En el nombre de Jesús. Amén.

El Espíritu Santo está parado ante su puerta. Como un visitante, no entrará a menos que lo inviten.

¿Cantará conmigo?

Espíritu Santo, bienvenido a este lugar.
Espíritu Santo, bienvenido a este lugar.
Padre Omnipotente, de gracia y amor,
Bienvenido a este lugar.

¡Bienvenido, Espíritu Santo!

Notas

Capítulo 2

1. Paul Yonggi Cho, *Successful Home Cell Groups* [Grupos exitosos de células de hogar], Logos International, Planfield, NJ, 1981, p. 124.

2. R.A. Torrey, *The Best of R.A. Torrey* [Lo mejor de R.A. Torrey], Baker, Grand Rapids, reimpreso en 1990, pp. 23-24.

3. J. Rodman Williams, *Renewal Theology Vol I: God, the World & Redemption* [Teología renovada, Vol. I: Dios, el mundo y la redención], Zondervan Corporación, Academie Books, Grand Rapids, MI, 1990, p. 154.

4. R.A. Torrey, *The Person and Work of the Holy Spirit* [La persona y obra del Espíritu Santo], Zondervan, Grand Rapids, edición revisada, 1985, p. 12.

5. *NIV Study Bible* [NVI, Biblia de estudio], Zondervan, Grand Rapids, Kenneth Barker, editor general, 1985, pp. 1459, 1498.

6. «Fairest Lord Jesus», de Münster Gesangbuch para la canción del Himno de las Cruzadas. De *Hymns for the Family of God* [Himnos para la familia de Dios], Fred Bock, editor, Paragon Associates, Inc., Nashville, TN, 1976, # 240, cuarta estrofa.

7. Para más detalles sobre Claudio Freidzon y la obra

maravillosa del Espíritu Santo en la gran nación Argentina lea *Revival in Argentina: A New Surge in Spiritual Power* [Avivamiento en la Argentina: Una nueva oleada de poder espiritual], de Don Exley y Brad Walz publicado en la revista *Mountain Movers* de octubre de 1993.

8. *Ibid.*, p. 7.

9. R.A. Torrey, *The Person and Work of the Holy Spirit* [La persona y obra del Espíritu Santo], p. 9.

10. Billy Graham, *El Espíritu Santo*, Casa Bautista de Publicaciones, El Paso, TX, 1980.

11. Lewis Sperry Chafer, *Systematic Theology* [Teología Sistemática], volumen 6, «Pneumatology» [Neumatología], p. 24.

12. John F. Walvoord y Roy B. Zuck, editores, *Knowledge Commentary, Old Testament* [Comentario del conocimiento bíblico, el Antiguo Testamento]. Allen Ross escribió el comentario de la sección de Génesis. Victor Books, Wheaton, 1985, p. 28.

Capítulo 3

1. *Encyclopaedia Britannica*, Edición 15.! Vol. 4, p. 381. «Edwards, Jonathan».

2. Fritz Rienecker, *A Linguistic Key to the Greek New Testament*, traducido con adiciones y revisiones del Sprachlicher Schuessel Zum Griechischen Neuen Testament alemán, editado por Cleon L. Rogers, hijo, Zondervan, Grand Rapids, 1982, edición de un volumen p. 217. En castellano se publicó con el siguiente nombre: *Clave lingüística del Nuevo Testamento griego*, Editorial La Aurora, Argentina.

3. John Rea, *The Holy Spirit in the Bible* [El Espíritu Santo

en la Biblia], Lake Mary, FL, Creation House, 1990, p. 172.

4. Rea, p. 167.
5. Rea, p. 167.
6. A.J. Gordon, *El ministerio del Espíritu Santo*, Editorial Clie, Tarrasa, Barcelona, España (p. 23 del original en inglés).
7. Satanás ha dominado al hombre debido al pecado. Puesto que Cristo es sin pecado, Satanás no pudo haberlo dominado. *NIV Study Bible* [NVI, Biblia de estudio], p. 1626.

Capítulo 4:

1. *NIV Study Bible* [NVI, Biblia de estudio], editor general Kenneth Barker, Grand Rapids, Zondervan, 1985, p. 1670.
2. Chafer, volumen 7, p. 188.
3. Walvoord, *The Doctrine of the Holy Spirit* [La doctrina del Espíritu Santo], tal como se cita en Chafer, volumen 7, p. 188.
4. *Discipleship Journal* [Revista Discipulado], # 36, p. 11.

Capítulo 5

1. *Discipleship Journal*, #36, p. 7.
2. Joseph Bayly, *Decision Magazine* [Revista Decisión] mayo de 1978.
3. R. Laird Harris, Gleason L. Archer, hijo, y Bruce K. Waltke, *Theological Wordbook of the Old Testament* [Vocabulario teológico del Antiguo Testamento], Moody, Chicago, 1980, 1:304.
4. *Theological Wordbook of the OT* [Vocabulario teológico del AT], volumen 1, p. 103.

5. *The Autobiography of Bertrand Russell* [Autobiografía de Bertrand Russell], Little and Brown, 1967.

6. Walvoord and Zuck, *The Bible Knowledge Commentary OT* [Comentario del conocimiento bíblico, Antiguo Testamento], p. 1056.

7. Don Meredith, *Who Says Get Married* [Quién dijo que te casaras], Thomas Nelson, Nashville, TN, p. 42.

8. *Single Adult Ministries Newsletter* [Boletín del ministerio de adultos solteros], volumen 17, # 5, marzo de 1990, p. 1.

9. Robert Hanna, *A Grammatical Aid to the Greek New Testament* [Una ayuda gramatical del griego del Nuevo Testamento], Baker, Grand Rapids, 1983, p. 348.

10. *Grammatical Aid*, p. 176.

11. Chafer, volumen 7, p. 23.

Capítulo 6

1. J. Rodman Williams, *Renewal Theology, Vol. I: God, the World & Redemption* [Teología renovada, Vol. I: Dios, el mundo y la redención], Zondervan Corporación, Academie Books, Grand Rapids, MI, 1990, p. 210.

2. Dwight L. Moody, citado en *Great Quotes and Illustrations* [Grandes citas e ilustraciones], Word Publishing, Waco, TX, 1985, p. 139.

3. «Es incierto que Dios se haya referido al viento, al aliento físico, al principio de vida o al Espíritu Santo. Sin embargo, los resultados fueron obvios. Dios dio vida a esos huesos muertos». John R. Walvoord y Roy B. Zuck, editores, *The Bible Knowledge Commentary, Old Testament* [Comentario del conocimiento bíblico, Antiguo Testamento]. Charles H. Dyer es el autor contribuyente del libro de Ezequiel, Victor, Wheaton, IL, 1985, p. 1298.

Capítulo 7

1. *Bible Knowledge Commentary* [Comentario del conocimiento bíblico], p. 20.
2. R.A. Torrey, *The Person and Work of the Holy Spirit* [La persona y obra del Espíritu Santo], Zondervan Publishing House, Academie Books, Grand Rapids, MI, 1974, p. 171.
3. *Person y Work* [Persona y obra], p. 172.
4. *Bible Knowledge Commentary* [Comentario del conocimiento bíblico], p. 25.
5. John F. Walvoord y Roy B. Zuck, *The Bible Knowledge Commentary, New Testament* [Comentario del conocimiento bíblico, Nuevo Testamento], Louis Barbieri escribió la sección sobre el Evangelio de Mateo, Victor Books, Wheaton, IL, 1983, p. 25.
6. *Bible Knowledge Commentary NT* [Comentario sobre el conocimiento bíblico NT], Grassmick escribió la sección sobre el Evangelio de Marcos, p. 106.
7. Para más sobre la maravillosa unción del Espíritu Santo y lo que puede significar para usted, asegúrese de leer mi libro, *La unción*, publicado por Editorial Unilit, y disponible en su librería cristiana local.
8. *Linguistic Key to the Greek New Testament* [Clave lingüística al griego del Nuevo Testamento], p. 786.
9. Andrew Murray, *The Blood of the Cross* [La sangre de la cruz], Whitaker House, Springale, PA, 1981, p. 13.
10. Billy Graham, *El Espíritu Santo*, Casa Bautista de Publicaciones, El Paso, TX, 1980.

Capítulo 8

1. Lewis Sperry Chafer, *Systematic Theology* [Teología sistemática], Vol. VI «Pneumatology», Dallas Seminary Press, Dallas, TX, 1948, p. 95.

2. R.A. Torrey, *The Person & Work of the Holy Spirit* [La persona y obra del Espíritu Santo], The Zondervan Corporation, Grand Rapids, MI, 1974, p. 90.

3. Billy Graham, *El Espíritu Santo*, Editorial Portavoz, 1978.

4. Bill Bright, *The Christian and the Holy Spirit* [El cristiano y el Espíritu Santo], New Life Publications, Orlando, FL, 1994, p. 24.

Capítulo 9

1. Rienecker y Rogers, p. 454.

2. Thiessen, p. 289.

3. Rienecker y Rogers, p. 523.

4. Roy Hession, *The Calvary Road* [El camino del Calvario], como se cita en *Christianity Today*, 22 de septiembre de 1989, p. 35.

5. Henry Alford, *The New Testament for English Readers* [El Nuevo Testamento para lectores en inglés], Moody, Chicago, IL, p. 1105.

6. James Patterson, *The Day America Told the Truth* [El día que Estados Unidos dijo la verdad], Prentice Hall Press, 1991, capítulo 5.

7. American Heritage Dictionary de CompuServe.

8. Rienecker y Rogers, p. 359.

9. *NIV Study Bible* [Biblia de Estudio Nueva Versión Internacional], p. 1625.

10. *Biblia Plenitud*, «Riqueza literaria: 14.16», Editorial Caribe, Miami, FL, p. 1368.

11. Rienecker y Rogers, p. 366.

12. Frank Bartleman, citado en William Menzies, *Anointed to Serve* [Ungido para servir], Gospel Publishing House, Springfield, MO, 1971, p. 55.

Capítulo 10

1. Evelyn Christenson en *My Heart Sings* [Mi corazón canta], tal como se cita en *Christianity Today* [Cristianismo Hoy], 19 de noviembre de 1990, p. 46.

2. Zuck y Walvoord, *Bible Knowledge Commentary* [Comentario del conocimiento bíblico], John Witmer escribió la sección de Romanos, p. 473.

3. Charles C. Ryrie, *El Espíritu Santo*, Editorial Portavoz, Grand Rapids, MI, 1978 (p. 106 del original en inglés).

4. Rienecker y Rogers, p. 367.

5. A.T. Robertson, *Imágenes verbales del Nuevo Testamento*, Editorial Clie, Tarrasa, Barcelona, España, 1989-1990.

6. W.R. Newell en *Romanos: Versículo por versículo*, Editorial Portavoz, Grand Rapids, MI, 1984 (pp. 326-327 del original en inglés, tal como lo cita Chafer, *Systematic Theology* [Teología Sistemática], 6:44.

7. J. Oswald Sanders, *Spiritual Leadership* [Liderazgo espiritual] en *Navigator* [Los Navegantes], *Series* 2:7, Curso #2, p. 82.

8. Billy Graham, *El Espíritu Santo*, Casa Bautista de Publicaciones, 1980 (p. 166 del original en inglés).

9. Henry Alford, *The New Testament for English Readers* [El Nuevo Testamento para lectores en inglés], Moody, Chicago, IL, p. 1283.

10. Para más detalles acerca de los dones del Espíritu Santo, esté pendiente de mi próximo libro en esta misma editorial, que será acerca de los dones del Espíritu Santo. Y asegúrese de observar lo que ha dicho mi buen amigo el Profesor J. Rodman Williams en su *Renewal Theology* [Teología Reformada], espe-

cialmente en el volumen 2, pp. 323-325. (No se olvide tampoco de las notas de esta sección.)

11. Howard Snyder, *The Problem of Wineskins* [El problema de los odres], InterVarsity Press, Downers Grove, IL, 1975, p. 135.
12. Donald Guthrie, *New Testament Theology* [Teología del Nuevo Testamento], InterVarsity Press, Downers Grove, IL, 1981, p. 550.

Capítulo 11

1. Dennis Bennett, *El Espíritu Santo y tú*, Editorial Vida, Deerfield Beach, FL, 1975 (p. 28 del original en inglés).

Capítulo 12

1. Richard Foster, *Alabanza a la disciplina*, Editorial Betania, Miami, FL, 1986 (p. 170 del original en inglés).
2. Eifion Evans, *The Welsh Revival of 1904* [El avivamiento de 1904], Evangelical Press of Wales, Bridgend, Wales, 1969, p. 89.
3. *Ibid.*, p. 161.
4. Henry Clarence Thiessen, *Lectures in Systematic Theology* [Conferencias sobre teología sistemática], rev. por Vernon D. Doerksen, Eerdmans, Grand Rapids, MI, 1979, p. 91.